彭山区行政区划图

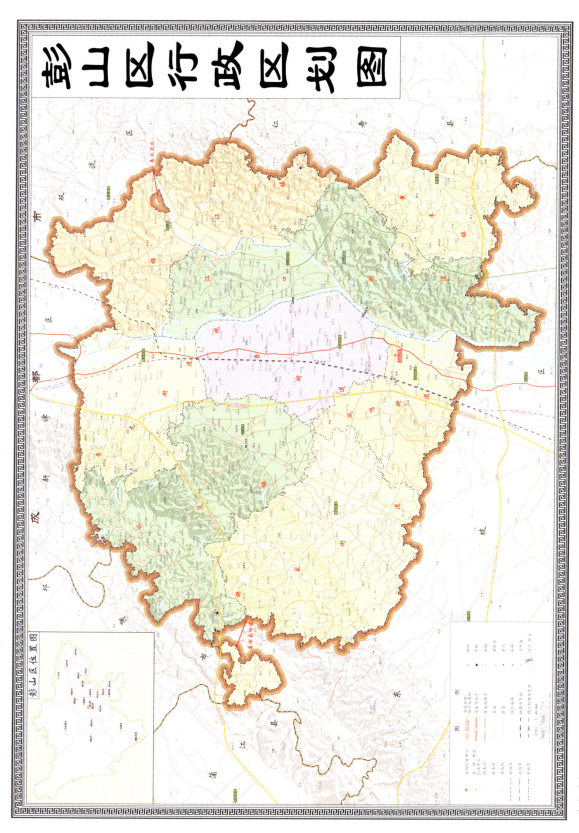

审图号：川S［2021］17004号

速度时空信息科技股份有限公司 编制　彭山区民政局 监制

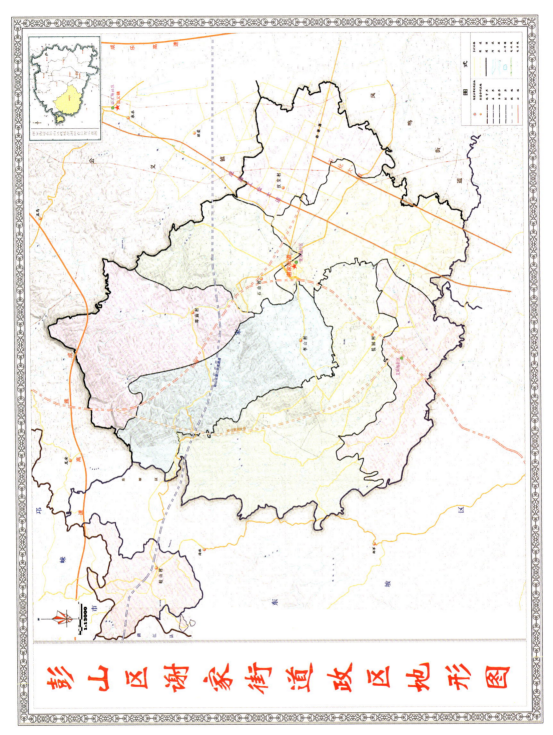

彭山区谢家街道政区地形图

谢家道办事处 供图

位于彭祖广场的彭祖塑像（向军　摄）

彭祖　先秦时期传说故事人物。据《史记》《国语·郑语》《列仙传》等古籍记载，彭祖姓篯，名铿，帝颛顼之玄孙，陆终氏第三子，因封地在彭城（今江苏徐州），故号彭祖，传曾任商朝大夫。据《四川通志》记载，彭祖晚年入四川，定居彭山县象耳山，死后葬于彭亡山（今彭山区仙女山）。现陵墓保存完好，墓前有清同治六年（1867年）县令王燕琼所立墓碑。彭祖擅长炼丹，对养生术很有研究，传说其活了800岁，历经夏、商两朝。自古以来，民间一直将其作为"老寿星"传颂。

谢家街道办事处（向军　摄）

省级非物质文化遗产——谢家竹琴（李恒全　摄）

成乐高速彭山互通（向军　摄）

成乐高速彭山收费站（向军　摄）

谢家街道全貌（向军　摄）

谢家场镇老街（谢家街道办事处　供图）

工业大道谢家段（向军　摄）

新彭谢路与工业大道交会处（向军　摄）

毛河院子（向军　摄）

石山学堂（向军　摄）

位于谢家场社区 11 组的百年民居（李恒全　摄）

树龄 380 年的二级古木银杏树（李恒全　摄）

位于义和场社区 3 组的猕猴桃种植园区（李恒全　摄）

位于汉安村的国家杂交水稻制种基地、彭山区稻药产业示范园（谢家街道办事处　供图）

位于悦园村的大坝水库（李恒全　摄）

位于岐山村的群英水库（李恒全　摄）

邓庙村村委会（李恒全　摄）

岐山村大舞台（李恒全　摄）

蓉兴化工厂区（一）（李恒全　摄）

蓉兴化工厂区（二）（李恒全　摄）

谢家街道农村面貌（谢家街道办事处　供图）

谢家初级中学（李恒全　摄）

毛河（向军 摄）

谢家湿地公园（向军 摄）

四川省脱贫攻坚先进集体

中共四川省委
四川省人民政府
二〇二一年四月

谢家街道获"四川省脱贫攻坚先进集体"奖牌（李恒全　摄）

全国"亿万农民健身活动"

先进乡镇

中华人民共和国农业部
国家体育总局
中国农民体育协会
二〇〇四年十月

谢家镇获全国"亿万农民健身活动"先进乡镇奖牌（李恒全　摄）

谢家街道志

（1996—2020）

眉山市彭山区人民政府
谢家街道办事处街道志编纂委员会　编

新华出版社

图书在版编目（CIP）数据

谢家街道志 . 1996—2020 / 眉山市彭山区人民政府
谢家街道办事处街道志编纂委员会编 . –– 北京：新华出
版社，2024.5
ISBN 978-7-5166-7341-6

Ⅰ . ①谢⋯ Ⅱ . ①眉⋯ Ⅲ . ①区（城市）—地方志—眉
山—1996-2020 Ⅳ . ① K292.55

中国国家版本馆 CIP 数据核字（2024）第 058895 号

谢家街道志 . 1996—2020
编者： 眉山市彭山区人民政府谢家街道办事处街道志编纂委员会
出版发行： 新华出版社有限责任公司
　　　　　（北京市石景山区京原路 8 号　邮编：100040）
印刷： 三河市龙大印装有限公司

成品尺寸： 185mm×260mm　1/16　　　　**印张：** 18.25　　**字数：** 388 千字
版次： 2024 年 10 月第 1 版　　　　　　**印次：** 2024 年 10 月第 1 次印刷
书号： ISBN 978-7-5166-7341-6　　　　　**定价：** 198.00 元

 微店　　 视频号小店　　 抖店　　 京东旗舰店　　 扫码添加专属客服

 微信公众号　　 喜马拉雅　　 小红书　　淘宝旗舰店

眉山市彭山区人民政府谢家街道办事处
街道志编纂委员会

顾　问　严开义　陈　利　郑志安　熊志红　潘　勇
　　　　付　华　王仲文　周　浩
主　任　章　静　李俍岑
副主任　梁　伟　马　征　雷　丹
成　员　杨　勇　陈　婷　于佳豪　殷　剑　周　岩
　　　　范鹏榆　孔子铭　郑　刚　伍　涵

眉山市彭山区人民政府谢家街道办事处
街道志编辑部

主　编　陈　雁
副主编　梁正科　苏文明　王燕飞
编　辑　严　利　朱　珠　牟浠榕　唐秋莹　陈东山
　　　　曾晓旭　徐丽凤　王　琴
摄　影　李恒全　向　军
审　核　眉山市彭山区档案馆（党史和地方志编纂中心）

目　录

序

　　编纂方志，古今所重，源远流长。编纂《谢家街道志》是对乡镇历史资料的抢救和对乡土意识的传承。习近平总书记指出："不忘历史才能开辟未来，善于继承才能善于创新……只有坚持从历史向未来，从延续民族文化血脉中开拓前进，我们才能做好今天的事业。"谢家街道是无数人生命的底色和成长的摇篮，故乡的山水、乡音乡情的记忆、乡土的气息和家乡的味道，不管走到哪里，总能触动心弦。《谢家街道志》记录的是家乡的山山水水、历史文化、风土人情，留住的是乡愁。

　　《谢家街道志》的出版发行，是谢家街道人民政治、经济、文化生活的一件大事。志书全面、真实、公正、系统、客观地反映了谢家街道 1996 年—2020 年 25 年改革开放发展的成果，充分展现了谢家街道在新时期的时代精神。

　　编纂《谢家街道志》是一件艰辛而繁重的工作，收集街道资料千万字，择其精华以用之。编志是一项艰巨的系统工程，志书的字字句句都凝聚着广大修志工作者的心血，饱含着各界人士的智慧力量，它的完成是各方通力合作的结果。志书的编纂工作得到谢家街道党政机关的重视，各部门通力合作；区史志部门精心指导，时刻关注编纂工作进展；区级各部门大力支持，毫无保留地提供翔实资料。全体编纂人员始终坚持"志为信史"的原则，呕心沥血、奋力笔耕、精雕细刻、字斟句酌、取精用宏、反复修改，合力纂成此书。

《谢家街道志》编纂委员会

2023 年 7 月 31 日

凡 例

一、以马克思列宁主义、毛泽东思想、邓小平理论、"三个代表"重要思想、科学发展观、习近平新时代中国特色社会主义思想为指导，坚持辩证唯物主义和历史唯物主义的立场、观点和方法，存真求实，全面、真实、公正、系统、客观记述1996年—2020年谢家街道的自然、政治、法治、经济、文化和社会的发展演变历程、改革创新成果、资源产业优势、地域文化特色。为传承和抢救乡土历史文化，激发爱国爱乡情怀，推进乡村振兴，助力构建新时代城乡基层社会治理新格局，提供历史智慧和现实借鉴。

二、为全面反映入志事物发展脉络，上限为1996年1月，下限为2020年12月，个别重大事项延至搁笔。详今明古，突出谢家街道的"发展历程""自然人文"的独特内涵与优势，着重反映时代特色和地方特点，从而达到执简驭繁、文约事丰、易于阅读、利于普及的目的。

三、因谢家街道所属乡镇历史沿革较为复杂，记述地域范围以下限年份的行政辖区为主，以谢家镇（街道）为主线，有则详之，无则略之。

四、为方便读者快捷检索到所需资料，志书采用条目（纲目）体，设类目、分目、条目3个层次，以条目为基本记事单位。

五、志书以志体为主，综合运用述、记、志、传、图、表、录诸体，图、表严格按照《四川省乡镇（街道）志、村志行文通则》要求执行，表题、表序统一使用开口表。

六、除引用文字和附录文献资料外，统一使用规范的现代语体文第三人称记述，行文力求朴实、严谨、简洁、流畅。

七、人物遵循"生不立传"原则，按生年排序。条目中涉及的有关人物，按"因事系人"的原则写入有关条目。只选录对谢家街道发展有重要业绩、较大贡献或影响的人物，不面面俱到。

八、数字、标点遵循国家标准和出版规定。志书中数字书写以《出版物上数字用法》（GB/T 15835—2011）为准，使用标点符号以《标点符号用法》（GB/T 15834—2011）为准。

九、志书资料来源于彭山区（县）境内的地方志书、彭山区档案馆（党史和地方志编纂中心）编制的年鉴、彭山区统计局编制的统计年鉴、谢家街道档案室，以及相关单位和部门提供的资料、书报、刊物和访问资料，均经核实后载入，一般不注明资料出处。统计数据以统计部门的数据为准；统计部门没有的，以主管单位的统计数据为准。由于资料采集困难，记述难免有错漏之处。

≪≪≪ 概　述 ≫≫≫

　　谢家街道地处成都平原南部，距城区约 7 千米，距成都约 58 千米。其南接东坡区多悦镇，西连东坡区，北靠公义镇，东北邻凤鸣街道，是彭山区西部经济、文化、商贸服务的中心城镇。地势西北高、东南低，海拔 450 米，最高点 643.8 米，最低点 423 米。地理坐标东经 103°40′43″~103°59′21″，北纬 30°07′36″~30°21′57″。东西最大距离 8 千米，南北最大距离 10 千米，总面积 83.02 平方千米，其中耕地面积 6.54 万亩。1996 年 10 月，谢家镇被列为四川省第四批"小城镇建设示范镇"；2000 年被列为四川省三个科技示范重点镇之一。2005 年，邓庙乡与谢家镇合并，岐山村与义和乡合并，组建新的谢家镇和义和乡。2009 年，谢家镇国内生产总值（GDP）2.78 亿元，农民人均纯收入 5585 元，粮食产量 2000 万公斤。2017 年，谢家镇围绕"坝区建设幸福城、丘区发展乡村游"的工作思路，大力推进"品质谢家"建设。2019 年 12 月，眉山市彭山区部分乡镇行政区划调整，撤销义和乡和谢家镇，设立谢家街道。2020 年辖 6 个村 2 个社区，辖区总人口 4.28 万人，户籍人口 1.6 万人，常住人口 2.58 万人，一般公共预算收入 20086.7 万元，农村居民人均可支配收入 2.21 万元；地区生产总值 10.85 亿元，固定资产投资 4.3 亿元，招商引资 3 亿元，工业产值 1.3 亿元。民族以汉族为主，少数民族有彝、藏、蒙古、回、苗、朝鲜、壮、满、维吾尔等。气候属亚热带湿润气候；境内有通济堰、毛河等河流；主要自然灾害有水灾、旱灾、地震。境内钙芒硝矿产储量丰富，存量可开采上百年。境内以平原和丘陵为主，主要农产品有水稻、小麦、玉米、油菜、花卉、苗木、生猪、禽蛋、蔬菜、中药材等。产业主要为水稻制种和中药材、晚熟柑橘、猕猴桃等。境内有学校、卫生院、卫生站等。境内交通便利，成乐高速新出入口直抵境内，成眉工业大道横贯全境，迎宾大道正提档升级，谢（家）青（龙）路、谢（家）多（悦）路、谢邓路纵贯全境，已形成四通八达的公路网络。谢家街道先后获得全国综合减灾社区、全国科普示范社区、全国护林联防先进集体、全国群众体育文化先进镇、省级环境优美示范城镇、省级平安农机示范镇、省级小城镇试点示范镇和生态示范乡镇等称号。

　　街道办事处驻地：四川省眉山市彭山区谢家街道引风街 3 号

　　邮政编码：620861

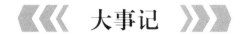

大事记

1996 年

1 月，谢家镇第十四届人民代表大会召开。

4 月 25 日，省委副书记杨崇汇到谢家镇汉安村了解小春防病治虫和大春育秧情况。

7 月 4 日，彭山县钢厂部分产权转让签字仪式在东方大酒店举行，购买产权的广旺矿务局组建广鹏化工公司，在义和乡开发元明粉和建电厂。

9 月 28 日，北京时间零时起，彭山县电话号码由 6 位升为 7 位。

10 月，谢家镇被列为四川省第四批"小城镇建设示范镇"。

10 月 31 日，彭谢公路征地拆迁工作顺利完成。

1997 年

6 月，谢家镇被省文化厅命名为"特色文化之乡"。

6 月 22 日，共青团中央、省、市领导来彭山县检查"服务万村行动"工作，检查了义和乡杨庙村的团办实体项目。

7 月 1 日，谢家镇、义和乡、邓庙乡、岐山乡人民喜迎香港回归。

8 月 26 日，经国务院批复，成立眉山地区，谢家镇、义和乡、邓庙乡、岐山乡受辖于眉山地区彭山县。

1998 年

4 月 24 日，总投资 550 万元的谢家 35 千伏变电站顺利投运。

11 月 12 日，谢家镇组织村社干部 160 人前往青神县参观学习群众集资兴建交通工作经验交流会。

12 月 16 日，中国共产党谢家镇第十一次党员代表大会召开，17 日、18 日谢家镇第十五次人民代表大会召开。

1999 年

4 月，四川省副省长李进一行，来彭山县视察邓庙乡环改灭螺工程。

8 月 25 日，共青团眉山地委、共青团彭山县委和眉山车辆厂团委等单位，到义和乡杨庙村为新建的寿乡新村致富书屋送书 1320 本和现金 1200 元。

9 月 7 日，彭山县四大家主要领导分别到谢家、义和、邓庙等乡镇学校对教师进行慰问。

12 月，新彭（山）—谢（家）公路建成通车。

12 月 20 日，谢家镇、义和乡、邓庙乡、岐山乡人民喜迎澳门回归。

2000 年

6 月 1 日，省长张中伟视察义和乡清水村和邓庙乡白鹿村抗旱保栽、保苗工作。

7 月，共青团彭山县谢家镇第十三次代表大会召开。

7 月 25 日，《四川日报》头版头条刊登"三年三大步"《从彭山县谢家镇的崛起看如何加快小城镇建设》。

9 月 20 日，眉山地委、行署在谢家镇石山村召开独生子女座谈会，纪念中共中央《关于控制我国人口增长问题致全体共产党员、共青团员公开信》发表 20 周年。

11 月 1 日，眉山地区行署专员到谢家镇检查全国第五次人口普查工作。

12 月 9 日，撤销眉山地区，成立眉山市，谢家镇、义和乡、邓庙乡、岐山乡隶属眉山市彭山县管辖。

12 月 19 日，谢家镇举办第一届狗肉美食文化研讨会。

2001 年

1 月，谢家镇开展"三个代表"重要思想学习教育活动。

4 月 3 日，省委副书记席义方视察谢家镇石山村、义和乡清水村。

11 月 17 日，彭山县公推公选乡镇党政正副职候选人演讲答辩试点在义和乡举行，9 名竞职者进行了演讲。

12 月 16 日，中国共产党谢家镇第十二次代表大会召开。

2002 年

2 月 27 日，副省长李进到谢家镇调研农村合作医疗、农村卫生体制改革工作。

4 月 4 日，谢家镇接受省级科技示范重点镇的检查验收。

4 月 29 日，谢家镇洪塔村部分村民因蓉兴化工有限公司生产污染问题采取过激行为阻挡蓉兴化工有限公司交通，党委、政府及时组织人员赶赴现场，在公安部门和联系部门的配合下，疏散了群众，恢复了交通。

5 月 16 日，邓庙乡暴雨，河水猛涨。

2003 年

春，"非典"疫情暴发，谢家镇、义和乡、邓庙乡、岐山乡人民全力抗击并取得胜利。

1 月 20 日，省委常委、宣传部部长王少雄到谢家镇参加"四川省第三届迎新春科技大场"活动。

4 月，谢家镇组织司法、民政、农科站、妇联、团委、农机、电管等部门，开展"普及科学知识，弘扬科学精神"的科技之春科普宣传月活动。

6 月 18 日，共青团彭山县谢家镇第十四次代表大会召开。

7 月 1 日，成雅高速公路岐回（龙）进出口开通。

9 月 18 日，彭山县县委宣讲团到谢家镇宣讲"三个代表"重要思想。

2004 年

1 月 14 日，谢家镇红石村新修水泥路顺利竣工。

4 月 1 日，谢家镇第四届科技大场在镇派出所门前举行，发放资料、挂图、书籍 5700 份，参加群众 7000 人次。

9 月 9 日，彭山县县委主要领导到邓庙乡石谷村调研农村党组织建设情况。

2005 年

1 月 20 日，谢家镇召开保持共产党员先进性教育活动动员会。

5 月 25 日，邓庙乡并入谢家镇，岐山乡并入义和乡。

5 月 27 日，谢家镇在街头举行"珍爱生命，拒绝毒品"的"6·26"禁毒宣传教育活动。

6 月 1 日，义和乡"二荆条辣椒"省级首批农业标准化示范乡建设工作顺利通过四川省农业标准化考核领导小组的验收。

6 月，谢家镇开展保持共产党员先进性教育活动。

12 月 3 日，谢家镇在谢家场社区举行法制宣传和文艺表演活动。

2006 年

1 月 1 日，国家废止《农业税条例》，废除农业税征收。

4 月 20 日，省政府血防组到谢家镇吴堰村调研血防工作。

4 月 29 日，谢家镇总工会在蓉兴化工有限公司开展"献给劳动者的歌"大型文艺会演。

5 月 25 日，市委副书记苏灿赴义和乡检查血吸虫病防治灭螺工作。

7月1日，谢家镇举行庆祝中国共产党成立85周年"党在我心中"大型文艺表演。

7月，谢家镇迎接瀑布沟电站移民29户104人，安置在石山、红石、汉安三个移民点。

8月29日，彭山县首次"以机代牛"现场演示会在谢家镇石山村8社召开。

9月1日，彭山县创建"无耕牛县"工作现场会在谢家镇刘山村举行。

9月12日，中国共产党谢家镇第十三次代表大会召开。

2007 年

7月27日，由四川省广播电台、县委宣传部、县农林局共同组织的"对农节目科技下乡活动"在谢家镇举行。省农业厅向谢家镇捐赠了科技图书200册，科技资料1000份。四川人民广播电台对整个活动进行了全程录音，并于27日、28日在电台"科技之声"栏目中播出。

12月，谢家镇在中兴街举办大型"计生三下乡"活动。

2008 年

1月17日，省委常委、组织部部长柯尊平到谢家镇汉安村党支部慰问生活困难党员，要求各级党组织扎扎实实做好关怀、帮扶困难党员工作。

2月，谢家镇在中兴街举行"两奖一扶助"发放仪式。

3月20日，眉山市委常委、市委宣传部部长周成仕到谢家场社区、义和乡杨庙村实地调研农家书屋建设情况。

5月12日，四川汶川发生8.0级地震，谢家镇、义和乡人民投入抗震救灾工作。

6月5日，中央电视台《焦点访谈》栏目组记者到谢家、义和等乡镇，采访彭山县县委、县政府在"5·12"地震后带领全县人民发扬自力更生、自救互助、自强不息的"三自"精神，以及开展灾后重建和恢复生产的情况。

9月，彭山县血防工作现场会在义和乡杨庙村召开。

10月，河南宛西制药与义和乡杨庙村合作，建立泽泻生产基地，并与100户农户签订了500亩泽泻生产合同。

2009 年

3月28日，谢家镇召开城乡环境综合整治大会。

5月6日，谢家镇石山村二组村民李兴树被中央文明办评选为"中国好人"。

8月16日，谢家镇中学重建正式动工，于2010年5月投入使用。

9月，谢家镇开展学习实践科学发展观活动。

10月29日，国侨办监察局局长王丽华、国内司副司长王萍等一行到谢家镇谢家中学察看侨爱学校灾后重建资金运行情况和学校建设情况。

11 月 5 日，眉山市政协民生工程视察组视察谢家镇汉安村沼气池项目、岳油村扶贫项目等重点民生工程项目。

2010 年

1 月 31 日零时起，眉山长途区号统一使用"028"，固定电话号码升至 8 位，眉山市内各县、区在原号码前加"3"。

4 月 26 日，彭山县县委、县人大负责人到谢家镇、义和乡调研乡镇工作项目化情况。

10 月，义和乡 5 个村进行村党组织换届选举工作，选举出 5 名村党支部书记和 10 名委员。

11 月，义和乡 5 个村进行村委会选举工作，选举出 5 名村主任，40 名社长。

12 月 24 日，中组部组织二局副局级巡视员兼二处处长单向前，中组部组织二局一处副处长金玉岛，中组部组织二局一处干部李孝国，市委组织部副部长肖忠良一行，到谢家镇指导党委换届工作。

2011 年

1 月 19 日，中国共产党谢家镇第十四次代表大会召开。

1 月 22 日，义和乡完成党委换届工作，选举产生新一届乡党委班子。因义和乡为彭山县的试点乡镇之一，中央、省、市、县领导全程观摩大会，并对大会作出一致认可和高度评价。

3 月，谢家镇开展"创先争优"活动。28 日，中华慈善总会会长范宝俊一行到谢家镇谢家中学调研学校灾后重建工作。

5 月 4 日，省委常委、省政府副省长钟勉前往谢家镇吴堰村调研高产创建、特色效益农业发展的情况。

7 月 4 日，县委、县人大负责人率队前往义和乡大坝水库等地，检查全县防汛工作和病险水库的建设情况。

8 月 17 日—18 日，全省公安机关执法场所规范化建设暨"两项治理"工作现场会在彭山县召开，与会人员前往谢家派出所参观公安机关执法场所规范化建设。

9 月 22 日，彭山经济开发区（南区）一期征地拆迁安置动员大会在谢家镇召开。

11 月，义和乡投资 400 万元，实施中小学教育布局调整工作，规划建设新校区 27.8 亩。

2012 年

4 月 17 日，谢家镇成立食品药品监督管理站。

7月，眉山市机关事务管理局联系帮扶义和乡喻沟村，并将此事作为四川省"以点带面"的典型在四川电视台播报。

7月，义和乡通过"市级文明单位"复查验收。

8月1日，彭山县政协主席谭福轩到谢家镇检查防汛工作。

11月22日，眉山市重点项目集中开工暨彭山县石化大道项目开工仪式在谢家镇举行。

2013 年

3月，义和乡农村改厕项目通过省级验收。

3月12日，彭山县四大家领导及20个部门200名机关干部职工前往谢义路开展义务植树活动，栽种天竺桂树1000株。

4月20日，四川雅安市芦山县发生7.0级地震，谢家镇、义和乡投入抗震救灾工作。

5月9日，谢家镇"实现伟大中国梦、建设富裕美好和谐谢家"主题教育活动启动。

7月1日，省人大常委会副主任曾省权到义和乡开展贫困人口脱贫致富专题调研活动。

8月，义和乡杨庙村获"省级环境优美示范村庄（社区）"称号。

10月，义和乡原创歌曲《天宫山的小辣椒》在彭山县传唱。

11月6日，义和乡完成各村党支部换届选举工作。

12月，义和乡完成各村委会换届选举工作。

2014 年

3月12日，彭山县四大家领导、各级党政机关和村（社区）党员先锋队、志愿者服务队等"四支队伍"共5000名队员，赴谢家镇的村（社区）的荒山和小区广场，开展义务植树活动。

3月，谢家镇党委召开动员大会，全面安排和部署党的群众路线教育实践活动。

7月8日晚到9日凌晨，谢家镇辖区内普降特大暴雨，导致农作物受灾33.9亩，农房损坏23间，造成直接经济损失196.8万元。

8月，义和乡完成4600户农户2.66万亩土地的确权、指界、公示工作。农业部总农经师孙中华及省农业厅牟武俊厅长等先后到义和乡调研并召开现场会，推广经验。

10月20日，国务院正式批复四川省人民政府，同意撤销彭山县，设立眉山市彭山区，以原彭山县的行政区域为彭山区的行政区域，谢家镇、义和乡隶属彭山区管辖。

11月，义和乡2014年血防阻断达标工作顺利通过省考核组的考核检查。

2015 年

2月12日，谢家镇完成受灾群众冬春生活救助工作，共计救助受灾群众638户，发放救助资金 14 万元。

4 月 4 日凌晨零时至 1 时，义和乡发生严重冰雹伴急性大风自然灾害。

4 月 30 日，谢家镇召开防汛暨地质灾害防治工作会。

5 月 16 日，谢家镇在邓庙村开展地质灾害应急演练，参与干部群众 120 人。

9 月 30 日，彭山区区委领导率交通、城管、园林等部门负责人组成调研组，到谢家镇对"中国·彭山第六届国际长寿养生文化节"活动推进情况进行调研。

2016 年

5 月 19 日，谢家镇防震减灾培训会召开，各村支书、主任，镇安全、村建、农业等工作人员，以及泥工工匠、新修房屋和拟建房屋的业主共 110 人参加培训。

6 月 15 日，中国共产党眉山市彭山区谢家镇第二次代表大会召开；同日，中国共产党义和乡第二次代表大会召开。

8 月，义和乡完成各村党组织换届选举工作。

10 月，眉山市彭山区谢家镇第二届人民代表大会召开；同月，眉山市彭山区义和乡第二届人民代表大会召开。

11 月 15 日，彭山区脱贫攻坚工作现场推进会在义和乡悦园村召开。

11 月 16 日，日本广岛县中日亲善协会代表团到彭山区访问，前往谢家镇参加植树造林纪念活动。

12 月，义和乡脱贫攻坚工作代表全区接受省、市验收，顺利达标。岐山村是省考核组唯一受表扬单位，悦园村获市考核组好评，其档案管理工作在全区交流，市通报表扬。

2017 年

3 月 16 日，谢家镇组织全体机关干部、四支队伍（网格员服务队、党员志愿服务队、社会志愿者服务队、基层便民专业化服务队）等 70 人到石山村清明茶山开展义务植树活动。

3 月 31 日，彭山区领导深入谢家镇，就清明节前安全生产工作进行检查。

5 月 3 日，农村"两权"抵押贷款知识进万家活动在谢家镇邓庙村举行。

2018 年

3 月 19 日，谢家镇在岳油村开展"创建国家森林城市，建设绿色美丽谢家"义务植树活动。

4 月 20 日，谢家镇在李山村开展地质灾害应急演练，参与干部、群众 180 人。

8 月 30 日，彭山区首个、眉山市统战系统首个新乡贤联谊会授牌仪式在义和乡举行。经过义和乡党委动员，村（社区）推选，乡党委考察、审核，历时两个月评选出 6 人为义和乡新乡贤。

9 月 20 日，谢家镇组织全体机关干部、各村（社区）支书、主任集中学习"枫桥经验"。

10 月 30 日，谢家镇集中学习新修订的《中华人民共和国宪法》。

12 月 6 日，谢家镇举行"五失"和"四类"人员救助金发放仪式。

2019 年

2 月 18 日，在谢家镇组织开展"2019 年春风行动"第二次现场招聘活动，提供 1 万个岗位供返乡农民工选择。

3 月 15 日，谢家镇开展文化、科技、卫生"三下乡"活动。

5 月 17 日，谢家镇在岳油村组织开展防汛、地质灾害防治、森林防火"三防应急演练"。各村（社区）干部、地灾隐患点监测员及群众代表 100 人到场观摩。

5 月 31 日，谢家镇中心小学"庆六一"活动，非遗竹琴文化走进校园。

6 月 19 日，谢家镇团委联合环境保护所共同开展以"绿色发展节能先行低碳行动保卫蓝天"为主题的节能宣传活动。

9 月，谢家镇开展为期 3 个月的"不忘初心、牢记使命"主题教育活动。同月 4 日，彭山区政府主要领导到谢家镇石山村调研农村人居环境整治工作，并召开 9 月乡镇（街道）工作例会暨农村人居环境整治工作推进会。

10 月 13 日，四川省委第一巡回指导组到彭山区义和乡活桥村调研指导脱贫攻坚工作，了解村集体经济和支部作用发挥等情况。

12 月 11 日，谢家街道办事处挂牌。

2020 年

4 月 10 日，谢家街道召开脱贫攻坚挂牌督战动员暨工作部署会。

4 月 29 日，谢家街道开展 2020 年度应急综合演练。

5 月 13 日，谢家街道对幼儿园、校车进行安全检查。

5 月 19 日，谢家街道网格员协同农服中心工作人员进行了森林防火知识宣传，并对岳油村、邓庙村、岐山村进行了森林防火巡查。

6 月 3 日，彭山区"决胜全面小康决战脱贫攻坚"主题宣传走进谢家街道石山村。

6 月 10 日，省委常委、宣传部部长甘霖实地调研谢家街道宣传文化阵地。

12 月，谢家街道联合市场监管所开展"扫黄打非，护苗成长"突击检查行动。

12 月 29 日，彭山区区委主要领导到谢家街道宣讲中国共产党第十九届五中全会精神和省委十一届八次全会精神。

◀◀◀ 街道情况 ▶▶▶

1996 年—2020 年，谢家镇（街道）在改革开放过程中迎来大发展，辖区面貌发生显著变化，人民生活显著改善，人居环境显著提升。

历史沿革

【谢家镇】

谢家镇俗称谢家场，名谢埂子，原系清代时谢姓人家在此设店经商，后因住户增多，成了集市而得名，素有"搬不空的谢家场"之美称。

清代，属汉安乡。

民国二十四年（1935 年），设谢家联保，属第三区。

民国二十九年（1940 年），更名为谢家镇公所。

民国三十二年（1943 年），更名为谢家乡公所。

新中国成立初期，设谢家乡。

1951 年，为第四公所驻地。

1952 年，建立谢家乡人民政府，划出部分丘区村，设和平乡。

1954 年，划出街村设置谢家场。

1955 年，改乡人民政府为乡人民委员会，同年，第三和第四区公所合并，谢家场为第四公所驻地。

1956 年，撤销谢家场，并入谢家乡。

1958 年 9 月，建立谢家人民（大）公社，辖谢家、义和、和平、新民、青石、城关 6 个管理区。

1959 年，划大公社为小公社，谢家管区（含和平管区）升格为谢家人民公社。

1961 年，分出和平人民公社。

1968 年 6 月，成立谢家镇人民公社革命委员会。

1980 年，改公社革命委员会为公社管理委员会。

1983 年，改公社管理委员会为谢家乡人民政府。

1984 年，改谢家乡人民政府为谢家镇人民政府，实行镇辖村体制。

1992 年，邓庙乡并入谢家镇。

1995 年 8 月，邓庙乡分设。

2005 年 5 月，撤销邓庙乡，合并建立谢家镇。

2014 年，彭山县撤县设区，彭山县谢家镇人民政府更名为眉山市彭山区谢家镇人民政府。

【义和乡】

相传清嘉庆年间，在今跑马山东南土埂上建有一庙和几间小店，因地处眉山、彭山两县交界处，人们常闹纠纷，为讲义气，和睦相处，当地群众便将此土埂定名为义和。

清康熙元年（1662 年），属眉州。

清雍正六年（1728 年），属彭山县汉安乡。

民国二十四年（1935 年）11 月，设立义和联保。

民国二十九年（1940 年），更名为义和乡。

1962 年 6 月，眉山义和公社划归彭山县；同年 11 月，义和公社由县直辖。

1983 年 12 月，撤销义和人民公社，更名为义和乡。

2005 年 5 月，撤销岐山乡，合并建立义和乡。

2014 年，彭山县撤县设区，彭山县义和乡人民政府更名为眉山市彭山区义和乡人民政府。

【谢家街道】

2019 年 12 月 6 日，根据四川省人民政府《关于同意眉山市调整部分乡镇行政区划的批复》（川府民政〔2019〕13 号），撤销义和乡和谢家镇，设立谢家街道，以原义和乡和原谢家镇所属行政区域为谢家街道的行政区域，谢家街道办事处驻引凤街 3 号。

辖区变迁

1996 年—2020 年，经过乡镇合并、村组调整、合村并组，谢家街道辖区发生显著变化。

【辖区面积】

1996 年，谢家镇、义和乡、邓庙乡、岐山乡辖区面积分别为 25.7 平方千米、30.9 平方千米、21.22 平方千米、5.2 平方千米。2000 年—2005 年，谢家镇、义和乡、邓庙乡、岐山乡辖区面积分别为 24.62 平方千米、29.98 平方千米、21.22 平方千米、5.2 平方千米。2006 年，谢家镇、义和乡辖区面积分别为 46.5 平方千米、37 平方千米。2007 年—2018 年，谢家镇、义和乡辖区面积分别为 45.84 平方千米、35.18 平方千米。2019 年，谢家街道辖区面积为 83.27 平方千米。2020 年，谢家街道辖区面积为 83.02 平方千米。

【村组调整】

1996 年，谢家镇辖 12 个村，95 个村民小组，2 个居民委员会，4 个居民小组；义和乡辖 10 个村，77 个村民小组；邓庙乡辖 7 个村，60 个村民小组；岐山乡辖 3 个村，

12 个村民小组。

2006 年 10 月，谢家镇优化村组布局，开展合村并组工作。

2006 年谢家镇合村并组统计表

新村名	原村名	原农业社个数（个）	合并农业社（社号）	合并后新农业社人数（人）	合并后村人数（人）
吴堰村	吴堰村	8	1、8	540	3295
			3、4	375	
			5、6	570	
			7、9	710	
	星星村	7	1、2、3	411	
			4、5、6	435	
			7	254	
红石村	红石村	6	1、2	556	3814
			3、4	444	
			5、6	337	
	雷山村	7	1、2、7	599	
			3、4	414	
			5、6	352	
	曾湃村	5	1、5	525	
			2、3、4	587	
石山村	石山村	10	1、6、8、9	680	4606
			2	506	
			3、7	648	
			4、5、10	526	
	洪塔村	12	1、2、12	316	
			3、4	463	
			5	320	
			6、7	423	
			8、9	308	
			10、11	416	
汉安村	汉安村	7	1、3	583	3424
			4、6、7	664	
			2、5	652	
	魏巷村	6	1、4	533	
			2、3	485	
			5、6	507	

续表

新村名	原村名	原农业社个数（个）	合并农业社（社号）	合并后新农业社人数（人）	合并后村人数（人）
李山村	李山村	11	1、2	410	2595
			3、4	485	
			6	316	
			7、8	326	
			9、10	370	
			5、11	338	
	王店村	5	1、5	152	
			2、3、4	198	
毛河村	毛河村	5	1、2、3	439	2877
			4、5	648	
	天庙村	11	1、2、3	600	
			4、5、6、11	510	
			7、8、9、10	680	
岳油村	岳油村	12	1、8、12	320	3113
			2、3	171	
			4	197	
			5、10	210	
			7、11	131	
			9	205	
			6	131	
	李店村	11	1、2、11	301	
			3、4	201	
			5、9、10	332	
			6、7、8	339	
	石谷村	7	1、2、3	253	
			4、7	128	
			5、6	194	

新村名	原村名	原农业社个数（个）	合并农业社（社号）	合并后新农业社人数（人）	合并后村人数（人）
邓庙村	邓庙村	12	1、2、10	347	2256
			3、4、12	234	
			5、6、7	280	
			8、9、11	267	
	刘山村	4	1、2	111	
			3、4	170	
	白鹿村	9	1、3、4	267	
			5、6、7	270	
			2、8、9	310	
合计		155		25980	25980

2019 年，谢家街道辖吴堰、汉安、岳油、石山、红石、邓庙、毛河、李山、杨庙、悦园、喻沟、岐山、活桥 13 个村，107 个村民小组；1 个社区，为谢家场社区，13 个居民小组。

2020 年 5 月，本着做大集镇、做强产业、带动落后等原则，谢家街道将原 13 个村 1 个社区合并为邓庙、李山、石山、汉安、悦园、岐山 6 个村和谢家场、义和场 2 个社区，调减率为 57%。按照"宣传有方、工作有序、监督有力"的原则，科学、稳妥、有序地推进了村（居）民小组调整优化改革工作，将 120 个村（居）民小组合为 70 个，新旧村（社区）实现了平稳过渡。岐山村不变，其余村（社区）均做了调整。

2020 年谢家街道村（社区）建制调整前后基本情况统计表

合并前						合并后					
村（社区）名	村（居）民小组（个）	辖区面积（平方千米）	总人口（人）	总户数（户）	党员数（人）	村（社区）名	村（居）民小组（个）	辖区面积（平方千米）	总人口（人）	总户数（户）	党员数（人）
悦园村	10	7.8	3348	1211	109	悦园村	18	17.8	5904	1921	206
喻沟村	8	10	20534	710	97						
杨庙村 5~9 社	5	3.4	1995	650	86	义和场社区	13	9.9	6060	1872	227
活桥村	8	6.5	4065	1222	141						

续表

合并前						合并后					
村（社区）名	村（居）民小组（个）	辖区面积（平方千米）	总人口（人）	总户数（户）	党员数（人）	村（社区）名	村（居）民小组（个）	辖区面积（平方千米）	总人口（人）	总户数（户）	党员数（人）
杨庙村1～4社	4	3	2070	550	57	谢家场社区	29	12.67	11026	4690	396
吴堰村	7	3.25	3407	1154	114						
毛河村	5	4.42	3081	1126	119						
谢家场社区	13	2	2468	1860	106						
邓庙村1～6社、8、9社	8	6.68	1691	688	41	邓庙村	17	9.84	3550	1282	128
岳油村1～7社、9、10社	9	3.16	1859	594	87						
汉安村	6	3.67	3350	1084	128	汉安村	14	8.87	7445	2516	279
红石村	8	5.2	4075	1432	151						
石山村	10	6.41	4729	1423	132	石山村	11	8.21	5006	1528	138
邓庙村7社	1	1.8	227	105	6						
李山村	8	5.86	2751	820	99	李山村	13	11.76	3643	1236	148
岳油村8社、11～14社	5	5.9	892	416	49						

【非行政区域——地片】

光光山，地处石山村民委员会北部，总面积0.06平方千米。

冉家山，地处石山村民委员会北部，总面积0.047平方千米。

金花庙，地处谢家场社区居民委员会东部，总面积0.1平方千米。

蒋家沟，地处悦园村民委员会东部，总面积0.4平方千米。

老婆沟，地处悦园村民委员会南部，总面积0.3平方千米。

台子坝，地处悦园村民委员会东部，总面积0.4平方千米。

罗酒坊，地处悦园村民委员会南部，总面积0.3平方千米。

芦藁坡，地处悦园村民委员会西部，总面积0.3平方千米。

濠沟扁，地处悦园村民委员会东部，总面积 0.5 平方千米。

观斗山，地处岐山村民委员会东部，总面积 0.2 平方千米。

【历史地名】

时代变迁，乡镇村组合并，义和乡、白鹿村、洪塔村、金花村、雷山村、李店村、刘山村、天庙村、魏巷村、五星村、星星村、曾湃村、石谷村、王店村、岳油村、毛河村、吴堰村、杨庙村、红石村、喻沟村、活桥村等地名现已消亡。

村（社区）

【谢家场社区】

以场镇建设为主，社区办公驻地在谢家街道凯旋街 235 号。谢家场社区东至汉安村，南至悦园村，西至李山村，北至石山村。总户数 4684 户，人口 11027 人，辖区面积为 10.38 平方千米。

主要地名有谢家场、干家林、何大林、庙儿山、王家山、魏家扁、吴堰河坝、张河坝、白蜡塘、贾山埂、李巷子、刘河坝、天皇寺、余扁、左巷子、枣子埂、小余家扁、石儿山、动力站、龚大塘、龚小塘、侯粉坊、三官庙、桅杆山、史家扁、白笔山等。

【义和场社区】

地处谢家街道南部，产业发展以柑橘、猕猴桃为主，社区办公驻地在原活桥村阵地（义和场）。1983 年，由义和公社活桥大队改为义和乡活桥村；2006 年，活桥村和青龙村合并为活桥村；2020 年 5 月，杨庙村 5、6、7、8、9 组和活桥村合并为义和场社区。总户数 1980 户，人口 6199 人，辖区面积为 19.94 平方千米。

主要地名有方碑山、光光山、金竹林、枯井坝、青龙嘴、三多桥、王大塘、堰儿子塘、堰水坝、义和场、长幺山、朱山扁、杨岔凼、黄店子、黄桷山、黄坡山、黎棺山、两岔沟、沙流湃、杨庙子、狮子山、土地房、酒房头、杨巷子等。

【邓庙村】

地处谢家街道西北部，以农业发展为主，村办公驻地在原岳油村阵地。1983 年，由邓庙公社邓庙大队更名为邓庙乡邓庙村；1992 年，邓庙乡并入谢家镇，为谢家镇邓庙村；1996 年从谢家镇分出再建邓庙乡，属邓庙乡管辖；2005 年，再改归谢家镇，为谢家镇邓庙村；2006 年，邓庙村、白鹿村、刘山村三村合并建立邓庙村；2020 年 5 月，邓庙村 1、2、3、4、5、6、8、9 组和岳油村 1、2、3、4、5、6、7、9、10 组合并为邓庙村。总户数 1255 户，总人口 3295 人，辖区面积为 13.21 平方千米。

主要地名有凉水湾、下江沟、干塘子、挖断山、魏口、刘沟、邓庙子、白鹿观、黄家堰、宋家湾、沙冲子、青坡坎、姜沟、袁沟、观斗山、芒硝厂、岳油坊、龚家湾、白坡山、付家堰、三耳罐、郭家坝、漂草塘、香樟湾、洞青滩、马沟等。

【汉安村】

地处谢家街道东部，以产业新城建设为主，村办公驻地在原汉安村阵地。1983年由谢家公社汉安大队改为谢家乡汉安村；1984年，乡改镇后为谢家镇汉安村；2006年，魏巷村和汉安村两村合并为汉安村；2020年5月，汉安村和红石村合并为汉安村。总户数2161户，总人口7709人，辖区面积为8.7平方千米。

主要地名有瞿板桥、盛东木桥、舒桥、魏巷子、余家扁、范楼房、张桥、陈家扁、王家扁、蒋家扁、邱河坝、雷山埂、曾湃、红石桥、黎河湾、吴家坝、盛家扁等。

【李山村】

地处谢家街道西部，发展以柑橘、李子为主的现代农业，村办公驻地在原李山村阵地。1983年，由谢家公社李山大队改为谢家乡李山村；1984年，乡改镇后为谢家镇李山村；2006年，李山村和王店村两村合并为李山村；2020年5月，李山村和岳油村8、11、12、13、14组合并为李山村。总户数1216户，总人口3541人，辖区面积为11.76平方千米。

主要地名有雷坝、琵琶坡、长沟扁、黄土坎、何木沟、长坝沟、王店子、太平寺、陈塘、王河扁、李山、张沟、石谷垭、圣寿寺、李店子、冒水井、桥楼子、铁匠岩、燕窝林、坟山嘴等。

【石山村】

地处谢家街道北部，以乡村振兴示范为主，村办公驻地在原石山村阵地。1983年，由谢家公社石山大队改为谢家乡石山村；1984年，乡改镇后为谢家镇石山村；2006年，石山村和洪塔村两村合并为谢家镇石山村；2020年5月，石山村和邓庙村7组合并为石山村。总户数1485户，总人口4958人，辖区面积为9.01平方千米。

主要地名有郭家坝、骆家坝、彭大院子、鸳鸯塘、周梨园、李家扁、艾家扁、高坡子、葛家槽等。

【岐山村】

地处彭山区西部边远山区，谢家街道西北部，是彭山的一处"飞地"，素有"鸡鸣三县"的美称，村办公驻地在将军庙。1983年，由岐山公社岐山大队改为岐山乡岐山村；2006年撤销岐山乡，划归义和乡，同时将柏林村、将军村、岐山村三村合并为岐山村，属义和乡管辖。2019年12月，撤销义和乡和谢家镇，合并设立谢家街道，属谢家街道管辖。总户数526户，总人口1601人，辖区面积为5.2平方千米。主导产业为柑橘，年产值3000万元以上。

主要地名有陈大塘、骆家沟、岐山村、岐山庙、太平场、杨湾、余家湾、柏林埂、筲箕岩、将军庙等。

【悦园村】

地处谢家街道西部，产业发展以农带旅，办公地点设在悦园村办公室。1983年，由义和公社悦园大队改为义和乡悦园村；2006 年，悦园村和五星村合并为悦园村；2020 年 5 月，悦园村和喻沟村合并为悦园村。总户数 1814 户，总人口 5763 人，民族有汉族、彝族、藏族，辖区面积为 17.6 平方千米。

主要地名有鞍子沟、黄连嘴、罗沟、清水塘、宋牌坊、塘坝、天宫山、吴家湾、杨湾、周湾、擦耳岩、宋店子、喻沟、白鹤观、李家湾、何家湾、冯家口、王店子、大坝子、雷沟、大石桥、何山、花扦坝、雷打山、连山坡、凉粉山、落雁渡槽、跑马山、饶家堰、宋堰、魏家扁、幺妹桥、周家坝、乌龟山、私娃桥、草堰子、新塘、徐家扁、白马庙、四角山、道青林、酒坊、方家湾、双凤、清水等。

人口数量与民族构成

【人口数量】

1996 年，谢家镇有人口 2.12 万人（男 1.07 万人，女 1.05 万人），6350 户，非农业人口 1100 人，人口密度（人／平方千米）860。义和乡有人口 1.46 万人（男 7400 人，女 7200 人），4108 户，人口密度 472。

2000 年，谢家镇有人口 2.15 万人，6360 户，人口密度 836。义和乡有人口 1.44 万人，3926 户，人口密度 467。邓庙乡有人口 6300 人，1593 户，人口密度 297。岐山乡有人口 1800 人，人口密度 345。

2001 年，谢家镇有人口 2.18 万人，其中农业人口 2.04 万人。义和乡有农业人口 1.42 万人。邓庙乡有农业人口 6200 人。岐山乡有农业人口 1700 人。

2002 年，谢家镇有人口 2.15 万人。义和乡有人口 1.43 万人，3967 户。邓庙乡有人口 6100 人，1937 户。岐山乡有人口 1800 人，494 户。

2003 年，谢家镇、义和乡、邓庙乡、岐山乡人口分别为 21500 人、14200 人、6000 人、1800 人。

2005 年，谢家镇有人口 2.8 万人。

2007 年，谢家镇、义和乡年末人口分别为 2.77 万人、1.63 万人。

2008 年—2012 年人口统计表

年份	谢家镇			义和乡		
	总户数（户）	总人口（人）	外来人口（人）	总户数（户）	总人口（人）	外来人口（人）
2008	8303	27893	272	4601	15591	198
2009	8464	27904	293	4616	15998	215
2010	8717	27789	295	4863	16131	236
2011	8892	28400	303	4684	15561	239
2012	8893	28300	301	4684	15358	254

2013 年—2015 年人口统计表

年度	镇乡	常住户数（户）	常住人口（人）	户籍人口（人）		
				合计	农业	非农业
2013	谢家镇	9780	28321	27662	23034	4628
	义和乡	4684	14825	15358	14739	619
2014	谢家镇	9780	23719	27748	23120	4628
	义和乡	4760	13870	16221	14456	1765
2015	谢家镇	9731	24052	27597	23035	4562
	义和乡	4760	14105	16172	14430	1742

2016 年—2020 年人口统计表

年度	镇乡（街道）	常住户数（户）	常住人口（人）	户籍户数（户）	户籍人口（人）			全家外出人口（人）		外来人口（人）
					合计	农业	城镇	户数	人口	
2016	谢家镇	8618	24063	9786	27341	23155	4186	1135	3040	217
	义和乡	4736	14237	5551	16061	—	—	486	1543	275
2017	谢家镇	8618	24063	10446	27359	22694	4665	1135	3040	288
	义和乡	4760	14321	5763	15940	—	—	474	1421	173
2018	谢家镇	—	—	10548	27356	22688	4668	—	—	—
	义和乡	—	—	5769	15946			—	—	—
2019	谢家镇	9775	23593	10449	27207			—	—	—
	义和乡	4381	13534	5720	15859			—	—	—
2020	谢家街道	10334	25819	16048	42902			—	—	—

【从业人口】

1996 年—2020 年的 25 年来，谢家镇（街道）第一、第二、第三产业从业人口随着城镇化的发展而变化。

2008 年—2018 年从业人口统计表

单位：人

年份	谢家镇					义和乡				
	从业人员数	外来从业人员	第一产业	第二产业	第三产业	从业人员数	外来从业人员	第一产业	第二产业	第三产业
2008	17196	163	8491	4673	4032	10190	185	6261	1225	2704
2009	16203	175	8522	3495	4186	10330	198	5769	1756	2805
2010	16205	177	8522	3495	4188	10342	209	5572	2290	2480
2011	16215	179	8323	3497	4395	10427	216	5650	2292	2485

年份	谢家镇					义和乡				
	从业人员数	外来从业人员	第一产业	第二产业	第三产业	从业人员数	外来从业人员	第一产业	第二产业	第三产业
2012	16217	168	8043	3687	4487	10284	224	5461	2305	2518
2013	15983	189	7787	3507	4689	10625	228	5339	2605	2681
2014	16150	187	7780	3517	4853	10740	326	5367	2608	2765
2015	16235	205	7732	3617	4886	10768	293	5159	2768	2841
2016	17789	337	8613	3847	5329	10488	234	5213	2643	2632
2017	16823	624	6525	4371	5927	10713	275	5314	2673	2726
2018	16824	—	6236	4527	6061	9125	—	4367	2613	2145

【民族构成】

以汉族为主，有彝族、藏族、蒙古族、回族、苗族、朝鲜族、壮族、满族、维吾尔族9个少数民族。悦园村是少数民族散杂居重点村。

人口普查

【第五次全国人口普查】

2000年，开展第五次人口普查。普查标准时点为2000年11月1日零时。

第五次人口普查数据统计表

乡镇		谢家镇	义和乡	邓庙乡	岐山乡
常住人口	总数（人）	19320	12460	5531	1703
	男性（人）	9814	6333	2934	899
	女性（人）	9506	6127	2597	804
家庭户	总数（户）	5853	4124	1803	526
	总人口（人）	19240	12458	5531	1695
	男性（人）	9756	6331	2934	891
	女性（人）	9484	6127	2597	804

续表

乡镇			谢家镇	义和乡	邓庙乡	岐山乡
年龄结构	0~14岁	总数（人）	3650	2383	959	319
		男性（人）	1905	1216	496	170
		女性（人）	1745	1167	463	149
	15~64岁	总数（人）	13782	8842	3805	1198
		男性（人）	7041	4521	2052	635
		女性（人）	6741	4321	1753	563
	65岁以上	总数（人）	1888	1235	767	186
		男性（人）	868	596	386	94
		女性（人）	1020	639	381	92
居住在本地，户籍在本地			18203	12075	5276	1643

【第六次全国人口普查】

2009年12月，谢家镇、义和乡分别成立普查领导小组，负责人口普查的组织领导和日常工作。普查标准时点为2010年11月1日零时。

谢家镇第六次人口普查结果为常住人口21696人（男10915人，女10781人），家庭户7421户，0~14岁2496人，15~64岁人口15882人，65岁及以上人口3318人，本地户籍人口20663人。

义和乡第六次人口普查结果为常住人口11675人（男5848人，女5827人），家庭户4019户，0~14岁人口1316人，15~64岁人口8566人，65岁及以上人口1793人，本地户籍人口11247人。

【第七次全国人口普查】

2020年，开展第七次全国人口普查工作，普查标准时点为2020年11月1日零时。谢家街道第七次人口普查结果为常住人口25806人，男女占常住人口总量比重为51.50%、48.50%，性别比为106.20，人口年龄构成（占常住人口总量比重），0~14岁11.16%，15~59岁55.67%，60岁及以上为33.17%；人口受教育情况（人/10万人）为大学（大专及以上）1974人，高中（含中专）6670人，初中38203人，小学45951人，15岁及以上人口平均受教育年限7.57年。

自然环境

【地形地貌】

谢家街道地处成都平原边缘，主要以平原和丘陵为主，属四川盆地与川西北丘状高原山地过渡地带前缘。

【土壤】

根据《彭山土壤》资料记载，谢家镇境内土壤主要分为两个土区。一是通济堰平坝水稻土区，属微碱性，耕作层 pH 为 7.5~8.5。二是牧马山台地黄壤土区，属中性至微酸性，耕作层 pH 为 5.8~6.8。岐山村的土壤，主要为紫色土，系沙质岩风化而成，微碱性，矿物质养分含量高，土质适中，通透性强。

【植被】

境内植被保护较好，属亚热带湿润常绿阔叶林带，植被覆盖率达 95% 以上，自然植被主要有樟树、楠树、马尾松、青杠、桤木、松树、柏树、慈竹等。除天然林外，其余为人工造林及零星分布的树、草、竹等。

【山脉】

山脉走向由东北向西南延伸，属总岗山南麓地带。

天宫山。位于悦园村境内，海拔 561 米。

尖山子。位于李山村境内，海拔 511 米。

【山峰】

红墩山。海拔 504 米。

老乌山。位于岐山村，海拔 534 米。

龙老壳山。位于邓庙村，海拔 534 米。

塘坎山。位于邓庙村，海拔 539 米。

腰口山。位于悦园村，海拔 539 米。

玉皇顶。位于悦园村，海拔 539 米。

【河流】

通济堰。境内最大的河流，长 9 千米，流域面积为 0.1 平方千米，年平均流量 60 立方米/秒。

毛河。长 37.4 千米，位于彭山区西部，自西北向东南贯穿街道境内流入凤鸣街道，流域面积为 162 平方千米，集雨面积为 250 平方千米，最大流量 1200 立方米/秒，径流量 0.6 亿立方米，河床上窄下宽，连接通济堰水，为常年性河道。

两条河流径流总量 20 亿立方米，年排涝量 14.3 亿立方米，年最大排涝量 15.7 亿立方米。

资源

【钙芒硝矿】

谢家街道有丰富的钙芒硝矿资源。原谢家镇分布在两个矿段，一是洪塔矿段，矿石储量 5.03 亿吨，控制面积为 4.61 平方千米；二是石子山矿段，矿石储量 6.54 亿吨，

控制面积为 8.49 平方千米。原义和乡境内有高品位含量可开发的钙芒硝矿储量 10 万亿吨，芒硝矿面积 12 平方千米，矿石总储量 6.96 亿吨。

【农作物】

有水稻、玉米、小麦、红苕、黄豆、绿豆、胡豆、豌豆等种植物资源，以水稻、小麦、玉米、红苕为主。有油菜、蔬菜等经济作物。

【林木】

主要树种有松、柏、桤、青杠、麻柳、千丈、香樟、楠木、黄连、桂树、梧桐、臭椿等林木资源。

【古树名木】

位于谢家街道谢家场社区正义街居民区院坝内珍稀古树银杏 1 株，编号 51140300031，二级古木，树龄 380 年，树高 25.5 米，胸围 421 厘米，海拔 422 米，1985 年被县林业局列为珍稀古树加以保护。

位于谢家街道岐山村 1 组三级古木黄葛树 1 株，树龄 280 年，树高 17 米，干径 200 厘米。

位于谢家街道谢家场社区谢家中学院坝内三级古木黄葛树 1 株，树龄 260 年，树高 11.5 米，胸围 449 厘米，平均冠幅 12，海拔 428 米。

位于谢家街道岐山村 3 组陈家扁三级古木楠木 1 株，树龄 180 年，树高 20 米，干径 55 厘米。

位于谢家街道义和场社区（原义和乡政府外）三级古木黄葛树，树龄 150 年，树高 8 米，胸围 430 厘米，平均冠幅 10，海拔 462 米。

【果树】

有彭祖寿柑、橘、柚、桃、李、丰水梨、枇杷、葡萄、猕猴桃等果树资源。

【花卉】

境内花卉一是荒山坡野生，二是专业培植供人观赏。主要有白兰花、广玉兰、含笑花、山茶花、杜鹃花、夹竹桃、桂花、樱花、红梅、蜡梅、铁脚海棠、垂丝海棠、木瓜海棠、桃花、棠隶花、胭花、合欢、石榴花、芙蓉花、五色梅、茉莉花、栀子花、紫荆、紫薇、金盏菊、千日红、棋盘花、牵牛花、万寿菊、珊瑚樱、五色椒、百日草、一串红、瓜叶菊、蝴蝶花、石竹、虞美人、兰草、芍药、四季海棠、文竹、云竹、水仙、大菊、红苕花、荷花、睡莲、白头翁、葱兰、红花葱兰、玉簪、仙人掌、令箭荷花、昙花、地洋菊、太阳花、鸡冠花、夜来香、牡丹、月季、胭脂、鱼子兰、七里香、金银花、粉团花、玫瑰花等。

【竹类】

生长在农房四周。主要有罗汉竹、月竹、棕竹、慈竹、刺竹、筋竹、奕竹、南天竹、花纹竹、箭竹、金竹、斑竹、篁竹（硬头篁）、水竹、苦竹、白夹竹、紫竹等。

【药材】

药用植物，以天然野生为主，有少量人工种植，常年种植有泽泻、川芎、菊花、白芷等，以泽泻为大宗。盛产金钱草、枇杷叶、海金沙、杂枳实、仙茅根，还有蒲公英、扁蓄草、郁金、桑白皮、川楝子、刘寄奴、杂寄生、艾叶、淡竹叶、苦参、灵仙藤、仙合草、青蒿女贞子、益母草、苍耳子、香附子、葛根、贯仲、吴芋、地夫子、地骨皮、石菖蒲、夏枯草、薤白、天丁、半夏、白花蛇舌草、侧耳根、车前草、使君子、佛手、白果、紫苏、枳壳、金银花、伸筋草、仙茅根、首乌等。

【动物】

动物主要有野生动物和驯养动物两类。有国家重点保护动物青蛙，国家二级保护野生动物灰雀，四川省重点保护动物蓝耳翠鸟（打鱼子）、白鹤（大白鹭）、黑眉柳莺等33种属国家保护的野生动物以及其他一般兽类、禽类、蛇类、虫类野生动物。驯养动物主要为畜、禽、鱼三类。畜类以猪、羊、兔、狗、猫为普遍，尤以猪和兔较多。1998年引进DLY三元杂交猪种。禽以鸡、鸭、鹅小家禽为主，发展草食禽畜。鱼类主要养有鲤鱼、鲫鱼、草鱼、花鲢、白鲢和鳝鱼，以鱼池和水库为主饲养。

【水】

通济堰渠和毛河水穿境而过，可供水4000万~5000万立方米；双凤、大坝、群英、联合4个水库和145口山坪塘，蓄水量达500万立方米以上；洪塔水库可供水40万立方米；塘堰12处，蓄水量8万立方米。

【红层孔隙、裂隙水】

据水文地质队钻井资料记载，邓庙村冒水井一带地下水埋深2.98米，含水层厚度为18.59米，单孔出水量1441.3立方米/昼夜，矿化度0.58毫克/升，最低水温在15℃以上。

【页岩】

页岩资源品位高，质量好，主要分布于原义和乡清水、喻沟、双凤、酒坊等村，可供开采储量约1亿立方米。

【砂岩】

主要储藏于原义和乡酒坊村1、5组西北的马鞍山。

【红石】

主要分布在李山村和石山村。

【硫铁矿】

岐山村的金矿遗址东北230米处，有一采石场，采石场下部的侏罗系蓬莱镇组地层底部与隧宁组顶部石英石中有硫铁矿石。1998年，经采标本化验分析含硫39.71%，为高品位硫铁矿石。

气候

谢家镇（街道）气候属亚热带湿润气候，其特点是气候温和，雨量充沛，四季分明，春季气温回升早，夏季较长，少酷热，秋多绵雨，温度下降较快，以西北风为主，冬天严寒，霜雪少。

【气温】

1996 年—2020 年，谢家镇（街道）年最低气温-2.6℃，出现在 2016 年 1 月 25 日；最高温度 39.0℃，出现在 2020 年 7 月 27 日，突破同期历史极值。1996 年，谢家镇平均气温 16.5℃，年最低气温-0.8℃（2 月 26 日），最高气温 36℃（8 月 6 日）。2000 年，谢家镇平均气温 17℃，年最低气温 0.3℃（12 月 13 日），最高气温 36℃（7 月 26 日）。2005 年，谢家镇平均气温 18℃，年最低气温-2℃（1 月 2 日），最高气温 36℃（7 月 23 日）。2010 年，谢家镇平均气温 18℃，年最低气温 0℃（12 月 16 日），最高气温 37℃（7 月 30 日）。2015 年，谢家镇平均气温 18.9℃，年最低气温 1.4℃（12 月 17 日），最高气温 37.8℃（8 月 2 日）。2020 年，谢家街道平均气温 18.5℃，年最低气温 0.5℃（12 月 21 日），最高气温为 39.0℃（7 月 27 日），5 月—6 月出现日最高气温超过 35℃的天数有 11 天，7 月下旬至 8 月出现晴热高温天气，日最高气温超过 35℃的天数有 10 天。

【降水】

1996 年，谢家镇降水总量 775.6 毫米，暴雨天数 1 天。2000 年，谢家镇降水总量 794 毫米，暴雨天数 3 天。2005 年，谢家镇降水总量 1067 毫米，暴雨天数 6 天。2010 年，谢家镇降水总量 1023 毫米，暴雨天数 4 天。2015 年，谢家镇降水总量 773.9 毫米。2020 年，谢家街道降水总量 1219.5 毫米，出现区域性暴雨天气过程 8 次，分别为 7 月 30 日、8 月 11 日、8 月 15 日、8 月 17 日、8 月 18 日、8 月 31 日，大暴雨天气过程为 8 月 12 日、8 月 16 日。1996 年—2020 年，谢家镇（街道）日最大降水量 185.1 毫米，出现在 2018 年 6 月 27 日。

【日照】

1996 年—2020 年，谢家镇（街道）总日照时数分别为 962.6 小时、1095.8 小时、1114.9 小时、979 小时、1085 小时、1147 小时、1194 小时、992 小时、1249 小时、995 小时、1285 小时、1179 小时、1006 小时、973.6 小时、1063 小时、1119 小时、1049.4 小时、1394.6 小时、999.8 小时、1092.7 小时、1140 小时、1109.7 小时、1133.5 小时、816.1 小时、2309.3 小时。

自然灾害

谢家镇（街道）境内主要自然灾害有水灾、旱灾、地震。水灾、旱灾主要发生在 7 月—9 月，地震灾害主要有"5·12"汶川地震和"4·20"芦山地震。

【风雨涝灾】

1997 年，谢家镇小春遭受特大风灾，粮食减产 6 万公斤。

2001 年 8 月 18 日—19 日，谢家镇遭受暴风雨袭击，倒塌房屋 43 间，吹倒竹子、树木 2 万根，冲毁沟渠 27 处 1.22 千米，损坏高低压线路 4.5 千米，水稻倒伏受淹 5400 亩，直接经济损失 80 万元。

2003 年 8 月 2 日，谢家镇遭受风灾、雨灾，受灾面积达 2900 亩，直接经济损失 153 万元。8 月 24 日晚遭受风灾、雨灾，3400 亩水稻倒伏，直接经济损失 17 万元。

2004 年 3 月 12 日—4 月 1 日，谢家镇连续 20 天降雨，通济堰支渠用水闸门失灵，造成红石、曾湃、雷山、石山 4 个村、10 个农业社、96 户农户、148 亩小麦内涝，损失小麦产量 1.17 万公斤，折合经济损失 1.66 万元。

2005 年，谢家镇遭受历年罕见的持续多雨天气，造成水稻制种倒伏面积 0.3 万亩，绝收 300 亩，直接经济损失 168.64 万元。

2010 年 8 月 19 日，谢家镇遭受暴雨，灾后重建 24 户，补助资金 40.5 万元。

2013 年 7 月 18 日，谢家镇普降暴雨，4 个村 16 户农户受灾，倒塌房屋 36 间，受损人口 46 人，经济损失 56 万元。

2014 年 7 月 8 日晚到 9 日凌晨，谢家镇普降特大暴雨，造成农作物受灾 33.9 亩，农房损坏 23 间，直接经济损失 196.8 万元。

2015 年 4 月 4 日凌晨零时—1 时，义和乡发生严重冰雹伴急性大风自然灾害。

2016 年 7 月 2 日—7 月 12 日，义和乡发生多起大风、大雨（暴雨），造成杨庙村国家级水稻制种基地受灾，正处于扬花期的水稻大面积倒伏，7 月 3 日倒伏 450 亩，7 月 5 日—6 日倒伏 300 亩，7 月 10 日倒伏 300 亩。因灾造成减产 40%～50%，经济损失 160 万元。

2018 年，谢家镇出现区域性暴雨过程 7 次，首次出现在 5 月。6 月 27 日，出现区域性强降雨过程，一日最大降水量为 185.1 毫米，突破同期历史极值。

2020 年，谢家街道发生"8·11""8·16"70 年一遇的强降雨，街道党工委、办事处组织街道、村（社区）党员干部群众 300 人，转移受灾群众 200 人。

【旱灾】

2001 年 6 月中旬，谢家镇出现了持续晴热高温天气，日最高气温在 31℃以上，其中超过 33℃的日数 18 天，超过 35℃的日数 7 天，地面最高温度达 64.7℃，连续晴热高温天气日数是有气象记录以来最长的、创历史纪录，6 月 30 日—7 月 23 日累计降水量

46.5 毫米，较同期偏少 70%，日平均气温较常年偏高 3.6℃，日照和蒸发量分别偏多 59%和 70%，数十年少见的"四连旱"给农业生产尤其是大春生产造成了严重的损失，全镇有 2900 亩水稻不同程度受旱减产，其中近 280 亩绝收，1500 亩玉米不同程度受旱减产，其中 840 亩绝收；水果、蔬菜、海椒、花生等经济作物受到严重影响减产减收。全镇因旱灾造成直接经济损失达 95 万元。

2003 年，谢家镇有 4 个村，30 个农业社，1320 人受灾，受灾面积 2600 亩，直接经济损失 68 万元。

2004 年 4 月，谢家镇持续高温少雨，导致天庙、李山、石山、洪塔丘区 4 个村 43 个农业社 45 口山坪塘蓄水严重不足，4100 亩小春农作物受灾，2100 亩水稻不能适时栽插。丘区已栽插的 6000 亩水稻"洗手干"，4000 亩旱地作物，1000 亩玉米、海椒、水果等多经作物不同程度受旱。

2006 年，夏旱。4 月 25 日—5 月 2 日，谢家镇总降水量 28.9 毫米，使农作物受损。

2007 年，春旱。3 月 1 日—4 月 8 日，谢家镇总降水量为 17.8 毫米，连续干旱使人民生产生活受到严重影响。

2008 年，夏旱。5 月 12 日—6 月 12 日，谢家镇总降水量 28 毫米，农作物受旱。

2009 年，夏旱。5 月 2 日—6 月 7 日，谢家镇总降水量 26.5 毫米，农作物不同程度受灾。

2013 年，冬天连春旱。1 月 6 日—2 月 7 日，谢家镇连续 33 天无降水，为同期最长连续无降水日数，造成土壤墒情严重恶化，农作物遭遇干旱。

2015 年 1 月 1 日—8 月 6 日，谢家镇降水量仅 343.4 毫米，较多年同期平均偏少近四成；特别是 7 月 20 日—8 月 6 日，降水量较多年同期偏少 80%；加之持续高温、高日照，致使旱情加重。8 月 7 日，在义和乡开展人工降雨作业，义和乡降水量达 97.4 毫米，谢家镇降水量 74.8 毫米，有效缓解了旱情。

2017 年，气候异常。6 月下旬至 7 月，谢家镇出现有气象记录以来持续时间最长的晴热高温天气，7 月最高气温突破同期历史极值，出现不同程度的夏旱。

2020 年，谢家街道抗旱形势严峻，准确、及时抓住有利时机开展人工降雨作业 12 次，发射火箭弹 80 枚，为抗旱丰收提供了有力保障。

【地震灾害】

"5·12"汶川地震。2008 年 5 月 12 日，汶川发生 8.0 级地震，谢家镇直接经济损失折合人民币 7000 万元。

"4·20"雅安芦山地震。2013 年 4 月 20 日，芦山县发生 7.0 级地震。谢家镇 8 个村 335 户农户受灾，受损房屋 90 间，受灾人口 77 人。重建 66 户 355 间，重度受损 61 户 368 间，轻度受损 208 户 1223 间，造成直接经济损失 210 万元。

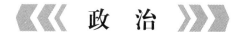

政　治

1996 年—2020 年，是谢家镇（街道）不断深化改革的 25 年。谢家镇（街道）以发展社会主义民主政治、建设社会主义政治文明、全面建成小康社会为目标，把握改革、稳定、发展大局，巩固和发展了安定和谐的政治局面，人民群众生活水平大幅提升。

中共眉山市彭山区谢家街道工作委员会

【机构】

中共眉山市彭山区谢家街道工作委员会（以下简称谢家街道党工委）是中共眉山市彭山区委的派出机关，为正科级，领导本辖区的工作和基层社会治理，支持和保证行政组织、经济组织和群众自治组织充分行使职权。

【工作职责】

贯彻执行党的路线、方针、政策和上级决策部署；履行全面从严治党和党风廉政建设主体责任，负责辖区党的政治建设、思想建设、组织建设、作风建设、纪律建设，负责宣传思想、意识形态、精神文明、政法维稳、法治建设、对外宣传、统一战线、民族宗教、保密、党管武装等工作，领导本辖区工作，支持和保证人大工委、街道办事处、纪工委、总工会、团工委、妇联、残联等组织依照法律法规、规章和各自的章程开展工作，协调人大代表和政协委员在街道的活动；讨论决定加强党的建设、统筹区域发展、组织公共服务、实施公共管理、维护公共安全、动员社会参与、指导社区自治等方面的重大事项、重点工作和重大问题，对涉及街道辖区内事关群众利益的重大事项和重大决策提出建议；落实基层党建工作责任制，负责机关党建、区域化党建、"两新"组织党建、村（社区）党建等基层党建工作，承担党员教育、管理、监督、服务和发展党员等工作；按照管理权限，负责机关及所属事业单位干部职工教育、培训、任免、考核和监督，指挥调度和管理考核区级职能部门派驻机构和工作人员，负责辖区内人才工作；领导基层社会治理，负责基层治理的牵头统筹、组织协调、督导落实等职责，推动形成党建引领基层治理格局，动员辖区内各类单位、社会组织和居民等社会力量参与基层治理工作，统筹辖区资源，实现共建、共治、共享。

【内设机构】

1998 年 1 月，根据《谢家镇党委、谢家镇政府机构改革方案》（谢委发〔1998〕01

号），谢家镇内设党政办公室、农业办公室、财政办公室、社会事业办公室、乡镇企业办公室、乡村建设办公室6个办事机构，均为股级；纪检（监察）、武装部、团委、妇联等机构设置及领导配备，按有关章程和规定办理。

2001年，根据《彭山县谢家镇机构改革实施方案》（彭委发〔2001〕23号），谢家镇内设党政办公室、社会事务办公室、经济发展办公室、民政与计划生育办公室、财政所5个综合性办事机构。工会、妇联、共青团按其章程设置。

2004年，谢家镇设置党政办公室、信访办公室、会计核算中心、经济发展办公室、社会事务办公室、民政与计划生育办公室6个办事机构。工会、共青团、妇联等群团组织健全。

2007年6月，根据《关于征求彭山县乡镇机构改革方案意见通知》的精神，彭山县精简乡镇行政编制，谢家镇设置党政办公室（群众工作办公室）、经济发展和社会事务办公室（挂计划生育办公室和工业发展办公室牌子）、财政所3个办事机构；义和乡设置党政办公室、经济发展和社会事务办公室（挂计划生育办公室和财政所牌子）2个办事机构。

2019年，彭山区乡镇机构改革，突出镇街道发展定位，设置特色机构，在谢家街道设置产业新城发展办公室。

2020年，根据《关于印发〈中共眉山市彭山区谢家街道工作委员会眉山市彭山区人民政府谢家街道办事处主要职责、机构设置和人员编制规定〉的通知》（眉彭委办〔2020〕97号）的精神，谢家街道设置党政综合办公室、党建办公室、经济发展办公室（乡村振兴办公室、宅基地管理办公室、统计办公室）、社会事务办公室（社区建设办公室）、社会治理办公室（应急管理和安全生产监督管理办公室、综合行政执法办公室）、城乡建设管理和自然资源办公室（生态环境办公室）、财政所7个综合办事机构。人大工委、纪检监察、人民武装等机构和工会、共青团、妇联等群团组织按规定或章程设置，依法、依规、依章程履职。

【直属事业机构】

2008年，谢家镇设置农业服务中心、乡镇畜牧兽医站、乡镇村镇建设国土环卫所、社会事务服务中心4个事业单位。跨区域设置彭山县谢家水务管理站（辖谢家、义和、保胜）、彭山县谢家林业工作站（辖谢家、义和、保胜）、彭山县谢家农机站（辖谢家、义和、保胜）、彭山县谢家计划生育服务站（辖谢家、义和）4个乡镇事业单位。乡镇不设行政执法机构，使用政法专项编制的公安派出所、司法所（挂乡镇维护稳定办公室牌子）按规定设置。中小学实行以县为主的管理体制，卫生院实行县办县管的管理体制。

2020年，谢家街道按规定统一设置便民服务中心（农民工服务中心、退役军人服务站）、农业农村综合服务中心（宣传文化旅游服务中心）、城乡环境综合治理中心、社会治安综合治理中心 4 个直属事业机构（不确定级别）。

【编制设置】

1998 年，谢家镇设党委书记 1 名，副书记 2 名（含兼职镇长 1 名）；政府设镇长 1 名，副镇长 3 名。机关核定行政编制 16 名，机关工勤岗位事业编制 8 名，对冗员采取分流措施。

2001 年，谢家镇有机关干部 36 人，其中行政编制 21 人，财政事业编制 1 人，计生事业编制 2 人，农业事业编制 4 人，文化事业编制 2 人，自收自支的土地事业编制 6 人。

2007 年，谢家镇行政编制总数 20 名，领导干部职数为 7 名，社会事务服务中心事业编制 5 名。县级业务主管部门派驻的事业单位谢家农经站事业编制 3 名，谢家农业服务中心事业编制 4 名，跨区域设置的事业单位谢家农机站事业编制 2 名。

2008 年，谢家镇领导职数 7 名，义和乡领导职数 6 名。其中，乡镇设党委书记（兼人大主席）1 名，乡镇长 1 名，人大专职副主席 1 名、乡镇党委副书记 1 名（兼任纪委书记），副乡镇长、人武部部长（兼任副乡镇长）等乡镇领导副职根据工作需要在职数限额内设置、不设专职副科级党委委员。谢家镇行政编制 20 名，工勤编制控制数 1 名。事业单位总编制 46 名，其中农业服务中心 6 名，农机站 4 名，林业工作站 7 名，社会事务服务中心 6 名，计划生育服务站 4 名，水务管理站 6 名，畜牧站 10 名，村镇建设环卫所 3 名。义和乡行政编制 18 名，工勤编制控制数 1 名。事业单位总编制 16 名，其中农业服务中心 4 名，社会事务服务中心 2 名，畜牧站 6 名，村镇建设环卫所 4 名。

2008 年—2012 年，谢家镇有财政供给人员 41 人，其中公务员分别有 21 人、20 人、20 人、20 人、20 人，事业编制分别有 20 人、21 人、21 人、21 人、21 人。

2008 年—2012 年，义和乡财政供给人员分别有 24 人、24 人、30 人、30 人、28 人，其中公务员分别有 9 人、10 人、16 人、17 人、16 人，事业编制分别有 15 人、14 人、14 人、13 人、12 人。

2019 年，谢家街道核定编制 51 名，在编人员 41 名，临聘人员 20 名，实有人员 55 名。

2020 年，谢家街道有机关行政编制 47 名，其中，党工委书记 1 名，党工委副书记、街道办事处主任 1 名，人大工委主任 1 名，党工委副书记 1 名，组织宣传统战委员 1 名，政法委员 1 名，人武部长、办事处副主任 1 名，副主任 3 名；纪工委书记（监察室主任）1 名，由党工委委员兼任。中层职数 13 名（含纪工委副书记 1 名）；机关工勤人员控制数 1 名。

精神文明建设

1996 年—2020 年，谢家镇（街道）加强精神文明建设，推动了社会主义精神文明新风形成发展。

【精神文明创建】

1996 年—1998 年，谢家镇开展创建文明村、文明单位、五好家庭和拥军优属等多种形式的群众性精神文明创建活动。

1997 年，谢家镇雷山村、星星村、中心小学被评为县级安全文明村（单位）；魏巷村、曾湃村、雷山村、星星村、镇政府、中心小学、中学、信用社、营业所、谢家派出所被评为镇级安全文明村（单位）。

1998 年，谢家镇魏巷村、中心小学被评为县级安全文明村（单位）；天庙村、李山村、洪塔村、吴堰村、粮站、医院、工商所、通济堰红光电站被评为镇级安全文明村（单位）。

1999 年，谢家镇洪塔村、通济堰红光电站被评为县级安全文明村（单位）；石山村、毛河村、汉安村、街道居委会、配电所、兽防站被评为镇级安全文明村（单位）。

2000 年，谢家镇石山村、汉安村、吴堰村、红石村、李山村、天庙村、毛河村、曾湃村被评为县级安全文明村（单位）；红石被评为镇级安全文明村。

2002 年，谢家镇政府、中学、信用社、营业所、派出所、医院被评为县级安全文明单位。

2003 年，谢家镇石山村、魏巷村、吴堰村、镇政府、派出所、小学、中学被评为眉山市安全文明村（单位）；谢家地税所、蓉兴矿、粮站、工商所、配电所、兽防站、和昌化工公司被评为县级安全文明单位。

1998 年—2001 年，谢家镇开展创双文明户、"三户"（遵纪守法户、五好家庭户、文明户）等活动，创建县级安全文明小区 21 个。

2001 年，义和乡开展讲文明、树新风和"三户一村"创建活动。评选遵纪守法户 1411 户、五好家庭户 1381 户、双文明户 800 户，创办文明市民学校 1 所。邓庙乡开展创建文明村活动，创建县、乡级文明单位、文明村 4 个。

2003 年，谢家镇开展"四户一村"评比活动，评选科技示范户 1150 户，五好家庭户 1380 户，遵纪守法户 1270 户，双文明户 1435 户。

2004 年，谢家镇开展省级环境优美乡镇创建，2008 年申报省级环境优美乡镇，2010 年完成创建任务，建成省级生态家园 50 户。

2005 年，谢家镇巩固市级文明单位 2 个，创建市级文明社区 1 个，县级文明单位 6 个，县级安全文明小区 7 个。

2007 年，谢家镇开展以"五好文明家庭户"、"平安乡村"、"和谐乡村"、文明村、文明单位和拥军优属为主题的精神文明创建和平安创建活动；巩固县级文明单位 6 个。

2009 年，谢家镇镇机关、谢家一小和谢家场社区通过市级文明单位复查验收。

2011 年，谢家镇农村精神文明建设工作做到思想认识、组织领导、宣传发动、责任机制"四到位"和加强学习、加强青少年法治宣传教育和爱国主义教育"两加强"。

2018 年，谢家镇开展"养成好习惯、形成好风气"脱贫奔康文明示范家庭创建和"星级文明家庭"评选活动。

2019 年，谢家街道开展"星级文明户"评选活动。按宣传动员、小组"定星"、村社"评星"、乡镇"审星"、广泛"展星"和"传星"6 个步骤实施，评选出"星级文明户"700 户。

2020 年，谢家街道结合新时代文明实践工作，开展"星级文明户"和"最美庭院"（"净化美""绿化美""布局美""序化美""家风美"）评选。评选出 50 户星级文明户和最美庭院家庭。

【道德风尚活动】

1996 年—1998 年，谢家镇在干部群众中开展"讲学习、讲政治、讲正气""三讲"教育和艰苦奋斗、社会道德、家庭美德教育。2004 年，以庆祝"七一""国庆"等重大节日为契机，谢家镇宣传学习《公民道德建设实施纲要》。2006 年，谢家场社区老年协会参加全县精神文明道德宣传月活动，获得"优秀奖"。2007 年，义和乡开展"公民道德建设宣传月""共铸诚信"等道德建设活动。2008 年，谢家镇开展"公民道德建设宣传月"活动，成立领导小组，制定实施意见，以加强社会公德、职业道德、家庭道德、个人品德建设为重点，开展了"知荣辱、讲正气、促和谐"宣传教育、"新公民"道德教育试点工作、"百城万店无假货活动""志愿服务在谢家"主题、"净化工程""畅通工程"、净化文化环境、校园周边环境专项整治等活动。2017 年 6 月—11 月，义和乡开展"三苏好家风"进机关、进农村、进社区、进学校、进企业、进家庭"六进"活动，培养青少年良好家庭、家教意识，增强企业职工的家风意识，推动党员干部好家风的实践养成和自觉传承。

【未成年人思想道德建设】

2004 年，谢家镇成立加强和改进未成年人思想道德建设工作领导小组，制定了《谢家镇关于加强和改进未成年人思想道德建设工作实施方案》。镇团委、妇联在中、小学举办思想道德专题讲座；镇文化站编排的文艺节目走进校园，贴近学生生活，陶冶未成年人的道德情操。2006 年 5 月—12 月，谢家镇开展青少年绿色网络行动，主要有青少年网络志愿者行动、发放《青少年绿色网络行动手册》、建校园局域网、网络文明教育、网络文明知识竞赛、绿色网吧监督行动、网络净化 7 项活动。2007 年，义和乡构建学校、家庭、社会"三结合"的未成年人思想道德教育网络。2011 年，谢家镇以加强未成年人保护工作为导向，对 200 名困难留守儿童建立档案。2020 年 12 月，谢家街道结合实际，联合市场监管所等部门开展了"扫黄打非，护苗成长"突击检查行动。

【志愿服务】

2003 年 10 月，谢家镇成立"共产党员排忧解难志愿服务队"，下设农村党建、招商引资、农业种植养殖技术、法律法规、医疗计生、农机家电维修 6 个服务小分队。2008 年，谢家镇社区党员志愿者服务队的事迹被中央等各级媒体广泛宣传报道。2014 年，谢家镇组建党员先锋、基层便民、社会志愿者、村（社区）网格员 4 支志愿服务队，做到有标识、有口号、有方案、有制度、有档案、亮身份、亮承诺、亮成效；开展"收集民意大走访""服务万家助发展""化解纠纷促和谐""服务民生送温暖"等主题活动。2016 年，义和乡开展志愿活动 2 次，接受服务人员 200 人次；成立义务劝导队伍 1 支，组织开展文明劝导行动 12 次，劝导"不文明、不卫生"行为 120 人次。2018 年 3 月，谢家镇开展"青春志愿行·新时代弘扬雷锋精神展新青年形象"志愿服务活动，开展组建一支青年志愿服务队、进行一次志愿者培训、开展一次需求调研活动、开展一次志愿服务、完成一次知识竞赛等"五个一"活动。2019 年，谢家街道开展志愿服务活动 5 次。2020 年，打造毛河院子、石山学堂 2 个新时代文明实践平台，涵养志愿服务文化，开展青年志愿服务活动 15 次，1000 人（次）参加。

【"三村"建设】

2002 年，谢家镇开展"科技兴村、民主管村、依法治村"为主要内容的"三村建设"示范村创建活动，成立"三村建设"示范村创建活动领导小组。农科站负责"科技兴村"工作，民政办负责"民主管村"工作，综治办、司法所负责"依法治村"工作。在"科技兴村"上，建立村、社技物结合服务点（店）36 个，落实示范村 7 个，示范社 25 个，示范户 321 户，举办各类培训班 5 期，培训 3600 人次；在"民主管村"上，重点加强"村民自治"和农村财务管理工作；在"依法治村"上，重点增强农民群众的法制意识和普及农民群众最适用的相关法律法规和政策，利用广播、黑板报、举办培训班、法律赶场等进行广泛宣传。谢家镇、义和乡获得 2002 年度"三村建设"示范村创建活动先进乡镇。

2003 年，谢家镇稳步推进"三村建设"示范村创建工作，魏巷村"三村建设"工作先进经验在《眉山日报》《彭山报》作了报道。义和乡贯彻实施《村委会组织法》，加强村务公开、财务公开，接受群众监督。

2004 年，谢家镇以"三村建设"党建工程和村级阵地规范化建设为载体，推进农村基层组织建设。积极开展"遵纪守法户"的评选活动和法律顾问进农家活动，以（社）务公开、财务"五统一"管理、严格"一事一议"程序等完善民主管村工作。魏巷村、石山村、吴堰村达到县级"三村建设"党建工程综合示范村标准，汉安村、洪塔村、李山村、星星村、毛河村、天庙村达到乡级示范标准。

【"草根民星"评选】

2017 年 9 月—12 月，彭山区开展"草根民星"评选。坚持"群众评、评群众"的评选原则。通过镇村"草根民星"评选、镇民星评选（由镇党委评选的 5 名"民星"）、彭山区"民星"评选、总结表彰 4 个阶段，评选出 2017 年度"最美彭山人"，

"草根民星"谢家镇1人、义和乡1人，道德楷模谢家镇2人，寿乡才俊谢家镇1人，最美家庭谢家镇1人，城市美容师谢家镇1人、义和乡1人。2018年，开展"最美彭山人"评选。红旗支书、最美干部谢家镇1人，寿乡才俊谢家镇1人，最美家庭义和乡1个，城市美容师义和乡1人，最美教师谢家镇1人。

【"四好村"创建】

2016年9月起，全省开展以"住上好房子、过上好日子、养成好习惯、形成好风气"为主要内容的"四好村"创建活动，力争到2020年，在普遍建成市州级或县市区级"四好村"的基础上，60%以上的村建成省级"四好村"。2016年，谢家镇将基础条件好的8个村创建为区级"四好村"，义和乡完成5个区级"四好村"创建工作。2017年，谢家镇邓庙村、岳油村成功申报省级"四好村"；义和乡岐山村、悦园村、杨庙村3个村被评为省级"四好村"，活桥村命名市级"四好村"。全区"四好"农村路建设现场会在义和乡召开，义和乡代表全区接受并通过省验收组检查。2018年，谢家镇实现区级"四好村"创建全覆盖；义和乡创建市级"四好村"1个（喻沟村）。2020年，谢家街道活桥村、红石村成功创建为省级"四好村"。

党务工作

【党建】

2012年，谢家镇开展"三分类、三升级"活动。"三分类"就是把基层党组织分作一、二、三类，即先进党组织、一般党组织、后进党组织；根据不同类别制定转化升级措施，实现一类党组织上水平、二类党组织上台阶、三类党组织换面貌目标。谢家镇确定先进党支部3个、一般党支部11个、后进党支部1个（岳油村）；分类制定不同等级村的创建标准和措施，制订升级方案15个，落实转化措施150条；投入30万元完善党建硬件资源建设，1个后进党支部转化为先进党支部，5个一般党支部升级为先进党支部。义和乡确定先进党支部3个，一般党支部9个，后进党支部1个；是年，完成后进党支部转化工作，悦园村党支部作为彭山县后进党支部转化的典型，接受县级相关部门和乡镇的观摩。

2013年，谢家镇抓实党组织晋位升级，分类制定不同等级村的创建标准和升级措施。义和乡开展党委和支部现状大调研，确定先进党支部2个，一般党支部12个，后进党支部1个。

2014年，谢家镇针对后进党支部，派出3名经验丰富的包片领导、党建指导员和驻村干部，进行全方位的指导帮助。

2015年，谢家镇按照区委"第一书记"工作会的会议精神，开展"第一书记"工作。全镇9名"第一书记"全部到位，到村开展实地调研75人次，记录民情日记36

篇，整理问题台账 29 条，帮助群众解决实际困难 10 个，提交联席会议难题 4 个。开展晒目标、晒承诺、晒党恩、晒账单、晒积分"五晒"和党务、村务、便民服务事项、"两委"干部值班、两代表一委员驻站安排"五公开"活动。

2016 年，谢家镇党委与村（社区）"第一书记"签订《工作目标责任书》，开展"第一书记"平时考核，记好民情日记，每月初报工作计划，月底报工作总结，半年开展一次"双述双评"。

2017 年，谢家镇开展亮身份、亮差距、亮承诺、亮奉献"四亮"行动，发出优秀共产党员示范岗 21 个，优秀示党员示范窗口 11 个。开展必送方针政策、必送法律法规、必送关怀问候、必送优秀传统文化、必送发展蓝图"五必送"和弱势群体必访、务工返乡者必访、邻里乡亲必访、重点人员必访、对社会有突出贡献者必访"五必访"活动，参与干部 110 人，走访群众 4400 户，发放各类宣传资料 8300 份。

2018 年 5 月，谢家镇开展为期 4 个月的"大学习、大讨论、大调研"活动。聚焦政治任务开展大学习，聚焦"若干重大问题"开展大讨论，聚焦"一批突破瓶颈"开展大调研，主动"走上去"寻求支持，"走出去"学习借鉴，"走下去"推动落实。

2020 年 7 月 1 日，谢家街道召开了"庆七一、颂党恩"庆祝建党 99 周年大会。大会表彰了在疫情防控、党务工作及推动街道中心工作中涌现出来的优秀共产党员和优秀党务工作者，2019 年和 2020 年新发展党员进行了入党宣誓，老党员们重温了入党誓词。街道党工委书记章静结合优秀表彰和入党宣誓，以"初心不改，肩负责任，做一名合格的共产党员"为题给参与党员讲党课。

【宣传】

2002 年，谢家镇被县委宣传部评为"群众宣传工作先进集体"。2003 年，谢家镇被《眉山日报》采用稿件 10 篇，《彭山报》刊登 40 篇。

2004 年，谢家镇被《眉山日报》专题报道 25 篇，《今日彭山》采用稿件 17 篇，《政务信息》刊登 2 篇。

2006 年，谢家镇被《眉山日报》专题报道 8 篇，《今日彭山》刊登 31 篇。

2007 年，谢家镇新闻信息被省上采用 1 篇（省委、省政府信访办公室信访简报第 63 期《问题解决才是能力，息诉息访才是落实》），市上 3 篇，报社 2 篇，简报 14 篇，电视台 3 篇；被《眉山日报》采用稿件 1 篇，彭山信息 5 篇，政务信息 2 篇，领导干部作风整顿工作简报 1 篇，彭山组工 1 篇，"三级联创"工作简报 11 篇，彭山电视台 3 篇。

2008 年，义和乡刊播各类新闻 150 条。

2011 年，谢家镇上报信息 20 条，制作宣传喷绘 200 平方米，悬挂标语 50 条。

2020 年，谢家街道党工委利用"学习强国""彭山 e 支部"以及微信群宣传宣讲党的路线方针政策 100 次；结合疫情防控、"双创"工作，开展集中宣传劝导志愿服务活动 10

次，新增"文明健康有你有我""关爱未成年人"等社会主义核心价值观公益广告500幅。完成外宣稿44篇，发表的文章被《人民日报》、学习强国四川学习平台、四川新闻网、川报观察、四川党建网、人民视点、海外网、今日头条、眉山新闻联播等媒体采用。

【培训】

1998年，谢家镇组织村支书参加县上和镇党委举办的"四期"理论学习培训，45岁以下的农村党员、干部85%以上掌握1—2门实用技术。

2002年，谢家镇培训村"两委"干部516人次；开展党员信息技术培训，召开骨干培训3次，245人次，发放信息技术资料6800份。

2003年，谢家镇开展制种、蘑菇、丰水梨、水稻旱抛、生猪、奶牛等农村种、养殖技术培训，参训6600人次，其中党员2300人次。

2004年，谢家镇组织128名农村党员参加市人事局举办的丰水梨种植技术培训；开展制种、小春病虫害防治、泽泻育苗等技术培训，培养了一批农村实用技术人才，发掘了一大批"土专家""田秀才"。

2006年，谢家镇推荐村干部参加省、市举办的支部书记培训班，2名村支书参加了省委举办的培训班，3名村支书参加了市委举办的培训班。

2009年，谢家镇培训党员、干部2600人次。

2014年，谢家镇组织16次集中学习，举办党的群众路线教育实践活动和十八届三中全会精神、党风廉政教育、农村财务、信访维稳、计生民政、土地流转及农村土地确权颁证等培训班；举行换届后村（社区）干部培训。

2015年3月18日—4月3日，谢家镇举办为期两周的基层干部（包括镇、村、社三级干部和网格员）培训，500人次参加。

2017年，谢家镇开展"两学一做"常态化学习、干部实务、法律法规、脱贫攻坚、干部政治理论学习等教育培训687人次。义和乡对换届后村"两委"干部、党小组长、村民小组长、网格员、村民代表等村组干部全覆盖培训。

2018年，谢家镇、义和乡对选拔的各村后备干部、村干部开展培训工作，采取以会代训、集中培训、结对帮带、实践锻炼等形式开展。

2020年，谢家街道开展干部培训20次。

【民主评议党支部和党员】

成立由党委书记任组长的"双评"工作领导小组和各党支部以支部书记为第一责任人的领导机构。对评出的不合格党员进行严肃处置，对评出的优秀党员，进行表彰，对评议中反映的问题制定整改措施。2002年，谢家镇通过思想动员、对照检查、民主评议3个阶段，开展"双评"工作。2004年12月，谢家镇通过思想动员、对照检查、自评互评、整改建制4个阶段，完成"双评"工作。2008年11月，谢家镇通过理论学习、对照检查、自评互评、整改建制4个阶段，完成"双评"工作。2016年，义和乡每名党员自觉对照党员标准，查找差距，分析原因，开展"双评"工作。2017年，谢家镇开展民主评议工作，各党支部结合党员"分类定标、奉献积分"情况，采取多种形式征求党员和群众意见，将意见及时反馈给党员本人。2018年，谢家镇通过组织学习、谈心谈话、召开查摆会议和民主评议、整改落实4个步骤，开展了"双评"工作，并针对存在的问题制定整改清单、实行备案管理、推进整改销号。

【慰问帮扶】

2002年，谢家镇开展贫困党员的帮扶工作，确定重点帮扶对象25名，落实了帮扶联系人，为贫困党员提供新品种6个，新项目4个，信息85条，捐赠物资200件。2004年，谢家镇每位党委成员联系3户贫困户；为"彭山县贫困党员和村组干部基金"捐款1280元，党委出资560元为56名贫困党员参保农村新型合作医疗保险。2006年5月，谢家镇组织机关、学校、医院、农村等29个党支部为贫困党员和村组干部基金捐款3100元。2007年，谢家镇筹资8万元，对260名贫困党员、离职村组干部进行了慰问；为40户贫困户提供帮扶资金1万元，发展致富项目3个，解决难题30个。2009年，谢家镇开展"捐助月""济困助学月""贫困党员和村组干部帮扶基金捐助"等活动，慰问困难党员230名，落实村社干部联系少数民族困难户制度。2012年，谢家镇构建困难帮扶网络，制定帮扶措施122项，走访500人次，落实帮扶物资、资金10万元，春节期间慰问18位特困党员、62位老干部、463位60岁以上党员和302名困难群众；特困党员、困难群众慰问金标准为300元/人，老干部慰问金标准为100元/人，60岁以上老党员慰问金标准为40元/人。2015年，谢家镇直接联系服务群众171名，制定班子成员为联系户办一件实事、解一项疑难、落实一个具体项目，普通干部与联系户进行一次交心谈心、开展一次党建宣传、解决一个实际问题"六个一"帮扶计划。1月，谢家镇走访慰问困难群众503户，制定帮扶措施43条，投入帮扶资金和物资3.21万元。2016年，谢家镇春节慰问退休老干部22人，慰问金600元/人。2020年，谢家街道对特困党员6人每人给予慰问金1000元、对困难党员120人每人给予慰问金300元的慰问帮扶。

组织建设

【干部队伍建设】

1997年，80%义和乡村级主要干部是经济发展的带头人。2001年，谢家镇党委通过选配，班子成员平均年龄为37岁，大专以上学历21人，中专以上学历16人，35岁以下的干部16人；机关干部平均年龄为38岁，大专以上文化程度达55%，中专以上文化程度达90%，党团员100%；通过公推直选，村支委成员平均年龄下降到38岁；开展了机关干部驻村双向选择和中层干部竞争上岗。2002年，谢家镇机关干部平均年龄36

岁，大专以上文化程度达 70%，中专以上文化程度达 96%，党团员 100%。2004 年，谢家镇精简中层干部职数，机关人数从 41 人减少到 35 人，中层干部从 19 人减少到 11 人，平均年龄 38 岁，大专以上学历 21 人，中专以上学历 12 人，机关党支部党员 31 人。2009 年，谢家镇班子成员平均年龄 41 岁。2011 年，义和乡储备后备干部 30 人。2020 年，按照年轻化、知识化、专业化标准，配齐配强涉改村（社区）常职干部，平均年龄由上届的 52 岁降至 35 岁，16 名优秀农民工进入村级后备干部队伍。

【基层组织建设】

2001 年，谢家镇开展创建"五个好"（领导班子好、党员干部队伍好、工作机制好、小康建设业绩好、群众反映好）村党支部活动。2002 年，谢家镇实施"党员先锋工程"，开展"双向培养"，有 7 名"能人"通过培养加入中国共产党，开展党员实践"三个代表"示范行动，落实示范村 2 个，示范户 12 户，示范科室 3 个，示范岗 5 个。2006 年，谢家镇推进"党员先锋工程"，佩戴党员标志，公开党员身份，建立党员示范窗口，发挥党员先锋模范作用。2009 年，完善出台了《谢家镇党员干部党风廉政教育制度》《谢家镇党内情况通报和党代表座谈制度》《谢家镇学习型领导班子建设制度》三项制度，规范党员干部从政行为。2010 年，谢家镇完成组织工作满意度测评和新中国成立以来正常离职村（社区）干部统计工作。2013 年，义和乡强化基层组织建设，重点抓后进支部晋位升级，制订详细转化方案，定期督查考核。

【党支部建设】

1997 年，义和乡加强农村党支部的组织建设，乡机关派干部到村支部任职，重点抓党员发展工作，改善了党员队伍结构。2003 年 12 月，撤销谢家镇街道党支部，建立谢家场社区党支部。2007 年，谢家镇党委辖党支部 16 个，党小组 71 个，有党员 1098 名，35 岁以下党员 176 名。2009 年，加强流动党员信息采集，完善流动党员联系制度，各党支部落实专人每月定期通过 QQ、邮箱、短信、电话等方式联系流动党员。2014 年，谢家镇党委下设 17 个党支部，有党员 1146 人（流动党员 189 人）。2017 年，谢家镇党委辖党支部 16 个，有党员 1163 人。2020 年，谢家街道建立谢家场社区老年协会（党员 18 人）、义和场社区老年协会（党员 8 人）、李山村老年协会（党员 16 人）、石山村老年协会（党员 3 人）、汉安村老年协会（党员 32 人）、悦园村老年协会（党员 20 人）、邓庙村老年协会（党员 5 人）、岐山村老年协会（党员 5 人）8 个党支部，支部班子按规定选举产生。

【"两新"党建】

"两新"是指新经济组织和新社会组织党建。2007 年，谢家镇成立仁和混凝土外加剂厂党支部。2008 年，成立森田农业发展有限公司党支部。2009 年，谢家镇在企业开展"三向"培养活动，把技术骨干培养成入党积极分子 4 人、把党员培养成技术骨干 2 人，企业设置党员示范岗 2 个，示范班组 1 个。2012 年，义和乡党委选派 3 名业务素质高、工作责任心强的党建指导员分别联系指导 13 个"两新"党组织。2013 年，义和乡开展"两新"党建星级评比活动，从人、财、物上保障"两新"党建顺利开展。2014 年，谢家镇建"两新"党组织 6 个，其中协会党支部 2 个。2017 年 1 月，谢家镇完成毛河村安置小区和石化园区安置区党组织建设工作，开展"两新"组织组建党组织工作，建"两新"党组织 8 家，从业人员 180 人。2019 年，谢家镇撤销三和混凝土外加剂厂党支部，党支部 9 名党员党组织关系全部转回李山村党支部。2020 年，谢家街道撤销原红石村泽泻农民专业合作社党支部和西山林木专业合作社联合党支部，2 个党组织党员均转回其原党组织，照常参与党内政治生活。

【阵地建设】

1996 年，谢家镇在吴堰村 1 组新建的政府办公大楼落成，镇政府从正义街原政府机关搬迁至此。

2004 年 5 月，谢家镇党委、政府下发《关于加强村级党组织阵地规范化建设的实施意见》，建立"三级五方资金保障体系"（县、乡镇、村社区三级投入，村社区党组织自筹一点、县委农建经费补助一点、乡镇财政安排一点、县级联系部门支持一点、社会各方筹措一点），达到"村（社区）有规范化阵地"的目标。

2007 年，谢家镇投资 30 万元建成红石村阵地，达到"三室十有"（办公室、多功能活动室、文化阅览室。有党组织牌子，有党旗，有规范化制度公开栏，有规范化村务公开栏，有配套电视机、VCD 机、微机等电教设备，有桌椅，有电话，有固定党建标语，有学习资料，有书刊文件柜）标准。

2009 年，谢家镇投资 22 万元打造岳油村阵地，所有村级阵地达到"三室十有"标准。义和乡投入 2 万元完成喻沟村办公室地面硬化，投入 15 万元新建岐山村办公室，投入 24 万元在杨庙村建成综合文化站。

2010 年，义和乡投入 70 万元，完成垮塌的活桥村办公阵地修缮工作。

2014 年，谢家镇筹措资金 140 万元，新建汉安村、吴堰村级组织活动场所，完成石山村 780 平方米和毛河村 500 平方米标准化办公阵地建设，为汉安村、吴堰村、毛河村、岳油村、石山村 5 个村添置 7.7 万元的办公及会议设备。

2016 年，义和乡投入资金 90 万元，打造占地 7.8 亩的岐山村阵地，投入资金 100 万元，建成猕猴桃产业党总支阵地，悦园村阵地迁入猕猴桃广场。

2017 年，谢家镇打造岳油村阵地，完成邓庙村、石山村阵地配套工程。

2020 年，谢家街道完成悦园村阵地装饰打造，成功举办首届猕猴桃品鉴会。

【换届选举】

1998 年 8 月，谢家镇通过"公推公选"完成村党支部的换届选举工作。义和乡完成村委会换届选举工作。

2001 年 10 月—12 月，谢家镇第五届村委会换届选举，选举村主任 12 人，委员

46 人。

2004 年 10 月，谢家镇以"公推直选"形式选举产生党支部书记，完成村（社区）党支部换届选举工作。11 月—12 月，开展第六届村（居）委会换届选举工作，换届后村级班子成员平均年龄 43 岁。义和乡和邓庙乡依法进行第六届村委会换届选举。

2007 年，义和乡完成 5 个村、40 个组的换届选举工作，配齐配强村社干部。

2010 年，谢家镇届满的 9 个村（社区）"两委"换届，9 名支部书记（6 名连任，3 名新当选），平均年龄 48 岁，27 名支部委员平均年龄 47 岁，大学生干部陈玲玲当选谢家场社区居民委员会主任，完成"大学生干部"进村（居）"两委"担任主要负责人选举任务。义和乡完成村两委换届。

2011 年，义和乡党委换届工作代表彭山县接受了中组部副部长陈向群等领导全程观摩；7 月，完成县、乡两级人大代表换届工作，共选出乡人大代表 50 人，县人大代表 9 人，乡人大代表换届工作代表彭山县接受中组部、全国人大领导全程观摩；悦园村正式代表协商和选举现场会得到全国人大和省人大领导同志的高度赞扬。

2013 年 10 月—11 月，谢家镇举行村（社区）党组织班子换届选举，完成 9 个村（社区）党支部换届选举，9 名支部书记平均年龄 41 岁，比上届下降 7 岁。

2016 年 12 月，谢家镇开展第十届村（社区）委员会换届选举工作。义和乡党委换届时，市委组织部带领由各区县组成的换届观摩团全程观摩，完成乡、村（社）换届工作。

2020 年，谢家街道开展村（社区）"两委"换届工作，12 月启动，村（社区）党组织换届于 2021 年 1 月结束，村（社区）委员会换届于 2021 年 3 月结束。

【发展党员】

2002 年，谢家镇发展党员 13 人，培训入党积极分子 307 人次。

2003 年，谢家镇发展党员 13 人，其中农村专业户 4 人、技术人员 6 人、教育战线 3 人。

2004 年，谢家镇发展党员 29 人，其中农村党员 14 人，机关、学校、社区等支部 15 人，35 岁以下青年党员 21 人，35 岁以下农村党员 13 人。

2007 年，谢家镇发展党员 25 人，其中 35 岁以下的年轻党员 18 名；抓好移民党员发展工作，13 名年轻移民被列为入党积极分子。

2008 年，谢家镇发展党员 21 人，发展移民党员 2 名。

2009 年，谢家镇发展党员 28 人，其中致富能人 9 人；培养入党积极分子 76 人，其中移民入党积极分子 2 名。

2010 年，谢家镇发展党员 24 人，其中 35 岁以下年轻党员 15 名，发展移民入党积极分子 2 名，党员转正 26 名。

2011 年，谢家镇发展党员 24 人，其中 35 岁以下党员 16 名，致富能人 8 名，培养入党积极分子 81 人次。

2018 年，谢家镇实行党员群众公开推荐入党积极分子和发展对象制（原则上每个党支部每年确认入党积极分子不少于 3 名，且满足女性不得低于 48%，35 岁以下不得低于 85%，大专学历不得低于 66%）。

2020 年，谢家街道发展党员 9 人。

主题教育

【"三个代表"重要思想学习教育活动】

2001 年 1 月，在谢家镇、村领导班子和干部中进行"三个代表"重要思想学习教育活动。学习教育时间为 3 个月，分为学习培训、对照检查、召开民主生活会、整改提高 4 个阶段。学习阶段采取白天辅导和夜晚自习相结合方式进行，完成心得体会 46 篇。对照检查阶段采取个别交流、召开座谈会、进村入户调查、问卷调查等方式，广泛征求干部、群众意见，走访村、单位 12 个，走访干部和群众 37 人次，走访县镇人大代表 49 人次，政协委员 4 人次，发放问卷调查 84 份，召开村、社、机关干部座谈会 6 次，收集了领导班子存在的主要问题 16 条。在专题民主生活会阶段，县委督察组参加会议，班子成员开展了批评与自我批评。在整改提高阶段开展了制定整改措施、总结学习教育、召开总结大会 3 项活动。

【保持共产党员先进性教育活动】

活动从 2005 年 6 月开始，12 月结束。谢家镇成立以党委书记为组长的领导小组，制订实施方案下发到各村党支部，财政落实专项资金用于先进性教育活动开展。发掘和树立了一批优秀共产党员先进典型，开展党委书记讲党课，完成学习动员、分析评议和整改提高 3 个阶段的规定动作。广泛开展主题教育实践活动，各党支部纷纷为贫困党员捐款捐物，组织流动党员座谈，认真整改，不断增强党员主动性、积极性、先进性，充分发挥党员先锋模范作用，建立起党员学习、管理的长效机制。

【学习实践科学发展观活动】

2009 年，谢家镇成立以党委书记为组长的学习实践科学发展观活动领导小组和以党委副书记为组长的指导组。学习实践活动以党员干部受教育、科学发展上水平、人民群众得实惠为总体要求；以坚持解放思想、突出实践特色、坚持开门开放搞活动、做到统筹兼顾为基本原则。参加范围和对象为镇属所有党支部、所有党员，以党政班子成员和各支部委员为重点。从 9 月开始，活动时间为 6 个月，分 3 个阶段 6 个环节，学习调研阶段主要学习调研、解放思想大讨论；分析检查阶段，召开专题民主生活会、形成高质量分析检查报告；整改落实阶段，制订整改落实方案、集中解决突出问题。联系县领导做科学发展观专题辅导，组织全镇党员干部收看科学发展观专题教育片。在红石村召开"践行科学发展观，建成环境示范村"为主题的经验交流会，邀请县纪委、县级相关部门领导到会指导。组建演出队，邀请县文化馆专家指导编排反映科学发展观和浓郁乡土气息的文艺节目，编排《科学发展观就是好》《科学发展观鼓人心》《夫妻同乐唱新村》《我来说说科学发展观》《谢家的明天更美好》等节目30个，利用场镇主要街道、各村活动场所、企事业单位院坝等演出场地，深入村、社区、企业、学校和医院，演出36场次，观看群众1.2万人次。

【"创先争优"活动】

活动从2011年3月起，2012年底结束。成立了谢家镇"创先争优"活动领导小组和督查小组。按照公开承诺，全面实施（领导点评、双向述职、群众评议），深化提高3个步骤进行。做好"一诺二评三满意"，"一诺"，即"党组织、党员公开承诺"；"二评"，即上级党组织对下级党组织和党员评议；"三满意"，即让组织满意、党员满意、群众满意。突出"五好四强"，即"领导班子好、党员队伍好、工作机制好、工作业绩好、群众反映好"，"推动发展强、服务群众强、凝聚人心强、促进和谐强"，在农村基层、社区、机关事业单位、"两新"组织深入开展创建先进基层党组织活动；突出"五带五争"（即带头学习提高、争当勤学标兵，带头创造佳绩、争当敬业模范，带头服务群众、争当为民先锋，带头遵纪守法、争当自律表率，带头弘扬正气、争当和谐卫士），开展"党员示范行动"。开展"基层组织五标兵"评选、"党员层层心连心""兑现承诺永争先""我为新区献一言"四项活动。

【"中国梦"主题教育实践活动】

活动从2013年5月起，集中2个月时间，开展"实现伟大中国梦、建设富裕美好和谐谢家"主题教育实践活动。制定实施意见，成立以书记、镇长为组长的"中国梦"主题教育活动领导小组，成立以镇纪委书记为组长的督查小组。开好镇、村两级动员会；利用悬挂布标、书写墙标、办板报、印发宣传资料、电子显示屏滚动宣传"中国梦"；利用农村信息工作平台，向全镇的党员群众编发"中国梦"活动短信2万条，覆盖群众近万人；召开"中国梦"学习会、讲座会50场，参加党员干部群众上万人。依托省级非物质文化遗产竹琴、川剧玩友协会、常青树管乐队等民间艺术团体，围绕中国梦编排了歌曲《神州大地中国梦》、川剧《夫妻说梦》等文艺节目。在主题教育学习讨论阶段，重点开展好"六讲"，即领导干部讲发展、百名书记讲党课、宣讲分队讲政策、知名专家讲理论、先进典型讲事迹、个人参与讲体会。开展"四位一体"学习活动，即编纂一本学习读本、举行一场讲座、开展一次大讨论、撰写一篇心得体会。开展"三个一"文化活动，即搞一场文艺会演、看一场主题电影、举行一次演讲比赛，提升群众"中国梦"知晓率、参与率。开展"四访四问"下基层活动，即访领导问形势发展、访干部问理想信念、访党员问致富良策、访群众问衣寒冷暖，广大党员干部下村访民情、下村解难题。

【党的群众路线教育实践活动】

2014 年 3 月，谢家镇制订实施方案，成立领导小组、指导组、督导组，召开了动员大会，贯彻"照镜子、正衣冠、洗洗澡、治治病"总要求，有序推进各环节工作，切实解决一批党员干部"四风"问题和群众反映强烈的突出问题，取得干部受教育、问题得解决、作风大改善、形象再提升的成效。召开专题组织生活会和党员大会，各督导组做好联系指导工作，严格把关审核各支部及成员对照检查材料，指导并主持各党支部专题组织生活会，审核各党支部专题组织生活会通报材料，主持召开党员大会，开展会议通报和评议党员工作。10 月 22 日，召开党的群众路线教育实践活动总结会。党政领导班子、全体机关干部、各村（社区）"两委"和相关单位负责人参加会议，县委第三督导组到会指导。汉安村党支部群教活动的做法和成效得到中组部副部长陈向群的表扬；谢家场社区、石山村、汉安村 3 个村支部书记就活动开展情况在全区作经验交流发言。

【"两学一做"学习教育】

开展"两学一做"学习教育，是落实《党章》关于加强党员教育管理要求、面向全体党员深化党内教育的重要实践。开展"两学一做"学习教育，基础在学，关键在做。2016 年，谢家镇印发"两学一做"学习教育活动实施方案。突出学习教育，在真学上下功夫，切实拧紧"总开关"；突出实践特色，在真做上下功夫，奋力争当"急先锋"；突出制度建设，在真用上下功夫，着眼经常"求长效"。坚持五个结合，始终坚持与全面贯彻落实中央"四个全面"战略布局和五大发展理念相结合，与贯彻落实省委、市委、区委决策部署相结合，与贯彻全面从严治党各项部署相结合，与持续深入开展"走基层、解难题、办实事、惠民生"活动相结合，与全面推进各领域基层党的建设、提升基层党组织整体功能相结合，切实把学习教育的成效体现到推动全区品质发展、加快建设眉山产城一体发展重点镇上来。

【"不忘初心、牢记使命"主题教育】

2019 年 9 月，谢家镇开始开展为期 3 个月的"不忘初心、牢记使命"主题教育，使全体党员干部理论学习有收获、思想政治受洗礼、干事创业敢担当、为民服务解难题、清正廉洁作表率。制订工作方案，成立党委书记担任组长的领导小组。各党组织书记带头学、带头改、带头抓，切实担负第一责任人责任。抓好学习教育，学好"两书一章"做好集中研讨，丰富学习形式。开展务实调查研究，围绕"推动谢家高质量发展""党的建设""信访稳定""脱贫攻坚""身边的微腐败""人居环境整治""环保治理"等课题开展专题调研，在学习调研基础上，结合庆祝中华人民共和国成立 70 周年，党委书记在机关讲专题党课，领导班子成员到所驻村（社区）讲专题党课，党支部书记在本支部讲专题党课。深刻检视问题，广泛听取意见，深刻检视剖析。结合工作实际，列出清单，对单销号，抓好整改落实工作。召开专题民主生活会，开展民主评议党员、批评与自我批评。全体党员在主题教育期间，主动认领 1 个责任岗位和参加 1 次志愿服务，为身边群众至少办 1 件实事好事，以实际行动践行初心使命。2020 年，谢家街道紧扣"守初心、担使命、找差距、抓落实"总要求，持续加强政治理论学习，将学习强国积分纳入干部目标考核。

党员代表大会

【中共谢家镇第十一次党员代表大会】

1998 年 12 月，中共谢家镇第十一次代表大会召开，大会选举产生了中共谢家镇第十一届委员会。陈利当选为镇党委书记。

【中共谢家镇第十二次党员代表大会】

2001 年 12 月，各支部召开支部党员大会，无记名差额选举产生了 102 名代表，其中各级党员领导干部 46 名，占 45%，农业科技、文教、卫生一线的 8 名，占 8%，女党员代表 18 名，占 18%；具有初中以上文化程度的 93 名，占 91%；45 岁以下的中青年党员代表 36 名，占 35%。12 月 16 日，中共谢家镇第十二次代表大会召开，大会听取了郑志安代表上届党委作的工作报告。大会选举郑志安等 9 人组成中共谢家镇第十二届委员会，郑志安当选为镇党委书记，周德祥、彭艳、张智勇当选为镇党委副书记；张智勇当选为镇纪委书记。

【中共谢家镇第十三次党员代表大会】

2006 年 9 月 12 日，中共谢家镇第十三次党员代表大会召开，大会听取了熊志红代表上届党委作的工作报告，选举熊志红等 7 人组成中共谢家镇第十三届委员会，熊志红当选为镇党委书记，李国廷、干树文当选为党委副书记兼任镇纪委书记，袁玲为镇纪委副书记。

【中共谢家镇第十四次党员代表大会】

2011 年 1 月 19 日，中共谢家镇第十四次党员代表大会召开，大会听取了付华代表上届党委作的工作报告和肖敏作的纪委工作报告，选举付华为镇党委书记，李桂平、肖敏、赵轲当选为镇党委副书记；肖敏当选为镇纪委书记。

【中共眉山市彭山区谢家镇第二次党员代表大会】

2016 年 6 月 15 日，中共眉山市彭山区谢家镇第二次党员代表大会召开，大会应到代表 121 名，实到代表 120 名。大会选举王仲文等 8 人组成中共谢家镇第二届委员会；选举帅锋等 5 人组成谢家镇纪律检查委员会；王仲文当选为镇党委书记；肖敏、林中飞当选为镇党委副书记；曾萍任组织委员。帅锋当选为镇纪委书记，陈玲玲当选为镇纪委副书记。

中共眉山市彭山区谢家街道纪律检查工作委员会

【机构】

中共眉山市彭山区谢家街道纪律检查工作委员会（以下简称谢家街道纪工委）为眉山市彭山区纪委的派出机关，接受彭山区纪委和谢家街道党工委的双重领导。街道纪工委负责街道纪检监察和审计工作。

【工作职责】

负责贯彻落实党中央和省、市、区委关于加强党风廉政建设和反腐败斗争的决定，维护党的章程和党内法规，监督检查党的路线、方针、政策和决议的执行情况；贯彻落实有关行政监察工作的决定，监督检查本辖区执行党和国家政策、法规、法规及区政府颁发的决议和命令情况；按照干部管理权限，负责检查并处理街道党员干部违反党的章程及其他党内法规的案件；调查处理国家公务人员违反国家政策、法律法规以及违反政纪的行为；受理党员的控告和申诉；受理监察对象不服政纪处分申诉；受理对党员干部和职工违纪行为的检举、控告，有权对同级领导班子成员违反党纪政纪的问题进行初核，并及时报告区纪委；配合有关部门做好纪检监察工作方针、政策、法规宣传工作，对党员和国家公务人员进行党风党纪、遵纪守法、廉洁奉公的教育；会同街道党工委做好街道纪检监察干部的管理工作；承办上级纪委、监察部门交办的其他事项。

【案件办理】

2002年，谢家镇党委召开6次会议，专题研究纪检工作；镇纪委制定重大事项督查制度。督查有关民主法制建设、经济建设的重要事项，群众普遍关心的重大问题。

2007年，谢家镇配备村级纪检员8名，廉情监督员3名；义和乡创新机制，建立健全廉情监督员制度，在全县推广。

2008年，谢家镇上报纪检信息12篇，采用5篇，《谢家镇村（社区）组织行为规范》被县纪委以信访简报的形式在第29期整版刊登。加强村纪检组织建设，有10名以上党员的党支部设3人组成的纪检小组，10名党员（包括10名）以下设1名组长；加强纪检条规培训，召集全镇纪检小组成员进行纪检业务知识系统培训；召集各村纪检组组长汇报交流探讨纪检工作。

2015年，谢家镇严格执行乡镇和村（社区）干部从严管理6项规定，运行干部日常监督管理系统，在各村主要道口全面公布镇纪委、监察室举报电话。

2018年，谢家镇加强村级纪检组织标准化建设，各村（社区）纪检小组由3名中共正式党员组成，其中组长1名，其余成员2名。村（社区）纪检小组成员人选，由村（社区）党组织在镇纪委指导下提名，由镇纪委考察，党委任免，并报区纪委备案。11月，义和乡召开纪律作风整顿动员会。

2019 年，谢家镇开展在编不在岗"吃空饷"问题、"圈子文化"和"带病提拔"专项整治。印发《谢家镇村镇建设管理监督办法》，共 5 章 36 条，自 2019 年 3 月 1 日起实施。

2020 年，邓庙村村干部集体私分侵占易地扶贫搬迁资金被纪委重点查处。

【巡视巡察】

2018 年 7 月，彭山区区委第四巡察组进驻谢家镇开展脱贫攻坚专项巡察。12 月 3 日召开反馈会，反馈了"四个意识"、资金使用、工作作风等方面存在的问题。镇党委书记会上作了表态发言。12 月 4 日、7 日，两次召开巡察情况反馈意见问题整改专题党委会，全面部署动员、全面排查整改、全程督查巡察，针对每个问题都制订了整改方案和整改措施。

2019 年 3 月 14 日—4 月 30 日，彭山区区委第三巡察组对谢家镇进行了为期 46 天的集中巡察。9 月 23 日，召开意见反馈会，指出在党的全面领导、党的建设、全面从严治党 3 个方面存在的 9 个问题。9 月 25 日，党委召开专题会议研究落实巡察反馈意见，对反馈问题和意见建议进行逐项梳理，列出问题清单台账，落实整改措施、完成时限、责任人等。成立整改工作督查组，由纪委书记牵头督查督办，对反馈问题实行督导推进。针对"落实中央八项规定精神不到位"的问题，累计退回违规发放资金 8500 元；针对"三资监管不到位"问题，累计收回退款 1.42 万元。

2019 年 3 月，彭山区区委第四巡察组对义和乡进行了为期一个半月的政治巡察。9 月 27 日召开了意见反馈会，主要问题有对党的理论知识学习不深不透、对意识形态工作落实不到位、对产业振兴可持续性发展思路不清、对机关党支部规范化建设不够、基层组织队伍结构不优、机构设置不规范、发展党员程序不严格、党风廉政建设主体责任细化不够、项目审计审减金额比例过大、对村务指导不到位、对机关经费支出把关不严、村级违规支出餐费油费、财务资金沉淀村级未充分发挥效益等 14 个方面的问题。

2020 年，谢家街道全面履行基层党建主体责任，全面完成上年度彭山区区委巡察组反馈及党建述职问题整改。

【监督执纪】

1998 年—2001 年，谢家镇纪委共查办各类违纪和信访案件 33 件，结案 33 件；查处 4 名党员干部违纪违规行为，开除党籍 3 人——其中 2 人为机关工作人员，劝退 1 人，降级 2 人，清退各类违纪资金 1.4 万元。

2001 年，谢家镇纪委纠正了李山提灌站抽水电费不规范现象，纠正了乡建办不合理收费现象。

2008 年，谢家镇纪委从源头治理腐败，初核违纪案件线索 1 条。

2009 年，谢家镇纪委查办 2 起农村党员干部违法违纪案件。

2003 年 10 月，谢家镇开展群众重复上访问题专项治理工作，成立领导小组，把办公室设在纪委办。镇纪委排查出群众重复上访案件9件，其中县纪委排查的1件，镇纪委排查的8件，全部办结。

2016年，义和乡建立定期约谈、提醒谈话制度，对机关干部、村"两委"成员实行每2个月不少于1次定期约谈；印发督查通报23期，对4名村"两委"干部进行诫勉谈话，对3名群众不满意的村干部进行劝退。

2017年，谢家镇纪委以"4+2"系统治理为抓手，党纪处分5人；设立书记镇长信箱，收集并解决群众反映的问题8起。

2018年，谢家镇纪委开展"微腐败"专项治理，持续开展不作为及"庸、懒、散、浮、拖"专项整治，从严实施工程建设、政府采购、"三公"经费等领域监管。

2020年，谢家街道纪工委驰而不息纠治"四风"，强力推进队伍纪律作风建设，查处扶贫、灾后重建等领域腐败10人，其中政务警告1人、党内警告3人、党内严重警告2人、留党察看3人、开除党籍1人。开展谈心谈话150人次，通报批评3人次，提醒谈话4人次。接受信访举报6件次，处置问题线索6件，谈话函询8人次。运用监督执纪"四种形态"，处理94人次。充分运用第一种形态，约谈函询、批评教育75人次，有效帮助违纪违法的党员干部纠错改过、回归正道，监督执纪由"惩治极少数"向"管住大多数"拓展。问责不担当、不作为、违规违纪党员干部19人。

【廉政教育】

2007年，谢家镇纪委转发《建立健全教育、制度、监督并重的惩治和预防腐败体系实施纲要》，推进廉政文化"进机关、进社区、进家庭、进学校、进企业、进农村""六进"活动，被县纪委、县委宣传部评为"廉政文化建设先进集体"。

2008年，谢家镇利用"法制赶场"，向群众发放廉政文化宣传资料800份；结合"清风伴我行、廉洁在农家"主题教育活动，开展"一线工作法"（蹲点调查在一线、结对帮扶在一线、干部服务在一线、难题破解在一线、拓展延伸在一线）；落实"五个一"，即开辟一个廉政宣传窗口、读一本廉政书籍、上一堂廉政教育课、开展一次廉政文化建设活动、设立一个廉政建设监督信箱。

2009年，落实《谢家镇2008年—2012年全镇党风廉政建设和反腐败工作任务分解》的要求，通过组织学习文件、观看警示教育片等多种形式开展廉政教育。

2012年，谢家镇征订了《中国监察》《党风廉政建设》等廉政建设刊物，增强干部职工拒腐防变的能力。

2014年，谢家镇组织部分党员干部到眉州监狱开展廉政警示教育。

2020年，谢家街道结合"三会一课""党员主题日""组织生活会"等活动，营造全面学习贯彻中央"八项规定"和省委"十项规定"的浓厚氛围，严防"微腐败"。开展"以案促改"，聚焦违纪违法案件，坚决把有问题的干部挡在"门外"，时刻进行警示教育。坚持一案一剖析，深化"好风传家"系列活动。

【廉政建设】

2001年，谢家镇制定《谢家镇党风廉政建设和反腐败工作意见》，并与各村、企事业单位签订了党风廉政建设目标管理责任书。召开6次书记办公会和党委会议，专题研究党风廉政建设工作。制定了"五不准"（不准对组织决定不服从和讲条件，不准用公款大吃大喝、铺张浪费，不准参与任何形式的赌博，不准为家属子女和亲朋好友谋取特殊照顾，不准以个人好恶调换、变动职工工作），规范了党员领导干部从政行为。2008年，谢家镇落实党风廉政建设责任追究制，与机关中层干部签订了《解放思想，切实加强软环境建设》目标责任书。贯彻中纪委若干问题的决定，以争当"爱民书记和爱民干部"为契机，实行机关干部去向公示制度。2009年3月，谢家镇推行以"诺廉、述廉、评廉"为内容的党风廉政建设；义和乡规范"三资"管理，节约工作经费2万元。2010年，谢家镇进行农村党风廉政标准化建设。2012年，谢家镇建立了农村基层党风廉政建设联席会议制度。2015年，谢家镇纪委指导村务监督委员会工作，促进农村基层党风廉政建设。2020年，谢家街道开展"清风扬眉"廉洁家庭活动，完成廉洁文化建设任务。

【"四风"建设】

2013年，谢家镇按照中央"八项规定"和省委"十项规定"的要求，班子成员带头深入转变工作作风，扎实开展"四风"建设；规范公务接待，规定政府食堂为接待地点，统一标准。2016年，义和乡按照"八项规定"要求，清理津补贴，由纪委书记牵头，财政所配合，对2013年—2015年乱发补贴进行清理，清理后通知本人上缴财政所，及时整改。2017年，义和乡扎实开展"四风"问题回头看，治理"庸、懒、散、浮、拖"，制定《义和乡"三级联审"实施办法》，促进村务、事务、财务公开，"三公"经费支出同比下降10%。2020年，严格落实"八项规定"精神，常态化开展作风督查，围绕元旦、春节、五一、端午、中秋、国庆等敏感时间节点，围绕公务接待、公务差旅、公务用车等重要内容，开展检查18次，曝光4批4起典型案件，查处相关问题案件2起，处理党员干部3人，防止"四风"反弹回潮。

眉山市彭山区人大常委会谢家街道工作委员会

【机构】

眉山市彭山区人大常委会谢家街道工作委员会（以下简称谢家街道人大工委）是区人大常委会的派出机构，在区人大常委会和街道党工委的领导下开展工作。

1996年—2019年，谢家镇历任人大主席团主席：李东元（1996年1月—2004年3月）、张智勇（2004年3月—2006年7月）、柴惠（2006年7月—2015年7月）、李永轶（2015年7月—2019年6月）、毛丽沙（2019年6月—2019年12月）。

2001 年—2019 年，义和乡历任人大主席团主席：文志福（2001 年 12 月—2005 年 6 月）、骆志强（2005 年 6 月—2009 年 12 月）、罗洪刚（2009 年 12 月—2012 年 3 月）、吴勇（2012 年 6 月—2013 年 9 月）、宋群（2014 年 11 月—2016 年 4 月）、易建兵（2016 年 4 月—2017 年 11 月）、毛丽沙（2017 年 11 月—2019 年 6 月）。

谢家街道人大工委主任：毛丽沙（2019 年 12 月任）。

【工作职责】

保证宪法、法律法规、区人民代表大会及其常务委员会的决议、决定在街道内的遵守和执行；对区人民政府在街道内派出机构的工作进行监督，协助区人民政府及街道推行各项工作；收集和反映人大代表和人民群众的建议、批评和意见；在区人民代表大会闭会期间，根据区人大常委会工作要点，制订工作计划，并组织实施；定期向区人大常委会汇报工作；宣传人民代表大会制度和人大代表先进事迹；联系本辖区内的人大代表，畅通民主渠道，组织代表培训和依法开展活动；根据代表的要求，安排代表联系走访选民，接待代表和人民群众来信来访；承办上级人大常委会交办的其他工作事项。

【谢家镇第十五届人民代表大会】

大会于 1998 年 12 月 17 日召开。共有代表 51 名，其中妇女代表 13 人，占 26%，非党代表 15 人，占 30%；党员代表 36 人，占 70%。大会应到代表 51 人，实到代表 50 人，镇长周德祥作谢家镇政府工作报告；镇人大主席李东元作谢家镇人民代表大会主席团工作报告；听取镇财政所《一九九八年财政预算执行情况和一九九九年财政预算（草案）报告》；听取镇农经站《关于一九九八年农村集体提留、统筹费收支情况和一九九九年农村集体提留、统筹费预算情况的报告》。会议依法按照程序选举李东元为镇人大主席，周德祥为镇长，张丛春、刘俊辉、赵景宏为副镇长。

【谢家镇第十六届人民代表大会】

大会于 2001 年 12 月 17 日召开。共有代表 53 名，其中工人代表 2 名、农村代表 41 名、干部代表 7 名、非党代表 16 名、妇女代表 15 名，代表总数中具有初中文化程度的 35 名、具有中专和高中文化程度的 12 名、具有大专以上文化的 6 名。年龄在 40 岁以下的 27 名。在本届代表中，有连选连任代表 30 名。大会应到代表 53 名，实到代表 53 名。镇长周德祥作谢家镇政府工作报告；镇人大主席李东元作谢家镇人民代表大会主席团工作报告。听取财政所《2001 年财政预算执行情况和 2002 年财政预算（草案）的报告》，农经站《2001 年农村集体提留、统筹费收支情况和 2002 年农村集体提留、统筹费提取方案的报告》《关于彭谢老路谢家段建设的报告》《关于 2002 年畜禽防疫费统防统提的报告》《关于 2002 年广播收听费提取的报告》。会议依法按照程序选举李东元为镇人大主席，周德祥为镇长，汪建勋、张崇银为副镇长。

【彭山县谢家镇第一届人民代表大会】

大会于 2005 年 6 月 30 日召开。代表选举工作从 2005 年 5 月 26 日开始，划分为 22

个选区，于 6 月 25 日选出了谢家镇第一届人民代表大会的代表 58 名。其中农村代表 41 名，干部代表 55 名，非党代表 11 名，妇女代表 17 名。代表总数中具有初中文化程度的 24 名，具有中专和高中文化程度的 14 名，具有大专以上文化的 14 名。年龄在 40 岁以下的 19 名。会议依法按照程序选举张智勇为人大主席团主席，龚勋为镇长，张崇银、刘久玉为副镇长。

【彭山县谢家镇第二届人民代表大会】

大会于 2011 年 7 月 26 日—27 日召开。共有代表 57 名，其中农民代表 41 名，工人代表 7 名，干部代表 9 名，非党代表 17 名，妇女代表 18 名，继续当选的 18 名。代表总数中具有大专及其以上文化程度的代表 11 名。35 岁及以下的代表 3 名，36~55 岁的代表 44 名，56 岁及以上的代表 10 名。大会应到代表 57 人，实到代表 57 人。李桂平作政府工作报告，柴惠作谢家镇人民代表大会主席团工作报告，听取和审议《2011 年财政预算执行情况及 2012 年财政预算（草案）的报告》《代表批评建议办理情况的报告》。会议依法按照程序选举柴惠为人大主席团主席，李桂平为镇长，吴定威、侯明攀、康红艳为副镇长。

【眉山市彭山区谢家镇第二届人民代表大会】

大会于 2016 年 10 月 30 日—31 日召开。会议应到代表代表 58 人，实到代表 58 人。会议依法按照程序选举李永轶为人大主席团主席，廖志强为镇长，梁伟、何锋、徐萍为副镇长。

眉山市彭山区人民政府谢家街道办事处

【机构】

眉山市彭山区人民政府谢家街道办事处（以下简称谢家街道办事处）是眉山市彭山区人民政府的派出机关，为正科级，依法履行相应的政府服务和管理职责。

【工作职责】

贯彻执行法律法规、规章和上级决策部署；统筹辖区发展，组织实施区域经济发展规划，推进区域经济发展，优化产业发展布局和营商环境，稳定居民收入，统筹推进乡村振兴战略和农业农村相关工作，负责辖区内经济社会统计工作；实施公共管理，参与国土空间规划编制并组织实施，促进城市有机更新，提升城镇化发展水平，统筹推进自然资源保护和开发利用，负责生态环境保护和污染防治相关工作，负责城乡环境综合治理；组织公共服务，依权限履行教育和体育、民政、人力资源和社会保障、文化、卫生健康、人口和计划生育、退役军人事务、医疗保险等方面的职责，组织开展爱国卫生运动，负责政务服务平台建设，协助负责兵役和民兵工作；维护公共安全。负责社会治安综合治理、平安建设、信访维稳、矛盾纠纷多元调处化解、应急管理、食品药品安全、消防安全、安全生产、森林防火等工作，维护辖区社会稳定，协助负责抗旱救灾、动物防疫等工作，统筹协调综合行政执法力量，负责网格化服务管理和信息平台建设；指导社区自治，指导村（社区）委员会和业主委员会工作，组织城乡社区协商，推进社区建设与社区治理。

【政务公开】

1998 年，谢家镇全面推行政务公开。制定《关于强化村（社）务公开、民主管理工作的实施意见》，公开内容包括政策公开、事务公开、财务公开、村委会和大多数村民认为应公开的其他事项。

2002 年，谢家镇设立"谢家镇涉农服务中心"，建立办事大厅和公示栏大厅。公示栏大厅将党委、政府及全体工作人员的姓名、职务、分管工作、通信号码、部门的职能、职责、各项涉农收费的依据、标准全部公开。

2003 年，谢家镇建镇务公开栏 1 个、村务公开栏 12 个、社务公开栏 95 个，政务、村务、社务公开成为全省市典型。义和乡加强村务公开、财务公开，接受群众监督。

2008 年，谢家镇设立"首问责任窗口""政务公开大厅""政务服务大厅"和信访接待室。

2009 年，义和乡党委、政府为每个社统一制作一枚公章，一个公示栏，对党务、财务、村务等重大事项，村、社提前公开公示。

2015 年，谢家镇建立村（社区）监督委员会，乡镇政务和村务公开率达 100%，规范化达 95%；村组会计报表等财务资料，经村（社区）廉情委、村组干部审查后，于每季度次月 15 日前在村、组公开栏公布。

2018 年，谢家镇推进政务信息公开，梳理"最多跑一次"事项清单，优化政务办事服务流程，网上办结行政许可和服务事项 45 件。

2020 年，谢家街道各村（社区）按照"窗口标准化、内容动态化、管理规范化"目标，开展规范村（居）务公开工作。

【网格工作】

2013 年 3 月，谢家镇印发《关于 2013 年度城乡环境综合治理网格化管理的实施意见》，构建"分级管理、层层履责、网格到底、责任到人"的管理机制。实行以定对象、定标准、定责任、定奖惩为主要内容的网络化管理。义和乡开展环境治理网格化管理，责任到户到人，清理整治非法广告 153 幅共计 512.5 平方米。

2014 年 3 月，谢家镇印发《关于谢家镇网格化管理联系服务群众实施意见》，成立网格员服务队，将网格内的人、地、物、事、组织等基本要素和社会化服务全部纳入网格服务管理范畴，形成网格管理、信息支撑、全程服务的工作体系。按照"属地管理、任务相当、界定清晰、方便管理"的原则，把村（社区）划分为 63 个网格，每个网格配备一名管理员，负责开展社情民意收集、矛盾纠纷调处、关爱弱势群体、政策法规宣传、民生事务代办、重大事件报告、社会治安防范、政务服务"上门办"、违法搭建排查、环境保护巡查、安全生产隐患排查等工作。印发《谢家镇推进消防安全网格化管理工作实施方案》，"网格化"排查整治以社区为基础，以各村为基本单元，将辖区划分为若干网格，明确网格化排查的人员、工作职责和工作任务，形成横向到边、纵向到底、责任明确、监管到位的排查整治网络。建立大网格、中网格、小网格三级网格管理机制，全面落实消防安全检查消除火灾隐患的能力、组织扑救初起火灾的能力、组织人员疏散逃生的能力、消防宣传教育培训的能力"四个能力"建设标准。

2015年，义和乡网格工作被网格中心评为优秀，名列全区前3。

2014年—2017年，谢家镇网格员每2周召开1次工作例会，每月进行1次网格大走访。网格员和网格协管员上报收集及解决事件总数4400条，上报1900条，其中社情民意666条（2017年215条）、民生服务2100条（2017年1100条）、矛盾劝解464条（2017年122条）、参与治安防控216条（2017年82条）、参与特殊人群服务管理275条（2017年92条）、政策法律宣传588条（2017年216条）、突发事件报告29条（2017年6条），其他事件90条（2017年32条），报与村上、镇上、区上处理事件229条（2017年39条）。

2018年，谢家镇开展环境保护网格化巡查工作，划分建立二级、三级网格，组织各村网格员对辖区内的"散乱污"企业关停情况"回头看"。

2019年，谢家镇开展"三创"宣传活动、政务服务"上门办"、环境保护巡查、违法建筑排查、"扫黑除恶"巡查、安全隐患排查、关爱弱势群体、参与信访维稳、矛盾纠纷调解等网格化服务工作。

2020年，谢家街道创新网格化办事流程，利用网格化政务服务融合平台，实现群众办事从"面对面"到"键对键"的转变。实施非洲猪瘟防控网格化管理，谢家片区分为一级网格员、二级网格员、三级网格员。及时掌握生猪生产、养殖、经营动态，开展防控工作督导检查，加强对管理人员的教育引导，向上级网格员报告工作。

【便民服务】

2009年，谢家镇投入资金5万元，建成占地面积100平方米的谢家镇便民服务中心，入驻劳动保障所、计生办、民政办、村建设国土环卫所、农业服务中心、司法所6个部门，办理20个项目；实行一站式办公和服务登记制、首问负责制、责任追究制、服务承诺制、部门会商制、上门服务制、预约服务制、领导干部带班制"八制"办理的运行模式。

2010年，谢家镇通过采取"窗口+流动+代办"3种模式，接待咨询群众7000人，为群众解释政策5000项，帮助群众代办服务事项2000件。

2011年，义和乡建立上门服务工作机制，印制《便民服务手册》5000份，群众"电话一打"，干部"服务到家"。

2012 年，谢家镇 36 名机关党员结对帮扶 62 名困难群众，变群众上访为干部下访，排查搜集群众困难问题 187 件，现场解决 113 件。

2014 年，谢家镇做到直联工作"七个有"（有联系户登记卡、有联系户承诺书、有《民情日记》工作手册、有"四支队伍"花名册、有图片资料、有档案、有活动简报），2 名区级领导干部和 9 个区级部门联系谢家镇，投入帮扶资金 122.2 万元。

2015 年，谢家镇临街设置便民服务中心，严格"四个当天"（日常工作，当天事当天毕，案无积卷、事不过夜；群众办事，当天接当天处、首问负责、限时办结；上级交办，当天领当天动，重在执行、及时回复；同级协作，当天应当天办，不推不透、快速主动）和"七步工作程序"，做到人员照片、职责、电话、去向、履职情况"五公开"，配备办事效果满意度电子测评仪，新建石山、毛河、李山等村便民服务站。

2016 年，义和乡党委委员包村负责，每周进村入户 2 次以上，解决基层实际困难和问题 50 件。

2018 年，义和乡完成便民服务中心提升改造，推进"互联网+政务服务"，群众办事"不出乡"，所有事项"就近办"。

【移民工作】

2006 年 7 月，谢家镇接纳瀑布沟移民 29 户 104 人，分别安置在石山村三社 10 户 31 人，红石村四社 12 户 46 人，汉安村四社 7 户 27 人。义和乡接纳瀑布沟移民 44 户 158 人，安置在金花村、杨庙村、五星村、活桥村 4 个移民点。2007 年，谢家镇解决 30 名移民的务工问题；移民外出务工 17 人，其中石山村 6 户 8 人在省外务工，汉安村 2 户 5 人在外打工（省外 2 人，省内 3 人），红石村 4 人在外打工（省外 2 人，省内 2 人）；完成石山村、红石村 22 户移民房屋整改，移民点的道路、排水沟、沼气、便民道、水井等移民基础设施建设完成。义和乡在移民中开展"五好移民家庭户"评选。2009 年，对移民按 1 人户 600 元/户、2~3 人户 840 元/户、4~5 户 1000 元/户、6 人以上户 1200 元/户的标准进行集中救助。

彭山区谢家街道人民武装部

【机构】

彭山区谢家街道人民武装部是负责管理本辖区兵役及民兵武装的常设机构。

2005 年—2019 年，谢家镇历任武装部部长：张冀川（2005 年 5 月—2006 年 7 月）、李国信（2006 年 7 月—2010 年 12 月）、吴定威（2010 年 12 月—2016 年 4 月）、梁伟（2016 年 6 月—2019 年 6 月）、李沁阳（2019 年 6 月—12 月）。

2005 年—2019 年，义和乡历任武装部部长：罗洪刚（2005 年 5 月—2006 年 7 月）、闵昌迪（2006 年 7 月—2008 年 12 月）、骆仕忠（2010 年 12 月—2012 年 9 月）、杨柯

（2015 年 10 月—2016 年 6 月）、徐东（2016 年 6 月—2019 年 12 月）。

2020 年，谢家街道：李沁阳（2019 年 12 月任）。

【工作职责】

在上级武装部和街道党工委、办事处的领导下，负责本单位的民兵组织建设、政治教育、军事训练、武器装备管理；组织带领民兵完成战备执勤任务，配合公安机关维护社会治安；发动和组织民兵参加经济社会建设，完成急难险重任务；负责组织实施战时兵员动员、支援保障作战和保卫后方等任务；负责本区域的兵役工作和预备役人员的登记、统计工作；会同有关部门进行国防动员潜力调查，做好国防动员准备工作；协助有关部门开展国防教育、退伍军人安置和军烈属优抚等工作；协助军队做好本区域的军事设施保护工作；协助区人防办做好辖区人民防空等工作。

【国防教育】

认真贯彻《四川省国防教育条例》，每年建军节、秋冬两季征兵等时间节点均要召开多种形式的座谈会、专题知识讲座，利用广播、横幅、标语、板报等进行广泛宣传，加强国防建设教育，号召广大青年积极踊跃报名参军，积极献身国防事业。同时配合辖区学校每学期对学生进行《兵役法》的宣传教育，聘请现役军人或退伍军人到校对学生进行初级军训，使学生从小树立国防教育观念，为国防建设和打赢未来现代化战争打下坚实的基础。2019 年，将国防知识纳入街道党工委中心组学习、机关干部周一例会、农民夜校和学校爱国主义教育之中，采取以会代训、互动交流、参观学习等多种方式加强国防教育和党管武装教育。

【征兵工作】

1996 年—1998 年，谢家镇向部队输送优质兵员 36 名。2000 年，谢家镇向部队输送优质兵员 11 名。2001 年，谢家镇人民政府获得"征兵工作先进单位"，1 人获得"先进个人"。2002 年，谢家镇武装部获得县征兵领导小组颁发的"征兵先进集体"、获县武装部"先进集体"称号。2003 年，县政府授予谢家镇"征兵工作先进单位"。2004 年，义和乡为部队输送优质兵员 9 名。2005 年，义和乡为部队输送优质兵员 12 名。2006 年，乡人武部执行征兵命令，为部队输送优质兵员 12 名。2008 年，义和乡为部队输送优质兵员 9 名。2017 年，谢家镇完成兵役登记和征兵工作。2019 年，谢家镇应征入伍 10 名，其中大学生 6 名，中职生 4 名。2020 年，积极动员因新冠疫情在家尚未就业的青壮年参加征兵活动，尤其是利用春季集中返乡时间，对未就业大学生和在校大学生进行点对点精准宣传，确保征兵工作有成效、有实效。

【拥军优属】

25 年来，谢家镇（街道）常态化开展拥军优属活动，每年召开"八一"建军节茶话会，对立功受奖的优秀士兵进行表彰奖励。1997 年，谢家镇被乐山市委、市政府、市军分区授予"双拥模范镇"称号。2000 年，谢家镇在双拥工作中，被市、县命名为

"双拥工作模范镇"。2001 年，谢家镇把拥军优属工作列入党委、政府的议事日程，成立了以镇长为主任的拥军优属领导小组，建立了会议、活动、拥军、走访、慰问、检查等工作制度。2005 年，是世界反法西斯战争胜利 60 周年，中国工农红军长征胜利 70 周年，谢家镇邀请现役军人家属代表及老复员军人 120 人参加茶话会，对立功受奖士兵进行表彰奖励。2019 年，成立谢家镇党委书记任组长的双拥工作领导小组，办公室设在退役军人事务站，负责处理日常事务。

【民兵工作】

1996 年—2020 年，谢家镇（街道）成立了民兵应急分队，由武装部部长任队长，负责镇内大型活动执勤，集镇治安巡逻，急难险重任务的处置和救灾救援、森林防火等工作。2002 年，谢家镇建立民兵应急小分队 13 个。2003 年，"非典"期间，谢家镇民兵应急分队轮流在留验站一线值班守夜。2004 年，义和乡组建民兵应急小分队；2005 年，组织民兵参加防洪抢险、救灾和应对突发事件。2008 年，"5·12"汶川地震，谢家镇临时组建 5 个民兵应急小分队，在震后立即赶赴学校、医院、村社、企业等各条战线，紧急疏散人员，开展抗震救灾工作；义和乡先后组织两批民兵应急小分队深入彭州重灾区开展救援活动。2019 年，谢家镇坚持把武装工作与党工委中心工作同研究、同部署，召开武装工作党工委会 5 次，专题研究部署民兵整组、征兵、规范化建设等工作。建强民兵队伍，以退役军人、村（社区）民兵连长为骨干，建立两个民兵排共计 60 人；成立旋翼机侦察班，充实基层应急力量。定期组织民兵预备役人员开展处突维稳、地质灾害、防汛抢险、森林防火等演练，参训民兵 500 人次。2020 年 3 月，根据区人武部下达基干民兵军事任务，组织辖区内政治觉悟高、服从意识强、身体素质好、年龄结构合理的民兵确定应急队伍人员 60 人、专业队伍人员 40 人参与彭山区军事训练，为救灾救援、防汛抗旱、森林防火等工作做好准备。

群众团体

【工会】

眉山市彭山区谢家街道总工会是在区总工会和谢家街道党工委领导下的工会组织，依据《工会法》和《中国工会章程》独立自主开展工作。负责辖区内企事业单位组建工会、发展会员工作；依法维护职工合法权益，协调处理劳动争议；做好职工帮扶救济工作，指导基层工会推动职工福利事业的发展；负责辖区内工会经费和工会资产的管理、审查、审计工作，做好工会经费收缴工作；指导基层工会加强组织建设，职工之家建设，协管和培训基层工会干部；负责指导区域内职工文化体育活动，协助做好劳模先进的推荐评选工作，完成街道党工委和上级工会交办的其他任务。2000 年，谢家镇成立新经济工会组织。2003 年，和昌（彭山）化工有限公司建立工会组织。2004年，谢家镇机关工会召开了换届选举大会，落实专门场地加强"干部职工之家"建设。2008年，谢家镇利用节假日，看望慰问下岗困难职工。2015年，谢家场社区获"四川省先进基层工会"称号。2017年，谢家镇工会开展规范化建设、知识宣传、送温暖三项活动，推进创先争优。义和乡根据《工会法》要求，按工资总额2%的2倍给予工会经费补助，拨付7.36万元到乡工会账户，以弥补工会经费不足。2019年，谢家镇工会开展工资集体协商，建会企业集体协商达100%，新建会工会组织均参加集体协商，覆盖率100%。开展春送岗位、夏送清凉、金秋助学、冬送温暖"四送"活动。2020年，谢家街道工会参与疫情防控，深入企业、社区、疫情防控点，看望慰问疫情执勤点的工作人员。

【共青团】

中国共产主义青年团眉山市彭山区谢家街道工作委员会（以下简称谢家街道团工委），是中国共产主义青年团彭山区委员会的派出机关，接受团区委和街道党工委的领导，主要负责指导和协调辖区团的工作。其主要职责是做好青少年思想政治引领，宣传和贯彻党的各项方针政策，推荐优秀团员作为党的发展对象，为党培养社会主义建设者和接班人；掌握团员、青年的思想情况，开展思想政治教育工作；结合街道工作实际，制订团的工作计划和活动方案；负责团员发展、团组织关系转接、团内奖惩、团费收缴管理等工作；落实中长期青年发展规划实施工作，广泛联系青年，组织开展学习教育、创业就业、志愿服务、文化生活、维护权益等青年服务项目，服务青年需求，解决青年困难。

1998年，谢家镇共青团开展"五四"青年节拔河比赛，吴堰村、李山村、天庙村代表队分获1、2、3名。

2000年7月—2003年6月，谢家镇有16名优秀青年光荣加入了中国共产党，239名青年光荣加入了共青团组织。培养星火带头人19名，青年致富能手12名，青年文明户12户。会同农科站、成教办举办技术培训班36期，培训人数2900人次，使全镇425名青年团员每人至少掌握了1~2门实用技术。

2003年1月，"四川省第三届迎新春科技大场"活动在谢家镇举行，团委组织发放实用技术读本1000册，散发科技资料1500份，推广实用技术12项，接受咨询人数达1万人次。

2004年，谢家镇团委坚持对中学每季度进行一次团员文化素质教育，开展公民道德教育宣传，在"六一"期间慰问了谢家中学、小学贫困学生。

2005年9月—12月，谢家镇团委开展以学习实践"三个代表"重要思想为主要内容的主题教育，增强共青团员意识。

2007年，团委在谢家镇第一中学建立了"留守儿童之家"，设立了心理咨询室、医务保健室等，在周末为该校231名留守儿童开设心理健康教育讲座，或开展乒乓球、篮球、跳棋等比赛活动。

2009年，谢家镇团委以培育"四有"新人为目标，实施青年创业和"青春建功新农村"行动。

2014年，谢家镇为15名刚入学困难大学生和7名困难中小学生争取"爱心圆梦专列""眉山青少年成才基金"共3.42万元。组织青年队伍参加"彭山县首届农村坝坝舞比赛"获得二等奖；组织志愿者去敬老院慰问孤寡老人，帮助残障人士19人，建立3个留守儿童之家，与各村、社区合作结对帮扶留守儿童160人。

2015年，谢家镇团委开展纪念"五四"青年节活动。进行了新团员宣誓仪式，表彰了优秀团支部和优秀团员，开展国旗下的讲话《让青春在奋斗中闪光》、"国旗下的誓言"等主题活动，带领学生在谢家街上义务劳动。

2019年，谢家镇团委开展"青春心向党，建功新时代"纪念"五四"100周年运动特别主题团日活动。

2020年，谢家街道团工委开展"青年大学习"活动，印发《谢家街道"青年大学习"实施方案》，开展"绽放战役青春·坚定制度自信"主题宣传教育实践活动，开展"童伴计划"，发放石山村"童伴计划"试点工作经费6000元，发放石山村"童伴妈妈"6个月工作补助4200元。

【妇联】

眉山市彭山区谢家街道妇女联合会在街道党工委和上级妇联的领导下，依据《中华全国妇女联合会章程》开展工作，是街道党工委、办事处联系妇女群众的纽带。其职能是组织妇女、引导妇女、服务妇女、维护妇女合法权益；教育引导妇女树立自尊、自信、自立、自强的精神；组织开展文明家庭创建，支持服务家庭教育，树立良好家风。

2002年，妇联认真抓好妇女的"两法"（《妇女权益保护法》《未成年保护法》）、"两纲"（《中国妇女发展纲要》《九十年代中国儿童发展纲要》）和"四自"（自尊、自信、自立、自强）、"四有"（有理想、有道德、有文化、有纪律）教育；开展"双学双赛"，举办实用技术培训班2期；抓好"三户"和表彰妇女先进人物工作；谢家镇妇联工作被县妇联评为妇联工作一等奖。

2004年，谢家镇妇联召开座谈会、学习交流会6次，开展"巾帼建功""巾帼扶贫"等活动，带领妇女致富奔小康。谢家镇妇联被县委评为先进妇联组织，被县妇联授予先进集体称号。6月25日，43名妇女代表和26名列席代表参加了谢家镇第十次妇女代表大会，选举产生了新一届执委会和出席县第十一次妇女代表大会代表。12月上旬，组织县妇女代表参加县第十一次妇女代表大会。

2005年，谢家镇妇联同农业服务中心组织50户养兔专业户开展技术培训。"三八"妇女节，组织各村（社区）妇女主任、机关女同志到李密故里参观学习。

2008 年，谢家镇妇联结合"巾帼科技星火计划"和"巾帼科技培训周"活动，推动"双学双比"活动的深入开展，举办培训 5 次，培训人数 300 人；评选"五好文明家庭"和"好媳妇""好婆婆"活动，设立《婚姻法》及优生优育咨询台，提高群众对新《婚姻法》的认识，依法维权，保护妇女、儿童的合法权益；在各中小学举办法制讲座 2 场，受教育中小学生达 1000 人；举办"三八"妇女节表彰会，表彰先进妇女组织和先进个人；组织机关、各村妇代会主任外出参观学习。

2009 年，谢家镇妇联利用"三八"妇女节、"国庆节"，组织妇女参加由镇组织的大型文化活动，组织妇女干部外出参观学习，举办妇女干部群众培训班 3 期。

2010 年，谢家镇妇联开展普法宣传、妇女维权服务，结合"暖冬行动"，对贫困母亲进行精神关怀、资金、物资、项目、就业、医疗、培训等措施帮扶救助。

2012 年，谢家镇妇联以"三八"妇女维权周、"法治宣传月""科技三下乡"等活动为契机，开展妇女维权服务。

2015 年，谢家镇妇联开展贫困母亲救助、就业创业、妇女维权、妇女"两癌"普查等工作。

2019 年，谢家镇妇联实施"关爱女性保障计划"，开展"最美家庭""健康家庭"评选活动。

2020 年，谢家街道妇联发放《家风家训家规》读本，常态化开展"最美家庭"寻找活动。

【关心下一代工作委员会】

眉山市彭山区谢家街道关心下一代工作委员会（以下简称谢家街道关工委）是以热心关心下一代工作的离退休老同志为主体、党政有关部门和群团组织负责人参加的，以关心、教育、培养青少年健康成长为目的的群众性工作组织，是街道党工委和办事处联系青少年的桥梁和纽带。每年党委、政府坚持召开 1~2 次专题会议，研究关心下一代工作。各村（社区）关工委有牌子、有办公地点、有兼职工作人员、有活动经费、有档案材料。

2011 年，谢家镇关工委组成"五老"① 关爱小组，按照"心理上疏导、学习上辅导、生活上指导、思想上引导"的要求，开展心理辅导 6 次，学习辅导 4 次。

2018 年，谢家镇按照镇上 3 万元和村（社区）3000 元标准落实关工委工作经费；开展弘扬传统，推进青少年"好家风"家庭评选；做好关心下一代基金募集工作，募集爱心资金 5000 元；帮助 12 名品学兼优和家庭贫困的学生完成学业；鼓励 6 名创业青年参加第三届"创青春"训练营。

2019 年，彭山区关工委开展表扬好家风家庭活动，谢家镇获评好家风家庭 4 个。

2020 年 12 月 3 日，由彭山区关工委、文明办、教体局主办的以"传承抗疫故事，

---

① 五老：指老党员、老专家、老教师、老战士、老模范。

争做时代新人"为主题的冬令营开幕式在区青少年社会实践基地举行，义和学校 4~6 年级 80 名学生参加活动，此次活动包括"基础军训""卫生与健康教育""参观红色教育基地""重走长征路""户外拓展训练"等项目。

《《《 法 治 》》》

1996 年—2020 年，谢家镇（街道）围绕改革开放、创建平安谢家，组织开展"严打"整治和专项治理，认真开展普法和宣传教育，加强人民调解、安置帮教，逐步拓宽法律服务渠道，全方位推进社会矛盾化解和谢家法治建设。

司法所

【机构】

眉山市彭山区谢家街道司法所是区司法局在街道的派出机构。谢家司法所成立于 2006 年，位于谢家街道凯旋街 151 号，占地面积近 400 平方米，设有社区矫正室、人民调解室、接待咨询室等。下设 6 个村级调解委员会，2 个社区调解委员会。

【工作职责】

司法所主要负责社区矫正对象管理、调解、法治宣传等工作。指导管理基层法律服务工作，指导开展人民调解工作，协调有关部门和单位开展对刑释人员的安置帮教工作，组织开展法治宣传教育工作，协助街道办事处处理社会矛盾纠纷，组织开展基层依法治理工作，为街道办事处依法行政、依法管理提供法律意见和建议，参与社会治安综合治理工作，完成上级司法行政机关和街道办事处交办的维护社会稳定的有关工作。

【安置帮教】

1996 年—1998 年，谢家镇帮教 41 人。1998 年 12 月 30 日，谢家镇成立彭山县唯一的安置帮教协会。1998 年—2001 年，谢家镇共有刑释解教人员 27 人，通过帮教、转化，重新犯罪 2 人，其余 25 人成为自食其力的公民。2002 年，谢家镇有重口人员 78 人，其中 25 岁以下的 12 人，吸毒人员 26 名，帮教小组 13 个，对重口人员进行一季度一次考察，对吸毒人员进行"五位一体"管理。2003 年，谢家镇有重口人员 72 人，通过帮教、转化，降至 54 人；义和乡帮教 20 人。2004 年，谢家镇有重口人员 54 人，通过帮教、转化，降至 44 人，帮教违法青少年 15 人，支持刑释解教人员自力更生，自谋职业，被帮教对象无重新犯罪、劳教记录。2005 年，谢家镇帮教违法青少年 9 人，刑释解教回归人员 19 人，安置率 100%，帮教率 100%。2006 年，义和乡刑释解教人员 4 人，全部妥善处置。2007 年，谢家镇建立"四帮一"的帮教措施，与 46 名涉毒人员签订了帮教责任书。2008 年，义和乡妥善安置刑释解教人员 1 人。2017 年，谢家镇组织治保主任和网格员安置帮教刑满释放人员 41 人次。2020 年，对 37 名吸毒人员进行每月走访，家访率 100%。

【法治宣传】

2002 年—2004 年，谢家镇机关干部积极深入场镇、村社，开展农业法律法规宣传，印发法制宣传资料 3700 份，出动宣传车 15 台次；举办法律法规培训班 12 期，开展法制宣传，培训农民 3100 人次。利用谢家场社区老年协会、川剧玩友协会、吴堰村老体协、汉安村老体协、谢家小学、谢家中学等群团组织和单位，把有关法律法规知识编排成文艺节目，在镇内、县上、兄弟乡镇轮番演出。

2004 年，谢家镇开展法制宣传教育活动 4 次，参加宣传人数 120 人，出动宣传车 2 台次，悬挂宣传标语 20 幅，展出挂图 50 幅，发放资料 500 份，解答人民群众法律咨询 300 人次，宣传法律法规 25 个，为弱势群体提供法律援助。

2008 年，谢家镇开展妇女法制宣传教育和"三八"妇女维权周活动；"弘扬法治促和谐，树立新风迎奥运"活动；组织大型法制宣传活动 4 次，农村法制宣传骨干培训 4 次，组织"送法下乡""送法进社区""送法进企业"等系列宣传活动。

2009 年 12 月，谢家镇开展"12·4"法制宣传日活动。各部门、各村举办法制讲座、座谈、知识竞赛、法制文艺演出等宣传活动。12 月 5 日集中开展"法制赶场"街头咨询活动。

2011 年 3 月，谢家镇开展主题为"推进法治彭山建设，服务全域城市化"的"法制宣传月"活动。在中心街进行"送法下乡"、悬挂张贴普法标语、村干部讲法、法制副校长讲法制课、组织村"两委"干部法律知识培训活动、召开"法律进企业"座谈会、打击制售假冒伪劣商品专项行动等法制宣传活动。

2013 年，谢家镇开展《土地管理法》《环境保护法》《城乡规划法》等法律法规的宣传，组织人大代表及镇村干部 200 人参加普法宣传活动。

2016 年，义和乡投入资金 5.2 万元，推进依法治区工作。通过下村走访、召开法律知识培训会、印发宣传册等形式，组织基层干部学法、守法、用法，发放宣传资料 3 万份，制作宣传标语 30 幅、法制宣传栏 7 个，组织干部下村法律政策宣讲 40 场。

法治建设

【民主法制建设】

1997 年，谢家镇办理人大代表批评建议和意见 24 条，人民来访来信 7 件次。

1998 年，谢家镇召开第十四届第三次人代会，会上通过了《依法治镇规定》，依法治镇工作被评为地区先进。法律服务所被评为省级先进单位。

2001 年，谢家镇办理人大代表建议、意见和提案 16 条。

2002 年，谢家镇办理人大代表建议、意见和批评 13 条，涉及农业、水利、土地管理、小城镇建设、道路建设、机关作风等方面。

2003 年，谢家镇办理人大代表提出的建议、批评、意见和提案 15 条，义和乡办理 35 条，邓庙乡处理群众来信、来访 11 件次。坚持依法治镇，依法行政，谢家镇被眉山市评为"基层依法治理市级示范单位"，镇机关获县级"安全文明小区"称号。

2004 年，谢家镇办理人大代表建议、批评和意见 12 条，举办法制培训班 4 期，到中学、小学和社区老年大学、社区骨干培训班、汉安村老年协会进行法制讲座和报告 6 场。义和乡开展法制培训 109 场次，参培人员 6900 人。

2005 年，义和乡开展法制培训 25 场次，参训人员 2300 人。

2008 年，谢家镇开展法律"进机关、进学校、进企业、进乡村、进单位、进社区"活动 6 次，领导干部法制讲座 6 次，开展"依法治镇合格单位"创建活动。义和乡在各村开展以"依法建制、以制治村、民主管理"为主要内容的基层民主法制建设工作，"民主法治示范村"创建活动取得显著成效。

2009 年，谢家镇法律援助 22 人，办理援助案件 3 件。

2017 年，义和乡坚持政府重大工作向乡人大报告制度，主动接受人大监督。

2018 年，谢家镇提升依法行政水平，接受人大监督，办理人大代表议案和建议 14 条。

2020 年，谢家街道推动法治政府建设，开展普法教育，建立和健全领导干部学法制度、中心组学法制度、干部职工会前学法、重大决策法律咨询制度；强化法治宣传教育，严格按照法律法规的规定权限和程序行使职责和权力，不断完善治理责任制和问题追究制。

【村民自治】

根据省政府川府发〔1990〕128 号文件精神，进行村民自治示范工作，1996 年，邓庙乡达到"示范"标准。1998 年—2003 年，谢家镇向村组、驻村干部印发《村委会组织法》150 本，《村委会组织法学习手册》40 本和宣传挂贴 30 份，办板报、专栏 100 期，书写标语 200 幅，印发资料 400 份，培训干部、代表、党员 1800 人次。各村重新修订《村民自治章程》和 9 项工作制度。2003 年，谢家镇村民自治、社区居民自治得到巩固；邓庙乡 7 个村被授予"村民自治模范村"称号。2008 年，义和乡抓好村民自治工作，每季度对所辖 5 个村、40 个社的村务公开进行指导与监督。2015 年，谢家镇建立完善村（社区）组织领导基层自治机构，积极参与村民自治模范单位建设、村务公开民主管理。2016 年，谢家镇开展四川省村民自治模范单位创建活动，从 2016 年 1 月中旬启动，分 3 个阶段用 5 个月时间完成创建工作。2020 年，创新基层治理方式，探索"新乡贤德治、村民自治"乡村治理新模式，通过党建引领、群众参与，发挥乡贤会、青年党支部等群体优势，打通基层治理"最后一公里"。

普法工作

1996 年—2020 年，谢家镇（街道）完成 5 次普法任务。

【"三五"普法】

1996 年开始，2000 年结束。谢家镇政府组建"三五"普法机构，制定"三五"普法规划，强化目标管理，落实普法经费，确保了"三五"普法工作的顺利开展。2000 年，"三五"普法经县检查验收合格，被地区法制建设领导小组评为"三五"普法先进单位。

【"四五"普法】

2001 年开始，2005 年结束。制定《谢家镇法制宣传教育第四个五年规划（2001—2005）》。成立谢家镇法制建设领导小组，把法制工作列入党政重要工作议事日程，将"四五"普法纳入政府工作目标。举办法制培训班 26 次，培训领导干部 46 人、公职人员 228 人、其他人员 346 人；举办法制讲座和报告 28 场，创建依法治理示范单位 24 个。领导干部带头学法，公职人员、行政执法人员、青少年、企业经营管理人员重点学法。实施"千村法律书库"工程，建成法律图书阅览室 12 个。2002 年、2003 年，谢家镇被县委、县政府评为"普法先进单位"。2004 年，制定《谢家镇 2004 年普法工作规划》。2003 年—2004 年，义和乡做好"四五"普法规划实施工作，增强了公民法制观念和法律意识。2004 年，邓庙乡"四五"普法工作取得阶段性成果，举办各类法制培训班 6 期，受教育人数 3400 人次。

【"五五"普法】

2006 年开始，2010 年结束。2006 年，谢家镇人大加强法制监督，督促实施"五五"普法教育工作。2008 年，谢家镇将依法治理工作纳入党委、政府重要议事日程，研究部署了 4 次；制订了普法工作年度计划，半年有小结，年终有总结。2009 年，通过"五五"普法活动，发放法制宣传资料 2000 份，其他资料 3400 份，落实"五五"普法规划和决议。义和乡将普法工作纳入经济社会发展的总体规划。

【"六五"普法】

2011 年开始，2015 年结束。2011 年，谢家镇启动实施"六五"普法工作，宣传宪法，广泛传播法律知识，推动形成自觉学法、守法、用法的社会环境；义和乡强化"六五"普法宣传教育，乡政府召开"法制一堂课"培训会 2 次。2014 年，推进进机关、进学校、进乡村、进社区、进寺庙、进企业、进单位"法律七进"工作，制订了工作方案。开展农村"两委"干部法治培训，加强农民工法治宣传教育，提高农民依法维护合法权益和表达利益诉求的能力。

【"七五"普法】

2016 年开始，2020 年结束。"七五"普法期间，谢家镇、义和乡深入开展法治宣传教育。2019 年 3 月，谢家镇司法所、网格中心、社区戒毒（康复）工作站等多部门联合进行了一场普法宣传活动。向辖区村民宣传《宪法》《消费者权益保护法》《劳动合同法》《人民调解法》等法律法规。发放法律知识读本 300 册、宣传资料 800 份、宣传袋 200 个，500 名辖区群众参与其中。2020 年 3 月 17 日，街道社会治安综合治理中心联合谢家派出所、便民服务中心等部门利用赶集日，在街道信用社外进行法治宣传，12 名普法志愿者现场发放人民调解、禁毒常识、信访程序、森林防火条例等宣传单和宣传手册 3000 份，为群众现场答疑 60 次，向群众普及《妇女权益保障法》《反家暴法》《婚姻法》等法律法规，提高了群众的法律意识、法制观念和法律素质，在街道营造了办事依法、遇事找法、解决问题用法、化解矛盾纠纷靠法的法治氛围。

社会治安综合治理

【机构】

2012 年，谢家镇社会治安综合治理委员会更名为谢家镇社会管理综合治理委员会；谢家镇社会治安综合治理办公室更名为谢家镇社会管理综合治理办公室；由党委副书记、镇长任主任，成员部门有综治办、党政办、群工办、司法所、维稳办、信访办、安办、计生办、劳保所、卫生院、派出所、工商所。成立谢家镇社会管理服务办公室，下设便民服务中心、综治维稳安管中心和社会管理服务信息中心。把综治工作经费、大调解工作经费、群防群治经费、见义勇为经费纳入乡镇财政预算，采取实报实销制。谢家街道成立后，社会治安综合治理工作由社会治理办公室（应急管理和安全生产监督管理办公室、综合行政执法办公室）负责。

【平安创建】

1996 年—1998 年，谢家镇采取"打防结合，标本兼治"的策略，狠抓群防群治。对集体 500 元以上的财产制定"三定"责任书，落实"三定"责任制 138 件；农村坚持院坝联防，镇、村、社签订目标管理责任书。

2000 年，谢家镇组建院坝联防小组 347 个，落实"三定"守护责任制 142 处，被县委、县政府命名为"社会治安综合治理模范镇"，11 个村、13 个单位被镇党委、镇政府命名为"安全文明村""安全文明单位"，其中有 7 个村、3 个单位被县委、县政府命名为"安全文明村""安全文明单位"。

2002 年 7 月—12 月，谢家镇通过宣传动员、整体联动防范试点、完善巩固 3 个阶段，开展"整体联动防范工程"。12 个村、2 个居委会建立了治保会、调委会，建立院坝联防小组 546 个、治安巡逻组 13 个、民兵应急小分队 13 个。

2003 年，谢家镇组建院坝联防小组 396 个，协助公安机关破要案 2 件，破刑案 4 件，治安案件 16 件，联防队员在巡逻和夜间查夜现场抓获并送派出所的犯罪嫌疑人 4 人，落实"三定"守护责任制 162 处。义和乡健全综治机构，做到组织落实、人员到位、管理规范；落实"三定"守护责任制 118 处，建立院坝联防小组 265 个。岐山乡开展"创安""创模"和无毒社区创建活动。

2004 年，谢家镇协助公安机关破要案 1 件，破刑案 2 件，治安案件 8 件。义和乡组建民兵应急小分队和治安联防队，加强治安巡逻查夜。

2005 年 6 月，谢家镇成立外来人口清理清退工作领导小组，召开专题会议 2 次，排查外来人口 56 户，232 人。义和乡对 127 处 1000 元以上集体财物落实了守护责任制，建立院坝联防小组 305 个，组建 15 人的民兵应急小分队和 13 个 10 人治安联防队，巡逻查夜 42 次。

2006 年，谢家场社区被眉山市授予"市级平安社区"称号。义和乡 80% 的村和单位达到平安社区创建标准。

2007 年，谢家镇召开社会治安综合治理专题研究会 6 次、工作会 10 次，制定印发文件 7 份、110 份，把平安创建工作纳入重要议事日程。组建 29 支治安联防队伍，建立 25 个治安信息报警点。义和乡发放平安创建公开信 4500 份，组织开展平安创建志愿者签名活动；开展平安创建专题文艺表演，展出宣传挂图 68 幅，印发宣传资料 1.3 万份，书写固定标语 115 幅，出动宣传车 6 台次，举办平安宣传报刊 114 期，问卷调查 1800 人，开展法制教育讲座 11 期；深入学校、企业周边和重点地段治安环境整治，捣毁赌博机 5 台，打击非法生产烟花爆竹，拘留 24 人，收缴鞭炮 2 万饼。

2008 年，谢家镇开展巡逻 50 次，与使用民爆物品的单位和烟花爆竹经营户签订消防安全责任书；对辖区特种行业（旅馆 1 家、打字复印 2 家、废旧收购 3 家、烟花爆竹销售点 17 家）、文化娱乐场所（网吧 3 家、影碟出租 5 家）的消防安全加强管理。

2009 年，谢家镇专题研究综治工作 8 次，专题会议 10 次，党政领导出面解决问题 30 次；书写张贴宣传标语 40 幅，开展街道宣传 8 次，散发宣传资料 2.6 万份，开办宣传专栏、办墙报、橱窗 12 期；完成信息报送任务，彭山电视台采用 3 篇（件），《眉山日报》（彭山专刊）刊登 1 篇，上级综合信息稿件 8 篇（件）。落实综治工作经费，按全镇人均 2 元的标准纳入财政预算。

2010 年，谢家镇开展"月月创平安"创建活动。坚持每天治安巡逻、每月法制宣教、每月"六排查"（民间纠纷、治安问题、突出信访、群体性事件苗头、邪教和非法宗教活动、安全隐患）、每月综治工作例会、每月治安测评"五个活动"。

2011 年，谢家镇成功创建市级"平安示范镇"。

2012 年，谢家场社区、红石村的社会治安综合治理工作通过市县验收。

2017 年，谢家镇组织治保主任和网格员走访精神病人 9 人次、3 年未复吸人员 37 人次、社区服刑人员 42 人次。开展大型宣传活动 3 次，向群众普及法制宣传、禁毒宣传，创建和谐平安谢家。

2018年，义和乡完成乡村综合治理中心规范化建设，新安装摄像头33个，配齐"红袖标"巡逻队，坚持日常巡察和重大节假日重点巡逻。

2019年，谢家镇推进平安家庭、平安单位、平安学校、平安医院、平安边界等基层平安创建活动，确保以"小安促大安"。

2020年，谢家街道推动社会服务管理创新，完成省级安全社区复评工作。

【稳定工作】

每年"两会""五一""国庆""春节"等重要时段，街道均成立信访维稳工作领导小组和制订信访维稳应急预案；同村（社区）、单位签订稳定工作目标责任书，严防发生群访事件、重特大群体性事件、危及社会安全的暴力恐怖活动、重大恶性案件和治安案件、影响社会稳定的事件。2002年，谢家镇党委专题研究社会稳定会4次，成立"创安""创模"领导小组。2005年，谢家镇完成瀑布沟水电站外迁移民对接合同签订和宅基地、承包地调整划定工作。2007年6月9日，谢家镇彭谢路爆发万人的群众聚集事件，稽征队打伤邓庙村群众，闹事人员毁坏公安干警汽车一辆，打掉公安干警手枪一支，打伤致残公安人员1名。2008年，谢家镇、义和乡做好"奥运会"期间维稳工作，实行领导干部24小时带班制，落实专人做好重点人员的疏导化解工作。2012年，谢家镇在党的十八大期间信访维稳工作受到市县主要领导肯定。义和乡成立治安院坝联防机制，整合公安、调解、信访、司法、综治维稳资源，合署办公；确立以杨庙村为示范点的创新社会管理试点村，建立"党委领导、政府负责、社会协同、公众参与"的社会管理格局。2017年9月，谢家镇为做好党的十九大期间的信访维稳工作，专门设立矛盾纠纷排查化解、重点人员稳控、应急处突、社会治安管控、消防隐患排查、交通安全检查、网络舆情管控、上访人员劝返等工作组；成立瀑电移民工作专班，化解历史遗留问题6个，创新开展"12345"信访办理工作经验全区交流。2019年，新中国成立70周年大庆、党的十九届四中全会等重要时段谢家镇、义和乡未发生群体性事件、到省进京集体非访和负面舆情事件。2020年，谢家街道开展信访维稳处置工作，实现"三零四不"工作目标，确保涉访人员劝得回、稳得住。

【专项治理】

2009年，谢家镇开展打击非法生产、销售、储存、运输烟花爆竹的行为，组织巡查12次，设点检查6次，排查24次，发放宣传资料5000份。开展道路交通安全整治，对危险路段、学校、桥梁、急弯处设立警示标志，与非煤矿山和重点单位签订安全生产目标责任书，节假日开展安全监管工作，集中整治农村治安混乱地区和突出的社会治安问题。

2014年9月—12月，谢家镇通过动员部署和自查自纠、集中打击整治、巩固深化3个阶段对危险化学品、油气管道、交通运输、建筑施工、消防等重点行业领域，集中开展"六打六治"打非治违专项行动，即打击矿山企业无证开采、超越批准的矿区范围采矿行为，整治图纸造假、图实不符问题；打击破坏损害油气管道行为，整治管道周边乱建乱挖乱钻问题；打击危险化学品非法运输行为，整治无证经营、充装、运输、非法改装、认证、违法挂靠、外包，违规装载等问题；打击无资质施工行为，整治层层转包、违法分包问题；打击客车非法营运行为，整治无证经营、超范围经营、挂靠经营及超速、超员和疲劳驾驶等问题；打击"三合一""多合一"场所违法生产经营行为，整治违规住人、消防设施缺失损坏、安全出口疏散通道堵塞封闭。

2017 年 5 月 18 日，义和乡召开党委会，组织学习中共四川省委组织部、四川省民政厅关于《加强农村基层组织建设着力整治"村霸"问题工作方案》，专题研究整治"村霸"问题工作，加大整治"村霸"问题工作宣传力度，在全乡开展"村霸"问题大排查，即各村对照干扰基层政权、破坏金融秩序、侵占集体资产、依靠宗族势力为害一方、欺压村民百姓"村霸"5 个方面的表现形式展开排查。

2018 年，谢家镇开展"扫黑除恶"专项斗争，成立扫黑除恶专项斗争领导小组。按照排查摸底、确定对象，集中整治、严厉打击，总结验收、巩固提升 3 个阶段进行。整治工作从 2018 年 3 月开始，用时 3 年。

2020 年，该年是"扫黑除恶"收官之年，谢家街道持续强化政治责任，政治担当，继续抓、继续排，发现问题线索及时移交，做到宣传到位、打击到位，净化政治环境。

【信访】

1997 年，义和乡处理群众来信来访 32 件次。

1998 年底，谢家镇设立了信访办公室，成立了信访领导小组，配备了专兼职信访干部，各村（居）委会建立健全了村级信访调解制度。

2002 年，谢家镇接转办理信访案件 10 件，其中经济类 6 件，农村财务 4 件。

2003 年，谢家镇办理来信来访 18 件次，通过办理信访案件，挽回经济损失 4.56 万元，追缴违规资金 2.12 万元，被立案调查 3 人。

2004 年，谢家镇抓好信访接待室规范化建设，开展信访问题专项治理和信访秩序整治，接待处理来信来访 115 件次。

2005 年，谢家镇接待群众来信来访 31 件次。

2006 年，谢家镇开设"镇长接待日"，受理信访举报 65 件次，建立"信访接待室"21 个，配备信访信息员 21 人。

2007 年，谢家镇成立群工办，落实信访代理员制度、"三三制"协调制度、领导包案制及"三深入"工作制度，接待群众来信来访 37 件次。义和乡坚持周末领导带班制、党委成员轮流信访驻班制、机关干部 24 小时值班制，被县委、县政府评为"集中治理信访工作"一等奖。

2008 年，谢家镇群众来信来访 74 件次，义和乡各村成立群众工作站。

2009 年，谢家镇坚持"三深入"制度，领导班子成员每月至少 3 次深入村（社区），驻村干部每月入户不少于 10 天，周一至周日，每天由一名镇领导在群工办值班，负责接待群众来访，处理反映的信访问题。

2010 年—2013 年，谢家镇建立信访"包案"制和信访协调"三三制"，开展调查、分析、化解各种矛盾，确保实现"小事不出村、大事不出镇、矛盾不上交"。

2017 年，谢家镇被列为眉山市信访维稳重点乡镇，设立书记、镇长信箱 18 个、信访举报箱 10 个，坚持每半月收集信件一次，每季度对 34 项重点工作进度督查，实现无进京上访、无到省非访和集体上访、无到市非访和重复集体上访"信访三无"目标。处理政府来访 56 件、四川网上信访信息系统案 42 件、眉山市党务政务服务热线平台 109 件、人民网领导留言 15 件、区长信箱 8 件，共 230 件。对遗留问题实行领导包案制，化解遗留问题 7 件。

2020 年，谢家街道成立信访处置工作领导小组，办公室设在信访办。下设应急处理、劝返、信息、训诫、舆情监控、办信办案、后勤保障 7 个工作组。办理信访案件 7 起，纪律处分 19 人，其中政务警告 1 人、党内警告 5 人、党内严重警告 3 人、留党察看 4 人、开除党籍 6 人。

调解工作

【机构】

2009 年 10 月，谢家镇按照县委、县政府的要求，在县综治委的指导下，成立了社会矛盾纠纷大调解中心，全面构建"大调解"工作体系。建立"一办四中心"调解机构。成立以党委书记、镇长为组长，分管领导为副组长的社会矛盾纠纷大调解工作领导小组，领导小组下设办公室，设在综治办，配备专职综治人员，负责大调解的政策调研、组织推动、综合协调、督查考核。建立人民调解指导中心，设在司法所，负责人民调解工作的指导、督察、考核、培训；建立行政调解指导中心，设在司法所，负责行政调解工作的指导、督察、考核、培训；建立信访群众疏导调解中心，设在群工办，负责上访群众矛盾纠纷的调解、疏导和分流。建立矛盾纠纷"大调解"协调中心和全镇工作中心，设在镇综治办，负责协调全镇重大复杂矛盾纠纷的调处工作。在各村（社区）办公室设置矛盾纠纷"大调解"工作中心。在各村、社区、站所、规模以上企业单位建立社会矛盾纠纷调解办，聘请 11 名经验丰富的专职人民调解员，在各村成立专门的调解室，明确 2~3 人担任调解，实现行政调解、司法调解，人民调解三种调解方式"无缝对接、横向到边"的联合调处机制。2016 年，建立矛盾纠纷第三方调解中心法律工作者调解员库。采取口头解答、书面回复与现场指导相结合的方式，不定期地提供法律服务支持。按实事求是、公平公正，自愿平等、和谐互信，明法释理、合法引导，遵守纪律、保守秘密等工作要求开展调解工作。

谢家镇历任大调解中心专职副主任：赵轲（2009 年 10 月—2012 年 2 月）、梁伟（2012 年 2 月—2016 年 6 月）；义和乡伍从凯（2009 年 10 月—2019 年 12 月）；谢家街道伍从凯（2019 年 12 月任）。

【人民调解】

1996 年—1998 年，谢家镇在司法调解和争创"五无村"活动中，13 个调委会和 106 名调解员调解各类矛盾纠纷 246 件，民间纠纷受理率、调解率、成功率达 99%。

2000 年，谢家镇调解矛盾纠纷 86 件，调解成功 84 件。

2001 年，谢家镇调解矛盾纠纷 192 件，调解成功 190 件。

2002 年，谢家镇正义街改造发生各类矛盾纠纷 186 件，解决各种困难 366 次。派出所调解各类矛盾纠纷 129 件，协助上级部门及时化解蓉兴矿与周边群众发生的水污染问题 5 次。

2003 年，谢家镇调解矛盾纠纷 68 件，调解成功 66 件；义和乡调解矛盾纠纷 31 件。

2004 年，谢家镇调解矛盾纠纷 54 件，调解成功 53 件；义和乡调解矛盾纠纷 13 件。

2005 年，谢家镇调解矛盾纠纷 64 件；义和乡调解矛盾纠纷 11 件。

2006 年，谢家镇调解矛盾纠纷 57 件；义和乡调解矛盾纠纷 8 件。

2007 年，义和乡化解各类社会矛盾 29 件。

2008 年，谢家镇调解矛盾纠纷 103 件；义和乡办理法律援助 2 件，承办司法调解事件 124 件，调解成功 122 件。辖区派出所调解矛盾纠纷 30 件。

2009 年，谢家镇组织镇村干部排查矛盾纠纷 40 次，调解各类矛盾纠纷 156 件，结案 156 件。

2010 年，谢家镇排查民间矛盾纠纷 207 件，调处 207 件，无"民转刑"案件发生。

2011 年，谢家镇排查民间矛盾纠纷 212 件，调处 212 件，成功创建市级平安示范镇。义和乡、村、社三级受理纠纷 148 件，调处成功率为 100%。

2012 年，谢家镇排查民间矛盾纠纷 225 件，调处 225 件。

2014 年，谢家镇排查民间矛盾纠纷 125 件，调处 120 件。义和乡成功摘掉眉山市信访维稳 20 强的"帽子"。

2015 年，义和乡推行班子成员蹲点包村综治责任制，接待法律咨询 182 起，法律援助 120 人，排查矛盾纠纷 127 件，调处成功 127 件。

2016 年，谢家镇调解矛盾纠纷 85 件，调处成功率为 100%。

2017 年，谢家镇调解矛盾纠纷 88 件，其中婚姻家庭纠纷 25 件，邻里纠纷 17 件，土地纠纷 26 件，合同纠纷 2 件，道路交通事故纠纷 2 件，房屋宅基地纠纷 2 件，损害赔偿纠纷 5 件，环境污染纠纷 2 件，劳动争议纠纷 1 件，其他纠纷 6 件。

【石山村协商议事会】

"有事多商量，遇事多商量，做事多商量"，石山村成立协商议事会，是新时代做好农村工作的创举。议事会建立议题收集、民主协商、成果转化 3 个机制；念好精干选人、精准选题、精心搭台、精细督办 4 字 "精"；开展好走访调研、政策宣讲、建言献策、凝聚共识、化解矛盾 5 项活动。

公安工作

【眉山市公安局彭山区分局谢家派出所】

位于谢家街道凯旋街 233 号。1984 年 10 月，彭山县公安局谢家派出所成立，辖一镇三乡（谢家镇、义和乡、邓庙乡、岐山乡），33 个行政村（居）委会，244 个村民组（社），面积为 84.2 平方千米。

2002 年，谢家派出所创建优秀 "青少年维权岗" 活动，3 月宣传动员，传达学习公安部、团中央关于公安系统开展创建优秀 "青少年维权岗" 的通知精神；4 月—11月组织实施，主要开展设立 "青少年维权岗" 热线、与镇属学校签订责任书、选派法制辅导员、法制宣传等活动，12 月总结表彰。

2004 年，谢家派出所有民警 8 人，大专以上文化程度 6 人，高中专文化程度 2 人，党员 5 人，团员 3 人，35 岁以下民警 5 人，全所平均年龄 29.8 岁。开展政治业务学习 60 次，岗位练兵 40 次，收集情报信息、有价值线索 40 条，参与处置突发事件 30 起。开展 "青少年维权岗" 活动，清理整治校园周边环境 20 次，每位民警联系一所学校，上法制教育课 20 次。

2005 年，谢家派出所支部召开民主生活会 10 次，集中学习 30 次，组织政治业务学习 50 次，岗位练兵、警体训练 30 次，开展业务培训 20 次，修改完善所内规章 20 条。义和乡进行警务室规范化建设，新建驻岐山办事处警务室。

2008 年，谢家派出所以 "建一流班子，带一流队伍，创一流业绩" 为目标，开展大练兵、大接访、"三基" 工程建设工作。

2010 年，谢家派出所加强流动人口管理。6 月，新建的义和乡派出所办公场所投入使用，占地面积 3000 平方米，配备派出所所长 1 名，副所长 1 名，指导员 1 名，干警3 名。

2019 年国庆前，彭山区副区长、公安分局局长车伟深入谢家派出所督导调研公安工作，实地检查派出所各项工作推进情况和国庆安保维稳工作情况。

【打击犯罪】

1996 年—1998 年，谢家镇辖区派出所破获刑事案件 21 起，查处治安案件 71 起，劳动教养 2 人，劳动改造 2 人。2000 年，谢家镇辖区派出所强化基层治保工作。查处治安案件 24 起，破案 24 起；刑事案件 16 起，破案 10 起。2001 年，谢家镇辖区内发生刑事案件 15 起，破获 4 起；发生治安案件 5 起，破获 5 起；劳动教养 2 人，打击处理 4

人，治安处罚1人。邓庙乡发生刑事案件1起、治安案件2起。2002年，谢家镇辖区派出所打击5人，其中判刑2人，劳教2人，取保1人；刑事案件10起，其中大案2起，治安案件21起，拘留6人。2004年，谢家镇辖区派出所刑事立案21起，破获12起，打击处理8人；治安立案85起，查处81起，处罚违法人员71人，其中治安拘留21人，罚款28人，警告22人；调解矛盾纠纷50起，派出所民警与社区巡逻队共同巡逻80次。2005年，谢家镇辖区派出所开展禁毒活动和严打斗争，刑事立案26起，破获17起、打击处理15人，抓获网上逃犯1人；治安案件立案87起，查处85起，处罚违法人员75人，其中治安拘留20人，罚款40人，警告15人。2007年，义和乡全面提升安全防范水平，以派出所、治安巡逻队为主体，充分发挥联防队、护村队、低保巡逻队的作用，加强防范措施。2008年，谢家镇辖区派出所严厉打击各种犯罪活动，刑事立案11起，破获10起，打击处理8人，抓获网上逃犯1人，治安案件立案32起，查处30起，处罚违法人员35人，其中治安拘留21人，罚款40人，警告15人。

禁毒工作

每年"6·26"国际禁毒日期间，由派出所、综治办牵头，广泛开展禁毒宣传和毒品打击工作，有效遏制了毒品蔓延。

【禁毒宣传】

2000年，"6·26"国际禁毒日，谢家镇组织"远离毒品，珍爱生命"万人签名活动。2002年，"6·26"国际禁毒日期间，谢家镇综治办、文化站组织了玩友协会、居委会自编自演"珍爱生命，远离毒品"活动。2005年5月27日，谢家镇举行"6·26"禁毒宣传教育活动，谢家场社区老体协、玩友协会、吴堰老协分别演出了文艺节目。发放禁毒宣传资料1000份，谢家中学、谢家小学800名师生及社会各界群众参加了"珍爱生命，拒绝毒品"的签字仪式。2007年，谢家镇开展"珍爱生命，远离毒品"1000人签名活动。2016年，谢家镇获得彭山区"禁毒工作先进单位"荣誉称号。9月6日，谢家镇人民政府组织播放禁毒宣传公益电影《毒品——致命的诱惑》，政府工作人员及禁毒志愿者为居民群众讲解了禁毒知识、毒品的危害及《禁毒法》，并就识毒、禁毒、防毒等方面的知识，接受了现场居民群众的咨询。

【无毒社区建设】

按照无新滋生的吸毒人员，现有吸毒人员或戒毒巩固3年以上，无制毒、贩毒活动，无非法生产、经营、使用、储存、运输易制毒化学品活动，无非法种植毒品源植物活动的建设标准，常态化开展无毒社区建设。2002年6月，邓庙乡被眉山市禁毒委员会、眉山市社会治安综合治理委员会命名为首批"无毒社区"。2003年，市禁毒委、市综治办授予谢家镇创建无毒社区工作先进单位称号。2005年—2008年，谢家镇开展创建无毒社区工作，加强对吸毒人员的管理，每年与村社签订共建"无毒社区"责任书。

【禁毒】

2007年，谢家镇依法打击处理吸毒人员8人，其中强制戒毒6人，劳动教养2人，无新增涉毒人员。2020年，贯彻落实区委禁毒专项会议精神，全力防控抓禁毒，严格排查制毒场所，全年累计有319名街道、村社干部接受毛发检测，召开10次禁毒专题会，联合司法所、派出所、市场监管所、综合行政执法办、村（社区）100人次开展集中排查整治4次，对场镇及周边可能涉黄、涉非、涉毒的房屋店铺进行深入走访排查。全面开展禁毒攻坚专项整治工作，坚持"摘帽、控局、根治"同步走，实现禁毒工作"六升六降"目标，确保摘帽。开展全覆盖毒品预防教育，将毒品预防教育纳入普法、精神文明等工作的重要内容，利用"6·26"国际禁毒日、"禁毒防艾宣传日"开展大型宣传活动。开展全环节服务管控，对在册涉毒人员开展全面清查，建立社会面吸毒人员动态管理台账，建档立卡率达100%。针对社会面吸毒人员，建立以机关单位、街道、村（社区）、辖区派出所和重点人员直系亲属"五位一体"的帮扶管控小组，严格落实分级分类管控帮教措施。针对社戒社康人员，运用"8·31"平台，通过5年努力，实现社戒社康工作体系全面形成、各项戒毒康复措施全面落实、社戒社康执行率稳步提高的目标。对其手机全面安装管理App，全力提升管控实效。针对戒毒康复人员，家庭困难的按照规定给予救助，对采取限制人身自由的涉毒人员未成年子女进行帮扶。开展全要素排查管控和全方位毒情监测预警，充分发挥公安大数据平台分析作用，全面整合水、电、气等社会信息数据，及时监控，及时报告。开展常态化毒品滥用污水检测，每月组织人员对污水进行检测，将污水检测纳入街道禁毒工作考核。

《《《 经 济 》》》

　　1996 年—2020 年，谢家镇（街道）以经济建设为中心，开展经济转型、产业结构调整，经济持续增长，结构进一步优化，社会保持稳定，人民收入及生活水平显著提高。

经济发展

【国内生产总值】

　　2002 年，谢家镇国内生产总值达到 1.1 亿元；2007 年，突破 2 亿元大关，达到 2.06 亿元；2016 年突破 5 亿元，达到 5.37 亿元。

2002 年—2018 年国内生产总值统计表

单位：万元

年份	谢家镇				义和乡			
	合计	第一产业	第二产业	第三产业	合计	第一产业	第二产业	第三产业
2002	11000	—	—	—	—	—	—	—
2003	12259	3780	4086	4393	6967	—	—	—
2004	14525	4561	4857	5107	6576	—	—	—
2005	19683	7171	6685	5827	8399	—	—	—
2006	18000	—	—	—	8843	—	—	—
2007	20570	8903	6025	5642	9151	6075	1678	1398
2008	—	—	—	5770	9590	6831	1191	1568
2009	27803	8881	9921	9001	12274	5754	4430	2090
2010	21208	6770	9640	4798	13798	6254	5474	2070
2011	34562	10956	11288	12318	15229	7317	5531	2381
2012	38620	11742	12913	13965	17129	10821	3411	2897
2013	41447	12424	13736	15287	17640	12579	4360	701
2014	45269	12962	15045	17262	19205	8747	7100	3358
2015	49253	13278	16302	19673	20548	8903	7788	3857
2016	53700	—	—	—	24200	—	—	—
2017	—	—	—	—	23700	—	—	—
2018	61415	16059	19855	25501	24877	10610	9379	4888

2019 年，谢家街道国内生产总值 96639 万元，其中第一产业 28157 万元，第二产业 29851 万元，第三产业 38631 万元。2020 年，谢家街道国内生产总值达到 108500 万元。

【工业经济】

1996 年，谢家镇乡镇企业产值 20000 万元。义和乡乡镇企业产值 8061 万元，其中乡、村两级企业产值 3092 万元，利润 125 万元。邓庙乡乡镇企业产值 6015 万元。岐山乡乡镇企业产值 453.27 万元。

1997 年，谢家镇乡镇企业产值 7200 万元。义和乡乡镇企业产值 1285 万元，其中乡、村两级产值 608 万元。邓庙乡乡镇企业产值 568 万元，其中乡办企业产值 64 万元。岐山乡乡镇企业产值 118 万元。

1998 年，谢家镇、义和乡、邓庙乡、岐山乡乡镇企业产值分别为 6800 万元、1485 万元、960 万元、108 万元。

1999 年，谢家镇、义和乡、邓庙乡、岐山乡乡镇企业产值分别为 8188 万元、1290 万元、1667 万元、121 万元。

2000 年，谢家镇乡镇企业产值 8926 万元，利润 100 万元。义和乡、邓庙乡、岐山乡乡镇企业产值分别为 1428 万元、2520 万元、131 万元。

2001 年，义和乡乡镇企业产值 1840 万元。

2002 年，谢家镇工业增加值 600 万元，利税 280 万元。

2003 年，谢家镇工业增加值 1883 万元，乡镇企业营业收入总额 8800 万元。

2004 年，谢家镇工业增加值 4154 万元，销售收入 11200 万元，上缴税金 626 万元。

2005 年，谢家镇工业增加值 4326 万元（其中和昌公司 1532 万元、蓉兴化工 1572 万元、仁和外加剂厂 607 万元、森田公司 330 万元、宏远金属厂 96 万元、邓庙焦煤厂 189 万元），销售收入 13230 万元（和昌公司 4460 万元、蓉兴化工 5018 万元、仁和外加剂厂 1632 万元、森田公司 1100 万元、宏远金属厂 480 万元、邓庙焦煤厂 540 万元），入库税金 742 万元。

2006 年，谢家镇工业增加值 3029 万元，销售收入 9575 万元，入库税金 530 万元。

2007 年，谢家镇工业增加值 3214 万元，销售收入 12000 万元。

2008 年，谢家镇工业增加值 5300 万元，销售收入 17000 万元。

2010 年，谢家镇工业增加值 5000 万元，技改投入 6686 万元。

2011 年，谢家镇工业增加值 5200 万元，技改投入 6690 万元。

2012 年，谢家镇企业总产值 20000 万元。

【工业总产值】

1996 年，谢家镇乡镇企业工业产值 1 亿元，营业收入 1.7 亿元，利润 260 万元。义和乡乡镇企业工业产值 2840 万元，其中乡、村两级工业产值 1396 万元，销售总额 1 亿元。邓庙乡乡镇企业工业产值 3665 万元，利润 90 万元。岐山乡乡镇企业工业产值

159.17 万元。

1997 年，谢家镇乡镇企业工业产值 2680 万元，销售收入 7570 万元，利润 102 万元。义和乡乡镇企业工业产值 1100 万元，其中乡、村两级 560 万元，销售总额 1255 万元，利润 25 万元。邓庙乡乡镇企业工业产值 121 万元，利润 13 万元。岐山乡乡镇企业工业产值 47 万元，利税 4.67 万元。

1998 年，谢家镇乡镇企业工业产值 2600 万元，利润 120 万元。义和乡乡镇企业工业产值 520 万元，利润 23 万元，入库税金 32 万元。邓庙乡乡镇企业工业产值 200 万元，利润 20 万元。岐山乡乡镇企业工业产值 37 万元，利税 5.43 万元。

1999 年，谢家镇乡镇企业工业产值 545 万元，入库税金 53 万元。邓庙乡乡镇企业工业产值 431 万元，利润 12 万元，入库税金 3 万元。

2000 年，义和乡乡镇企业工业产值 886 万元，利润 19.7 万元。邓庙乡乡镇企业工业产值 615 万元，利润 22 万元，入库税金 25 万元。岐山乡乡镇企业工业产值 41 万元，销售收入 141 万元，利税 5.17 万元。

2001 年，义和乡乡镇企业工业产值 600 万元，利润 25 万元。

2001 年—2002 年，谢家镇工业总产值分别为 2531 万元、6715 万元。

2004 年—2009 年，谢家镇工业总产值分别为 11600 万元、14400 万元、10400 万元、11000 万元、18000 万元、18000 万元。

2010 年—2018 年工业总产值统计表

单位：万元

年份	谢家镇		义和乡	
	工业总产值	规模以上工业产值	工业总产值	规模以上工业产值
2010	20000	—	8000	—
2011	20000	—	8600	—
2012	24100	—	5600	—
2013	3750	2877	9200	8020
2014	3995	2893	10487	10307
2015	9406	8941	4390	4095
2016	10877	5334	19376	18345
2017	18162	17144.5	23891.5	22566.5
2018	27772	26810.6	64250	63808

2020 年，谢家街道工业总产值 13000 万元。

【固定资产投入】

随着市场经济体制的建立和改革开放的深入，谢家镇、义和乡固定资产投入整体呈逐年递增趋势。

1996 年—2018 年固定资产投入统计表

单位：万元

年份	谢家镇	义和乡	年份	谢家镇	义和乡
1996	320	812	2008	9500	2012
1997	80	15	2009	9000	7471
1998	300	54	2010	6886	6900
1999	460	14	2011	7000	7800
2000	80	30	2012	5000	—
2001	309	20	2013	10000	—
2002	506	—	2014	34200	—
2003	8600	1500	2015	15000	30000
2004	2698	1474	2016	25000	25000
2005	4600	4177	2017	28000	27000
2006	3428	1274	2018	25000	15100
2007	8000	—			

【固定资产投资】

2008 年—2012 年，谢家镇固定资产投资完成额分别为 10795 万元、9000 万元、10000 万元、9500 万元、8215 万元，其中农林牧渔业投资完成额分别为 2485 万元、3000 万元、3200 万元、4030 万元、3500 万元；义和乡固定资产投资完成额分别为 5348 万元、7471 万元、7000 万元、7800 万元、8273 万元，其中农林牧渔业投资完成额分别为 3218 万元、1460 万元、1580 万元、1600 万元、2000 万元。2019 年—2020 年，谢家街道固定资产投资完成分别为 17.82 亿元、4.3 亿元。

【农业经济】

谢家是农业乡镇，农业在谢家经济发展中占重要地位。1997 年—2006 年，谢家镇农业生产总值分别为 5556 万元、5858 万元（其中畜牧业总产值 2068 万元）、6145 万元、6000 万元（其中畜牧业总产值 1783 万元）、8669 万元、5497 万元、5906 万元、7616 万元、12000 万元、13500 万元。1999 年，邓庙乡、岐山乡农业生产总值分别为 790 万元、963 万元。2000 年，邓庙乡、岐山乡农业生产总值分别为 790 万元、276 万元。2003 年，邓庙乡、岐山乡农业生产总值分别为 2508 万元、837 万元。2004 年，义和乡农业生产总值 6336 万元。2005 年，义和乡、岐山乡农业生产总值分别为 8104 万元、1011 万元。

2007 年—2015 年农业生产总值统计表

单位：万元

年份	谢家镇						义和乡					
	合计	农业	林业	牧业	渔业	服务业	合计	农业	林业	牧业	渔业	服务业
2007	14596	3791	167	9342	972	324	9702	3011	176	5827	487	201
2008	17170	6255	202	9288	1125	300	6831	3836	39	2398	448	110
2009	14823	6106	278	7290	924	225	9727	3665	263	5147	491	161
2010	11375	4755	336	5551	555	178	10427	3927	279	5489	565	167
2011	18802	7117	321	9924	1187	253	12385	4314	303	6956	631	181
2012	22561	8724	2256	9024	2256	301	17490	8890	233	7260	919	188
2013	21705	8123	368	10949	1744	521	12579	7295	231	4260	631	162
2014	22643	8376	394	11425	1906	542	15026	5065	354	8095	1123	389
2015	24483	8825	425	12506	2125	602	16157	5336	381	8755	1252	433

2016 年，谢家镇农业生产总值 26100 万元，其中种植业产值 16705 万元，农民可分配净收入总额为 10303 万元。

2017 年，谢家镇农村经济总收入 39202 万元，种植业产值 17039 万元，农民可分配净收入总额为 10512 万元。

2018 年，谢家镇农村经济总收入 39433 万元，种植业产值 16428 万元，农民可分配净收入总额为 11364 万元。

2019 年，谢家街道农业生产总值 45040 万元。其中农业 23282 万元，林业 1227 万元，牧业 13995 万元，渔业 5101 万元，农林牧渔服务业 1435 万元。

【农民收入】

1996 年—2020 年，谢家镇（街道）农民收入逐年增加，农民居民生活逐步达到小康。

1996 年—2004 年农民人均纯收入统计表

单位：元

	1996 年	1997 年	1998 年	1999 年	2000 年	2001 年	2002 年	2003 年	2004 年
谢家镇	1731	2204	2335	2418	2296	2350	2478	2916	3350
义和乡	—	1974	2249	2313	2313	2320	2450	2880	3309
邓庙乡	1580	1923	2300	2381	2185	2250	2358	2750	3169
岐山乡	1882	2276	2426	2526	2600	2691	2811	2830	3249

2005 年—2015 年农民人均纯收入统计表

单位：元

	2005 年	2006 年	2007 年	2008 年	2009 年	2010 年	2011 年	2012 年	2013 年	2014 年	2015 年
谢家镇	3708	4024	4581	4928	5585	6320	7714	8871	10052	11320	14112
义和乡	3492	3790	4307	4840	5334	6005	7481	9426	10038	11045	—

2015 年—2020 年农民居民可支配收入统计表

单位：元

年份	乡镇（街道）	可支配收入	年份	乡镇（街道）	人均纯收入
2015	谢家镇	14685	2016	谢家镇	15435
	义和乡	12414		义和乡	13790
2017	谢家镇	15645	2018	谢家镇	18448
	义和乡	13218		义和乡	18105
2019	谢家街道	19878	2020	谢家街道	22090

【村社集体经济】

1996 年—2001 年，谢家镇人民收入逐年增加，壮大了村社集体经济。

1996 年—2001 年村社集体经济人均收入统计表

单位：元

	1996 年	1997 年	1998 年	1999 年	2000 年	2001 年
谢家镇	42	48	53	57	—	60
义和乡	34.48	40	46.5	57	43	43
邓庙乡	40.5	45.5	48	52	48	53
岐山乡	80	87	97	101	105	108

【农村合作基金会】

1987 年 10 月，义和乡试点建立彭山县第一个农村合作基金会。

1996 年，谢家镇集资 770 万元；义和乡集资 236.85 万元，其中集体股金 49 万元；邓庙乡集资 93.5 万元，其中集体股金 15 万元；岐山乡集资 75 万元，其中集体股金 62 万元。

1997 年，农村合作基金会受到县个协基金会撤销的影响，谢家镇加大了宣传和到逾期借款催收力度，历年逾期借款回收率完成 10%，当年借款回收率完成 95%。邓庙乡集资 120 万元，其中股金 116 万元，村社集体借款 13.9 万元，农户借款 11.6 万元，其他借款 72.7 万元，借款回收率 96%，实现利润 2.2 万元。

1998 年 2 月，谢家镇成立农村合作基金会工作领导小组和催收领导小组。

1999 年，由于管理体制不健全，逾期借款不能收回的问题突出，加之有的业务人员从中贪污、挪用、吃回扣等，导致农村合作基金会相继出现到期股金本息无法兑现的严重状况。3 月，谢家镇全面开展农村合作基金会清理整顿，成立清理整顿工作领导小组。清理整顿按照"逐级负责、风险自担、确保还本"的原则开展，清理的主要内容是清产核资、分类处理、清收借款、停息还本。义和乡依法催收借款，组织资金向群众兑付 20% 的股金，在县农村工作队的协助下，催收回农户历年欠款 26 万元。邓庙乡开展清理整顿和股金的首期兑付。岐山乡组织催收借款并向入股的群众首次兑付本金 20%。

2000 年，谢家镇筹措资金 172 万元，全额兑付了农村合作基金会个人股金。

财税

【财政收支】

1996 年，义和乡财政收入 91.77 万元。1997 年，谢家镇财政收入 106.91 万元。1998 年，谢家镇、邓庙乡财政收入分别为 126.46 万元、41.4 万元。1999 年，谢家镇财政收入 177 万元。2001 年，谢家镇财政收入 176 万元。2002 年，谢家镇、邓庙乡、岐山乡财政收入分别为 210 万元、36.13 万元、14.4 万元。2003 年，谢家镇、义和乡、岐山乡财政收入分别为 309 万元、188 万元、52 万元。2004 年，谢家镇、义和乡、邓庙乡、岐山乡财政收入分别为 317 万元、179 万元、111 万元、50 万元。2005 年，谢家镇、义和乡财政收入分别为 230 万元、39 万元。2006 年，义和乡财政收入为 44 万元。

2008 年—2019 年财政收支、年末资产总额统计表

单位：万元

年份	谢家镇			义和乡		
	财政收入	财政支出	年末资产总额	财政收入	财政支出	年末资产总额
2008	234	234	466	133	133	117
2009	281	281	644	213	213	117
2010	314	314	645	206	206	117
2011	309	309	645	237	237	123
2012	494	494	685	311	311	123
2013	791.97	791.97	—	416	416	—
2014	567.6	547.6	—	444	444	—
2015	1053.1	1053.1	—	488.4	488	—
2016	1091.01	1091.01	2263.59	484	484	582
2017	2560.17	2461.22	3630.41	556	556	629
2018	1597	1597	1228	1061	1061	460
2019	2034.1	2034.1	1871.9	1356.1	1356.1	616

2020 年，谢家街道一般公共预算收入 20086.7 万元，一般公共预算支出 20086.7 万元，年末资产总额 1331.9 万元。

【财政税收】

1996年，谢家镇完成工商税118.21万元，农业税93.02万元，耕地占用税12.97万元，农林特产税25万元，契税3819元。义和乡完成农业税67.33万元，工商税22.9万元，农业特产税1.5万元。邓庙乡完成农业税（粮食）16.3万公斤，农业特产税0.5万元。岐山乡完成工商税4.67万元，农业税（粮食）5.14万公斤，农业特产税1.21万元。

1997年，谢家镇完成农税代金（粮食）3万公斤和征实任务66.5万公斤，工商税118.1万元，其中地税38万元，生猪税23.1万元。义和乡完成农业税67.41万元，工商税38万元，农业特产税1.5万元。邓庙乡完成工商税10.6万元，农业税（粮食）13万公斤，农业特产税6000元。岐山乡完成工商税5.9万元，农业税（粮食）5.12万公斤，农业特产税1.42万元，生猪税2.8万元。

1998年，谢家镇完成工商税172.6万元，农业税94万元。义和乡完成工商税44.7万元，农业税67.4万元，农业特产税1.6万元，生猪税12.76万元。邓庙乡完成工商税18.7万元，农业税22.7万元。岐山乡完成工商税6.5万元，农业税（征实）5.12万公斤（粮食），农业特产税1.4万元，生猪税2.6万元。

1999年，谢家镇完成工商税93万元。义和乡完成工商税38.6万元，农业税61.26万元，农业特产税1.32万元。邓庙乡完成工商税21.3万元，农业税20.58万元，农业特产税6700元，生猪税完成13万元。岐山乡完成工商税收7.86万元，农业税（征实）5.09万公斤，生猪税3万元。

2000年，谢家镇完成工商税102.1万元，其中国税44.5万元、地税57.6万元；生猪税36万元。义和乡完成工商税51.5万元，生猪税18.1万元，农业税49.77万元和农业特产税1.52万元。邓庙乡完成工商税24万元，农业税16.72万元，生猪税17万元。岐山乡完成工商税8万元，农业税（征实）5.09万公斤，农业特产税1.78万元，生猪税1.4万元。

2001年，谢家镇工商税按新口径完成58万元，生猪税36万元。义和乡工商税完成18.48万元，生猪税17.74万元，农业税实物折金49.8万元；农业特产税1.4万元。邓庙乡完成农业税16.7万元，工商税15.2万元和农业特产税1200元。岐山乡完成工商税5.1万元，农业税（实物）5.09万公斤，生猪税3.5万元，农业特产税5000元。

2002年，谢家镇专设征税大厅，各村设立农税征收网点，完成农税108万元，获税费改革工作一等奖。4月，根据中央和省、市农村税费改革试点工作文件精神，谢家镇作为省、市农村税费改革试点镇之一，完成改革试点工作，落实计税面积1.86万亩，农户签字认可率达100%。改革后，农税及其附加收入111.5万元，亩平税赋60.25元，农民人均税赋56.99元。义和乡制定了《农村税费改革工作安排意见》，实行依法纳税；税费改革后，农税总额为97.42万元，其中农业税81.12万元，农业税附加16.3万元。邓庙乡完成工商税8.97万元；完成农村税费改革，改革后农业税为33.14万元，农业特产税为 2000 元。

2003 年，邓庙乡财政税收 87 万元，完成工商税 19.3 万元，其中国税 1.5 万元，地税 17.8 万元。

2004 年，邓庙乡完成工商税 32.49 万元，其中国税 8.46 万元，地税 24.03 万元，农业税入库 13.04 万元。

2005 年，谢家镇完成工商税 230 万元。义和乡在免除农业税后完成税收 39 万元。

【粮食直补】

2004 年，我国农业税降低了 3 个百分点，粮食直补每亩以 13.98 元直补给农民。4 月，按照国家粮食直补政策"五个到户"（政策宣传到户、清册编制到户、张榜公示到户、"一折通"发放到户、资金兑付到户）和"六个不准"（不准抵扣"一事一议"筹资等任何款项，不准拖延兑付时间，不准骗取、截留、挤占、挪用补贴资金，不准集体代领，不准擅自更改"一折通"补贴户主的信息，不准以任何理由借机增加农民负担）的要求，谢家镇采取登记造册、张榜公布、现金兑现等工作措施，核定农业税计税面积 1.79 万亩，发放直补金额 25.1 万元。

2005 年，谢家镇、义和乡兑现粮食直补资金 31 万元、22.63 万元。

2006 年，谢家镇种粮农户 7525 户，直补面积 2.38 万亩，发放粮食直补金和综合直补金 58.2 万元。

2007 年，谢家镇发放粮食直补金和综合直补金 58 万元。

2008 年，谢家镇向农民到位补贴资金 209 万元。义和乡发放粮食直补金 23.1 万元，发放综合直补金 149.23 万元，发放水稻良种补贴 26.52 万元，对 4647 户农户身份信息进行了微机录入。

2009 年，谢家镇粮食直补和综合直补面积 2.38 万亩，发放直补金 232.7 万元。水稻良种直补面积 2.4 万亩，发放直补金 36.2 万元，小麦良种直补面积 1.55 万亩，发放直补金 15.5 万元，玉米良种直补面积 3600 亩，发放直补金 3.6 万元，油菜良种直补面积 0.48 万亩，发放直补金 4.8 万元，种植农户受益 291.6 万元。

2010 年，谢家镇向农民到位补贴资金 500 万元。义和乡通过"一折通"发放粮食直补资金 170 万元。

2015 年，谢家镇粮食直补及综合直补 7951 户，2.53 万人，2.44 万亩。

2017 年，谢家镇完成 32 户 4000 亩的种粮大户面积核实统计及补贴发放工作。

【农村财务管理】

2002 年 3 月，谢家镇成立由镇长任组长的农村财务规范化管理领导小组，负责管理、指导监督农村财务。村社均成立了民主理财小组，共计 366 人（村 50 人，社 316 人）。集中办公 4 次，公布财务 4 次，农经站检查 4 次。开展社级财务清理，对各社 1997 年—2002 年 2 月的开支进行审查。

2003 年，谢家镇农村财务管理实行"五统一"，即统一建账、统一会计集中办公、统一时间向群众公布财务收支情况、统一实行"财务公开监督卡"制度、统一集中保管财务档案。

2004 年，谢家镇村、社民主理财小组审查开支票据，实行谁签字谁负责原则。在符合"五要素"（时间、摘要、金额、事由、经办人签字）的基础上，逐笔由民主理财小组成员签字，组长加盖民主理财监督章后，再由审批人签字方可支出。

2005 年，谢家镇村、农业社民主理财小组人员 496 人（村 78 人，社 418 人）；取消了"两工"（劳动累积工和义务工）。

2008 年，谢家镇制定《关于进一步加强农村经济合同管理工作的通知》，建立议事制、报告制（合同订立通过村民代表议事后，凡总金额社级 500 元、村级 5000 元的实行报告制）、公开制、竞标制、公示制、监督制、档案制等，规范村级财务管理。

2010 年，谢家镇成立农村"资金、资产、资源"管理办公室（以下简称"三资"办），接受县农业局业务指导。

2017 年 8 月—10 月，义和乡对活桥村、悦园村、喻沟村、杨庙村 4 个村于 2016 年 12 月 31 日前形成的账面资产、公益性资产、资源性资产等进行清产核资。

经济普查

【第一次全国经济普查】

2004 年 9 月，谢家镇成立第一次全国经济普查领导小组。经济普查涉及 1 个社区，12 个村民委员会，设置 16 个普查小组。第一阶段为调查摸底，摸清普查区域范围内普查对象的数量；第二阶段为入户登记，40 名经济普查人员对普查对象逐户上门登记。经普查，谢家镇有行政事业单位 23 个，工业企业 3 家（营业收入 8302 万元），批发零售企业 2 家（营业收入 460 万元），个体经营户 875 户，从业人员 1554 人，营业收入 8879 万元，雇员报酬 166 万元。

【第二次全国经济普查】

2008 年，开展第二次全国经济普查。经济普查的标准时点为 2008 年 12 月 31 日。普查对象为辖区内从事第二产业和第三产业的法人单位、产业活动单位和个体生产经营户。普查内容包括单位基本属性、从业人员、财务状况、生产经营情况、生产能力、能源消耗、科技活动情况等。

【第三次全国经济普查】

2013 年，开展第三次全国经济普查工作。谢家镇抽调 26 名经济普查员，召开工作和业务培训会议，对普查员进行专业培训。普查标准时点为 2013 年 12 月 31 日。经普查，谢家镇有法人单位 44 个（占比 3.2%），从业人员 2084 人（占比 3.1%）；义和乡有法人单位 35 个（占比 2.5%），从业人员 1299 人（占比 2%）。谢家镇有证照个体经营户 401 户（占比 8%），从业人员 923 人（占比 4.6%）；义和乡有证照个体经营户 80 户（占比 1.6%），从业人员 283 人（占比 1.4%）。

【第四次全国经济普查】

2018 年，开展第四次全国经济普查工作。普查标准时点为 2018 年 12 月 31 日。经普查，谢家镇有法人单位 81 个（占比 3.02%），产业活动单位 96 个（占比 3.17%）；义和乡有法人单位 72 个（占比 2.69%），产业活动单位 79 个（占比 2.61%）。法人单位从业人员谢家镇有 1198 人，其中女性 489 人；义和乡有 1058 人，其中女性 237 人。2020 年，谢家街道获眉山市"第四次全国经济普查先进集体"。

金融

【金融机构】

谢家街道的金融机构主要有 4 家，为地方经济发展提供金融服务。分别是：

眉山市彭山区农商银行谢家分行，位于谢家街道引凤街。

眉山市彭山区农商银行岐山分行，位于谢家街道岐山村三组。

中国农业银行股份有限公司彭山谢家分理处，位于谢家街道正义街 168 号。

中国邮政储蓄银行股份有限公司眉山市谢家镇营业所，位于谢家街道中和东街。

【谢家街道邮政储蓄所】

谢家邮政代办所始建于 1950 年，最初建点时只有工作人员 2 名，由谢家乡公署代管。1957 年，改名为谢家邮电所，有工作人员 4 人，开办小总机，拥有 10 部手摇电话机。1960 年，由谢家乡政府代管。1969 年，邮电分家，改名为谢家邮政所，由谢家公社代管。1986 年，谢家邮政所开始办理邮政储蓄业务，由工作人员手工登记操作。1996 年，邮政储蓄系统电脑联网上线，开始使用 ATM 自助存取款机。2000 年，邮银分家，谢家邮政分为谢家邮政支局和谢家邮政支行，邮政支局开展普通服务工作，邮政支行负责代理金融（如储蓄、保险、基金、理财等）业务。2012 年 6 月，更名为中国邮政储蓄银行股份有限公司彭山县谢家镇支行，2015 年 3 月，更名为中国邮政储蓄银行股份有限公司眉山市谢家镇支行，2015 年 12 月，更名为谢家镇营业所，2020 年 12 月，更名为眉山市中和东街营业所。截至 2022 年 9 月，储蓄规模 2.47 亿元。

【眉山市彭山区农商银行谢家分行】

2017 年 9 月成立，前身是彭山信用联社谢家信用社，是一家以从事货币金融服务为主的企业。主要开展吸收公众存款，发放短期、中期和长期贷款，办理国内结算，办理票据承兑与贴现，代理发行、代理兑付、承销政府债券，买卖政府债券、金融债券，从事同业拆借，从事银行卡（借记卡）业务，代理收付款项及代理保险业务，经国务院银行业监督管理机构批准的其他业务等。2005 年，谢家信用社存款净增 432 万元，存款余额 3010 万元，扩充服务 151 万元，股金余额 194 万元，发放贷款 2113 万元，其中支农贷款 2023 万元，贷款余额达到 2300 万元，收回不良贷款 25 万元，不良贷款余额 714 万元，总收入 130 万元，盈余 1 万元。实现全县联网，微机通存通兑，自由办理存取业务。截至 2022 年 9 月底，谢家支行（含岐山分理处）共计存款 7. 15 亿元，贷款规模 8800 万元。

≪≪≪ 工 业 ≫≫≫

1997 年以来，谢家镇（街道）按照眉山地区"做大工业总量，优化工业结构，提升工业发展质量和效益"的总体部署，加大招商引资力度和工业投入，工业逐步进入良性和可持续发展阶段。

企业

【乡镇企业】

1995 年，谢家镇"小城镇"建设改善了投资环境，山西南风化工集团投资 3025 万元，开采芒硝矿藏，生产元明粉。

1996 年—1998 年，谢家镇引进大、中、小企业 5 家，先进生产技术 3 项。

1996 年，四川蓉兴化工有限公司（以下简称蓉兴化工）落户谢家镇，投资 5000 万元，建成 1 座年产 40 万吨芒硝矿，年产元明粉 10 万吨。广旺矿务局广鹏化工有限公司落户义和乡，投资 3084 万元，租用采矿场地 126 亩，开凿芒硝矿井 160 米，采矿取硝生产元明粉。岐山乡完成柏林酒厂的技术改造，在岐山、柏林村新办榨油厂和带锯加工厂。

1998 年，谢家镇设立乡镇企业办公室，负责镇、村企业的管理和新增技改项目、新办企业项目的考察论证、筹建协调、对外招商引资等工作。山西南风集团、蓉兴化工参与谢家经济建设。义和乡以钙芒硝开发为主线，全面实施 10 万吨元明粉开发项目。

1999 年，谢家镇新增私营企业 2 家。第九建筑工程公司成功转为股份制企业，出让企业产权，企业获得生机。岐山乡开展酒厂转制工作。

2000 年，谢家镇重点企业有蓉兴化工、四川南风化工公司（以下简称南风化工）、彭山县第九建筑工程公司等。蓉兴化工 10 万吨元明粉生产线于 11 月竣工投产。

2001 年，谢家镇为外来企业提供一站式服务。义和乡发展民营经济实体 45 家，盘活了义和砖厂、磷氢钙厂等停产企业。

【工业企业】

2002 年，彭山县撤销乡镇企业局，乡镇企业归入县发展改革委，统称工业企业。

2002 年 12 月，谢家镇引进马来西亚客商盘活原彭山元明粉厂，创办和昌（彭山）化工有限公司（以下简称和昌化工）。引进人众酒厂，投入 60 万元，生产白酒。引进中外合资企业幺姑泡菜厂，投入 140 万元。蓉兴化工在技改及污水处理方面投入 306 万元。停产企业南风化工通过拍卖，转让给和昌化工。香港洪时集团改性树脂项目落户谢家镇。

2003 年，和昌化工、蓉兴化工生产元明粉 22.2 万吨，缴纳税金 480 万元。自来水厂落户谢家镇，新康普化工建成投产。县种子公司、川西制药公司、闽海养殖场等企业的规模进一步扩大，新引进蔬菜加工厂、蜀农种子公司、成都柳回器具编织厂等龙头企业。

2004 年，和昌化工实现工业总产值 4415 万元，蓉兴化工加大了矿井扩容和技术改造力度，实现工业总产值 4853 万元，生产元明粉 27 万吨，缴纳税金 527 万元。谢家镇强化对和昌化工、蓉兴化工企业的协调和服务，列入全县规模以上工业企业总数 3 户。7 月，在李山村建设彭山仁和混凝土添加剂厂，投资 2000 万元，员工 30 人，专业技术人员 12 人，10 月投入生产，实现产值 20 万吨/年，实现销售收入 2500 万元，缴纳税金 150 万元。义和乡引进天乐有限公司鑫兴绿色食品厂，投入 630 万元，在五星村 2 社租赁土地 6.5 亩兴建厂房并投产。

2005 年，四川森田农业发展有限公司（以下简称森田公司）落户谢家镇红石村，征用土地 18.88 亩，3 月进场建设，完成总投入 1800 万元（建筑工程 550 万元，安装工程 60 万元，设备购置 1110 万元，征用土地费 80 万元），新增输电线路 1 条，变压器 1 台，烘干机 15 台，形成一条年产 100 万套蔺草制品的生产线，种植蔺草加工成草席，出口日本、韩国等地，年创汇 300 万美元；以"公司+农户"的订单农业形式带动种草，蔺草试种 450 亩，实现农民增收 16 万元。和昌化工、蓉兴化工年产元明粉 40 万吨，产值 1.2 亿元。仁和外加剂厂产值 3000 万元。引进永康电器设备厂落户城西工业集中区，鑫源气体站落户曾涄村。义和乡启动应旺矿山项目，成立矿山协调小组，协调矿山、村社、群众三方关系，协助完成矿山进场的前期准备、道路平整、通信线路等的畅通。

2006 年，和昌化工南风井建设进展顺利，技改工程顺利完成。蓉兴化工技改工程二期进展顺利，森田公司二期续建项目顺利完成，蔺草试种成功 300 亩，仁和混凝土添加剂厂新上生产线 1 条，鑫源气体站建成并投产。

2007 年，谢家镇有国有企业 1 家，私营企业 3 家，外资企业 1 家，规模企业 3 家。

2008 年，谢家镇完成蓉兴化工排污沟的清淤工作，消除企业安全隐患。协助森田公司完成土地租用，森田公司购置加工机器，将原材料就地加工，成为 100 人务工，产值上 1000 万元的龙头农产品加工企业。义和乡新增规模企业 1 家，新发展工商户 6 户；加强与新宇涛泡菜厂、天宫食品厂的衔接服务，为辣椒、蔬菜的生产提供保障。

2010 年，义和乡引进四川化工集团、东阳建材厂、陶瓷颗粒厂。

2013 年—2016 年，成眉石化园区落户义和乡，义和乡从传统的农业乡镇跻身全区重点工业乡镇行列。

2015 年，谢家镇鼓励和支持蓉兴化工、森田公司等企业技术改造、上新项目。

2016 年，世界 500 强企业陶氏化学入驻成眉新能源新材料园区并开工建设，禹王防水建成投产，中明能源项目稳步推进，华夏幸福正式签约。

2016 年—2019 年，谢家镇住宿餐饮企业有 4 家。2016 年—2018 年住宿餐饮企业营业总收入分别为 56 万元、66 万元、84 万元。2018 年，义和乡有建筑业企业 1 家，总产值 800 万元。2020 年，谢家街道有建筑业企业 1 家。

2020 年，谢家街道辖区内主要企业有蓉兴化工，注册地址位于眉山市彭山区中岷江中路 58 号，生产地址位于四川省眉山市彭山区石山村 8 组；四川三和混凝土外加剂有限公司，注册地址位于李山村 1 社；眉山市岷森竹草编专业合作社，位于谢家街道引凤街 43 号；眉山泰善畜牧有限公司，位于石山村 1 组；眉山圣祥聚氨酯高分子材料有限公司，位于谢家场社区 1 组；眉山市弘丰食品商贸有限公司，位于石山村 5 组；彭山区长寿芳芳果业有限公司，位于悦园村 3 组；彭山区国友养猪场，位于义和场社区 5 组；彭山区魏开平养殖小区，位于悦园村 3 组；彭山福松无抗健康生猪养殖场，位于悦园村 6 组；彭山区天蓬生猪养殖小区，位于悦园村 6 组；四川丰收田园农业科技有限公司，位于义和场社区 3 组；四川绿色甜源农业有限公司，位于悦园村 2 组；彭山区北方挂面厂，位于谢家场社区 3 组；彭山区鑫源气体有限公司，位于汉安村 6 组；森田公司，位于汉安村 7 组；和昌化工，位于石山村 1 组；彭山活桥养殖小区，位于义和场社区 7 组；彭山宏友木林业有限公司，位于岐山村 1 组；彭山区成眉石化园区龙顺水务有限公司，位于谢家场社区；四川天宫山茂林农业科技有限公司，位于悦园村 6 组；彭山区杨庙保洁服务有限公司，位于谢家场社区；四川双凤湖实业有限公司，位于悦园村 9 组；四川宏创农业开发有限公司，位于谢家场社区 4 组；四川环能新型建材有限公司，位于悦园村 1 组；四川应林企业集团彭山川化工有限公司，位于悦园村 5 组；眉山市彭山区志中养殖有限公司，位于悦园村 6 组。

2008 年—2020 年企业情况统计表

年份	镇乡（街道）	企业个数（家）			企业从业人员（家）		企业实缴税总额（万元）
		总数	工业企业	规模以上企业	总数	工业企业	
2008	谢家镇	16	6	—	2395	2050	890
	义和乡	14	7	—	456	358	35
2009	谢家镇	27	21	—	2414	2371	1187
	义和乡	15	7	—	465	365	36
2010	谢家镇	27	21	2	2417	2313	1297
	义和乡	15	7	1	495	390	42
2011	谢家镇	27	21	2	2432	2380	1301
	义和乡	15	7	1	516	392	45

年份	镇乡（街道）	企业个数（家）			企业从业人员（家）		企业实缴税总额（万元）
		总数	工业企业	规模以上企业	总数	工业企业	
2012	谢家镇	27	21	2	2432	2381	1108
	义和乡	15	7	1	538	397	52
2013	谢家镇	—	20	1	—	1157	—
	义和乡	—	7	2	—	542	—
2014	谢家镇	—	19	1	—	1163	—
	义和乡	—	6	2	—	536	—
2015	谢家镇	—	15	1	—	1289	—
	义和乡	—	5	2	—	429	—
2016	谢家镇	115	15	1	741	—	601.5
	义和乡	120	4	1	1258	—	89
2017	谢家镇	107	15	2	682	—	794.7
	义和乡	180	5	2	1258	—	136
2018	谢家镇	—	15	3	—	—	—
	义和乡	—	5	2	—	—	—
2019	谢家镇	—	15	2	—	—	—
	义和乡	—	13	1	—	—	—
2020	谢家街道	—	28	9	—	—	—

【工业企业投资】

2002 年，谢家镇工业生产性投入 506 万元。

2003 年，谢家镇工业生产性固定资产投入 6020 万元，其中和昌化工投入 5500 万元，征地 450 亩，对原彭山元明粉厂进行了系统改造。应林集团出资 760 万元收购义和矿山。义和乡引进天逸二硫化碳厂，投资 240 万元选址新建并建成投产，引进天乐集团投资 80 万元新建辣椒系列加工厂。

2004 年，谢家镇引进仁和外加剂厂、宁波森田公司、自来水厂、宏远金属厂、谢家挂面厂等企业，其中仁和外加剂厂总投资 2000 万元，一期工程投入 518 万元，实现产值 1285 万元。森田公司总投资 2500 万元，从事蔺草加工与种植。

2005 年，义和乡应旺化工有限公司（以下简称应旺化工）投入 3000 万元进行厂区专用道路平整、基建等基础设施建设和设备安装，天逸二硫化碳厂技术改造、基建投入 120 万元。

2007 年，蓉兴化工技术改造投资 2600 万元，新增第二条生产线，产量增加 15 万吨。义和乡启动应旺化工工程建设，投入 2000 万元完成基础设施建设和设备订购，引进

"阳光鞋厂"，投入 120 万元，落户岐山村，解决农村剩余劳动力 150 人。

2008 年，蓉兴化工总投资 5300 万元，新上一条 20 万吨元明粉生产线，芒硝年产量从 15 万吨提升到 35 万吨，迈入亿元企业行列。

2009 年，谢家镇 3 户规模企业（蓉兴化工、森田公司、和昌化工）完成工业投资 1.2 亿元。义和乡四川应林集团彭山川化工有限公司完成 8000 万元工业生产性投入，具备点火生产能力。

2011 年，和昌化工、蓉兴化工完成工业投资 1.15 亿元。

【招商引资】

2000 年，谢家镇抓住芒硝化工区、城镇商贸区、谢家狗肉开发 3 个招商重点，制定和完善《谢家镇招商引资和投资优惠政策及奖励办法》。抓住谢家狗肉美食这一特色经济，于 12 月 19 日成功举办谢家镇首届狗肉美食文化研讨会。

2002 年，谢家镇完成招商引资 806 万元。

2003 年，谢家镇引进 4 个项目，到位资金 3908 万元。义和乡、邓庙乡招商引资分别为 508 万元、110 万元。

2004 年，谢家镇、义和乡、岐山乡招商引资到位资金分别为 3043 万元、935 万元、54 万元。谢家镇政府出台关于支持企业发展的优惠政策。

2004 年谢家镇人民政府关于支持企业发展的优惠政策

一、规费

（一）城市建设配套费，除按标准 20 元/平方米的 20% 征收上交省以外：市、县、镇收取部分全免。

（二）招投标管理费按预算价 0.7% 收取，如企业自主招投标则免收。

二、税收优惠扶持政策

（一）所得税，县级所得部分前二年全部用于支持企业发展，后三年 50% 用于支持企业发展。

（二）增值税，县级留存部分前二年全部用于支持企业发展，后三年 50% 用于支持企业发展。

（三）建安营业税，县级所得部分的 50% 用于支持企业发展，优惠期为五年。

（四）城市维护建设税，县级所得部分的 50% 用于支持企业发展，优惠期为五年。

三、土地优惠政策

（一）征地费：耕地 4 万元/亩（包括税费），非耕地 2.5 万元/亩。（包括税费）。

（二）租地费：耕地 400 公斤大米/亩，非耕地 200 公斤大米/亩。

四、如企业投资额较大，对地方经济贡献率较高，可根据企业提出的实际问题，镇政府将情况汇报县政府，实行一企一策

2005 年，谢家镇招商引资 3360 万元（其中和昌化工 460 万元、蓉兴化工 400 万元、

仁和外加剂厂 700 万元、森田公司 1800 万元），义和乡招商引资 4546 万元。

2006 年，谢家镇、义和乡招商引资分别为 3832 万元、1296 万元。

2007 年，谢家镇招商引资 5800 万元。

2008 年—2011 年，义和乡招商引资分别为 1400 万元、5672.8 万元、4450 万元、4860 万元。

2010 年—2011 年，谢家镇工业性招商引资分别为 5000 万元、5300 万元。

2015 年，谢家镇、义和乡招商引资分别为 1.5 亿元、2 亿元。

2016 年，谢家镇招商引资 1 亿元。

2018 年，谢家镇、义和乡招商引资分别为 4.2 亿元、5000 万元。

2020 年，谢家街道招商引资 3 亿元。

企业选介

【四川蓉兴化工有限责任公司】

位于谢家街道石山村 8 组。是四川省威远煤矿在彭山的重点转产企业，隶属四川省煤炭产业集团有限责任公司，属于国有企业。根据《四川省人民政府办公厅（1993）120 号会议纪要》精神，由省纪委、省财政厅、省计委和省煤炭局拨给威远煤矿转产资金，于 1996 年 1 月 5 日成立了四川蓉兴化工有限责任公司（以下简称"蓉兴化工"）。公司成立时注册资本为 1248 万元，由原四川省威远煤矿出资 1238 万元，占 99.2%，四川省威远县中福贸易公司出资 10 万元，占 0.8%。2007 年，产值 5300 万元，税金 530 万元；2008 年，产值 9000 万元，税金 900 万元。2013 年 3 月重组，山西焦煤运城盐化集团有限责任公司出资控股 90%，后经债转股，山西焦煤运城盐化集团有限责任公司出资占股 95.52%，四川威达煤业有限责任公司占股 4.48%。截至 2020 年 12 月 31 日，公司有员工 300 人，其中工程技术及经营管理专业人员 50 人，总资产 8653.11 万元，净资产 6046.67 万元，营业收入 8270.47 万元，净利润 445.72 万元。

公司主要生产"运"牌元明粉（国家驰名商标）、"维美"牌元明粉（眉山市驰名商标）、"仙女"牌饲料添加剂硫酸钠。2004 年，取得农业部核发《饲料添加剂生产许可证》，"维美"牌元明粉获"四川省免检产品"称号。2005 年，获得"中国名优品牌"称号。2006 年公司被授予"质量信誉 AA 级企业"。2008 年 4 月，通过了 ISO9001：2000 版国际质量管理体系认证；9 月，公司被四川省质量技术监督局授予"质量信用 AA 级"证书。2011 年被彭山县授予"纳税跨台阶奖"和"纳税十强企业"。2017 年 2 月，通过 ISO9001：2015 版国际质量管理体系换版认证。蓉兴化工是"四川省诚信示范企业""眉山市工业入库税金 20 强企业""眉山市文明单位""眉山市安全生产先进企业"。

【和昌（彭山）化工有限责任公司】

和昌（彭山）化工有限公司是由马来西亚和昌机构与香港和昌贸易公司共同出资

2640万元，于2002年12月23日竞价收购彭山县元明粉厂竞卖资产而组建的外商独资企业，注册资金3000万元，员工500人，各类专业技术人员50人。2003年12月25日入驻，投入资金5300万元，完成对矿山井下、地面制硝装置的检修与改造工作，使多项技术达到国内国际先进水平。拥有15万吨/年芒硝生产装置一套，形成与之配套的年产80万吨钙芒硝矿一座。2007年投入500万元，芒硝产量达到16万吨，实现产值5000万元，税收400万元。2008年产值6000万元，缴纳税金500万元。

【眉山市岷森竹草编专业合作社】

位于谢家镇引凤街43号。专业生产销售：各类竹、草、藤、木编织品；稻草人、绿雕和园艺景观制作产品；竹箩、竹筐、竹灯笼、竹编工艺字画、瓷胎竹编、草绳、草垫、草支垫、枕木、各类型稻草人。2002年11月成立彭山县岷森竹草编专业合作社；2016年，更名为眉山市岷森竹草编专业合作社，合作社按照"自愿、民主、平等、互利、民办、民管、民受益"的原则，积极为农户提供技术培训、产品收购，促进竹草编产品畅销，帮助农民增收。截至2020年，合作社已吸纳农民会员603人，常年固定用工150人，固定资产投入150万元；覆盖眉山市仁寿县、青神县、洪雅县、彭山县，乐山市峨边县，雅安市芦山县、天全县，以及绵阳、南充、汉中、济宁等地市县，带动农户6000户，购销量占彭山县竹草编织品的90%以上，年销售竹草编制品2000万件；综合利用废弃稻草秸秆3.2万吨，减少直接焚烧碳排放、节约森林砍伐80万立方米。积极参与"百企联百村""爱心小红帽"、贫困农户捐助等活动。合作社先后被眉山市政府评为2003年全市"十佳"农村合作经济组织、2004年"助农增收"先进单位、省供销合作社全省百强示范专业合作社、2005年彭山县"八佳"专合经济组织、2009年眉山市"十佳"农村专合经济组织、2010年彭山县"优秀"专业合作社、2011年省级示范专业合作经济组织、2012年彭山县"优秀"专合组织、2013年彭山县"优秀"专业合作社、2017年省级示范专业合作社、2021年眉山市"百企联百村"先进集体。

【四川三和混凝土外加剂有限公司】

注册地址为谢家街道李山村一社，是专业从事混凝土外加剂研发、生产及销售的民营科技型企业，注册资金5190万元。经营范围为开发、制造、销售混凝土外加剂，销售建筑材料、煤灰、五金、化工原料（不含危险化学品）、混凝土、矿粉，机械设备加工、安装、维修，水电、矿山；普通货物进出口。2004年5月11日成立，占地50亩，下设速凝剂、膨胀剂厂、新型高效减水剂合成生产线、复配生产车间、优质原料加工基地及产品检测研发中心。2009年，拥有独家生产12类、60种混凝土外加剂产品。2012年，员工102人，其中优秀科技及管理人才31人。2016年，固定资产1280万元，具备年产50万吨产品能力，产品远销北京、上海、浙江、贵州、广东、广西、江西、哈尔滨、云南、陕西、新疆及西藏等省（区、市），所产产品应用于铁路、矿山、水利、公路、机场、高层及国防建设等工程施工项目。公司全部产品均取得PICC中国人民保险公司质量保险。

【四川环能新型建材有限公司】

位于彭山县谢家街道悦园村，是专业从事污泥处置烧制陶粒、陶粒制品生产、研发、销售的民营企业。公司成立于 2010 年 1 月，注册资本为 1000 万元，占地面积 1.3 万平方米，办公楼、宿舍、厂房等建筑面积 1000 平方米，员工 30 人。年设计处置污泥 6 万吨，产品覆盖四川、重庆、云南、贵州、西藏、陕西、湖南等地。生产设备主要有旋转窑、制粒机、搅泥机、输送机、装载机、给料机、筛粉机等。公司致力于可持续发展，利用弃土、污泥、页岩、糠粉，经过专业生产线生产"环保型超轻质陶粒"。产品用于工业、民用建筑、绿化园林及湿地公园污水治理。产品质量符合《轻集料及其试验方法第 1 部分：轻集料》（GB/T 17431.1—2010）和《建筑材料放射性核素限量》（GB 6566—2010）的规定。企业生产粉尘达到《大气污染物综合排放标准》（GB 16297—1996）中一级标准，企业厂界噪声执行《工业企业厂界环境噪声排放标准》（GB 12348—2008）中 2 类功能区标准要求，工业炉窑所排放的有组织粉尘及其烟色符合《工业炉窑大气污染物排放标准》（GB 9078—1996）的要求。

商贸服务业

【服务业】

2000 年，谢家镇集贸交易额 2137 万元。

2003 年—2013 年，谢家镇依托狗肉美食文化、农副产品交易等，发展壮大餐饮业、农家旅游，搞活商贸流通。

2003 年，谢家镇集市贸易成交额 6500 万元，年客流量 75 万人次。

2004 年，谢家镇集市贸易成交额 9200 万元，年客流量 80 万人次，社会消费品零售总额 8500 万元，服务业税收完成 21.5 万元，增加值 5107 万元，投入 203 万元。

2005 年，谢家镇社会消费品零售总额 12000 万元，服务业税收完成 26 万元，新发展服务业 60 户，服务业增加值 5710 万元，服务业投入 240 万元（其中自来水厂二期工程 30 万元、综合农贸市场投入 80 万元、曾红小学投入 120 万元，其他个体餐饮、茶楼投入 10 万元）。

2006 年，谢家镇开办狗肉美食培训班，培训 180 人次。

2007 年，谢家镇服务业增加值 5860 万元，服务业税收完成 35 万元，服务业户数达到 500 户，新发展 64 户，固定资产投入 2240 万元。义和乡服务业增加值 1398 万元，服务业税收完成 4.9 万元，新发展服务业 5 户。

2012 年，谢家镇新增服务业 80 家，投入 1000 万元。

2015 年，谢家镇依托彭谢新城建设，发展商贸流通服务业，做足山水文章，沿彭谢路、毛河流域发展田园生态休闲观光旅游，依托丘区贫困村，规划建设城市青少年教育基地，配套发展乡村游、农家游。

2017 年，谢家镇有住宿餐饮企业 4 家，总收入 66 万元。

2012 年—2017 年，谢家镇社会消费品零售总额分别为 6502 万元、7426 万元、8109 万元、10217 万元、4809 万元、5001 万元；义和乡消费品零售总额分别为 2042 万元、2332 万元、2640 万元、3318 万元、3575 万元、4193 万元。

2012 年—2019 年，谢家镇有商品交易市场 3 个，义和乡有 1 个。

2012 年—2019 年，谢家镇营业面积 50 平方米以上综合商店或超市个数分别为 2 个、3 个、3 个、3 个、17 个、17 个、32 个、36 个。2012 年—2015 年，义和乡营业面积 50 平方米以上综合商店或超市个数分别为 5 个、6 个、6 个、6 个；2019 年义和乡有 4 个。

2016 年—2018 年，谢家镇商品交易市场交易额分别为 900 万元、1127 万元、1240 万元。

2020 年，谢家街道有商品交易市场 1 个，营业面积 50 平方米以上综合商店或超市 51 个。

【民营经济】

1998 年，谢家镇有个体工商户 1178 户，私营企业 4 家。

2000 年，谢家镇新增个体工商户 80 户，餐饮、娱乐业年营业额达 7000 万元。

2003 年，谢家镇新增个体工商户 23 户，私营企业 3 户，个体私营企业 7 户，有经营大户 35 户，其中畜牧养殖大户 18 户，水产养殖大户 2 户，种植大户 15 户。

2004 年，谢家镇新增个体工商户 18 户，新增私营企业 4 户，个体私营企业达 9 户。

2005 年，谢家镇新增个体工商户 60 户。

2006 年，谢家镇新增个体工商户 45 户，其中狗肉餐馆 5 家。

2008 年，谢家镇新增个体工商户 57 户，实现总产值 5770 万元。义和乡新发展工商户有 6 户。

2009 年，谢家镇新增个体工商户 61 户，新发展私营企业 3 户，回乡创业 12 户。

2010 年，谢家镇新增个体工商户 60 户，新发展私营企业 3 户。

2011 年，谢家镇新增个体工商户 30 户，新发展私营企业 2 户。

2014 年，义和乡引进芳芳果业，投入 600 万元，解决 6000 亩猕猴桃储存难问题，新登记"小微企业" 21 户，新登记个体工商户 20 户，新培育家禽养殖基地 8 万平方米。采取租赁、转包、承租返包等模式，发展农业民营业主 80 户，承包经营土地 6000 亩。

安全生产

【安全生产宣传】

2003年，谢家镇开展《安全生产法》的宣传工作，开展"安全生产月"活动3次，发放安全生产资料800份。

2004年，谢家镇印发《安全十须知》等安全宣传资料1000份。在"五一""十一""春节"期间利用安全生产宣传挂图、安全警示录光盘等在街道、电影院、中学、小学、矿山和各村巡回展（播），在各街道、各村书写安全标语11幅，开展街道咨询活动3次。

2005年，谢家镇在"安全生产活动月"期间，开展街道咨询2次，召开安委会成员扩大会4次。

2007年，谢家镇开展"安全知识进校园"活动，形成社会、学校、家庭为一体的宣传教育网络。

2008年，谢家镇组织专人巡回播放《道路交通事故警示录》13次，召开安全生产工作会议11次。

2010年，谢家镇开展以交通、非煤矿山、危险化学品、烟花爆竹和非法客运为重点的安全生产宣传教育活动4次，发放宣传资料5000份，受教育群众1万人次。

2012年，谢家镇开展安全生产宣传教育活动3次，发放宣传资料2000份。

2014年，谢家镇利用逢场天、节假日等时机，开展宣传教育活动8次，在重点路段悬挂横幅8幅，发放安全宣传单6000份。

2015年，谢家镇安监所每月第一个赶场在场口设置宣传点，发放宣传资料8000份，张贴宣传标语50幅。

【安全生产工作】

2003年，谢家镇安全生产委员会（以下简称安委会）由原来的20人充实调整到28人，做到了机构、人员、制度、经费、办公场所五落实。与村（社区）、居委会、学校、企业、业主等签订安全生产责任书，实行安全生产目标管理。义和乡加强矿山、机砖厂等企业的安全生产培训，加强对机动车驾驶员的安全生产培训、排查，做好森林防火和易燃易爆物品的监管。邓庙乡开展"交通安全年"活动，对火三轮违章载客进行专项治理，被眉山市政府列入全市"交通安全示范乡镇"。

2004年，谢家镇制定安全生产10项制度。邓庙乡培训摩托车驾驶员、农用车驾驶员、渔船业主126人次，火三轮违章载客得到有效遏制。

2005年，谢家镇安委会成员扩大到54人，镇村社三级安全生产监管网络体系基本形成。

2007 年，义和乡每月一次对非煤矿山、道路交通、公共场所消防、锅炉压力容器等进行拉网式排查，在中小学开展"安全生产小手拉大手"活动。

2009 年，谢家镇有危险化学品经营单位 2 家，烟花爆竹零售经营户 14 家，液化气经营户 10 家。召开安全生产工作会议 22 次。

2012 年，谢家镇启动保护超特高压平安乡镇创建活动，以村为单位建立一支 5 人组成的巡护队伍，定期或不定期组织巡逻。

2014 年，谢家镇成立春运交通安全处置应急指挥部，实行 24 小时值班制。

2015 年，谢家镇召开各村（社区）支书、主任、各企业安全生产第一责任人和各单位负责人安全生产工作会，以会代训。为镇安监所配齐配强 6 名工作人员（含 2 名交通协管员、1 名西部志愿者）。

2017 年 9 月，谢家镇制定《关于国庆、中秋和"十九大"期间安全生产事故的应急预案》，设综合协调组、安全保卫组、新闻报道组、灾害救援组、医疗救护组、后勤保障组、事故调查组、善后处理组等工作组。

2018 年，谢家镇印发《谢家镇安全生产事故灾难应急预案》《谢家镇 2018 年安全生产应急预案》，成立安全生产工作领导小组，总体负责安全事故应急处理工作，下设警戒保卫、医疗救护、后勤保障、善后处理、事故调查等工作组。义和乡投入资金 100 万元，建设省级安全社区，义和学校被命名为"安全示范学校"，新建岐山、活桥村两个微型消防站，培训、建立一支 120 人的应急救援队伍。

【百日安全生产活动】

2002 年 3 月，谢家镇开展"百日安全生产活动"，对存在安全隐患的房屋搬至别处重建，针对存在安全隐患的曾红小学，分流师生到附近学校上课。

2004 年 7 月 1 日—10 月 28 日，谢家镇开展"百日安全竞赛"，组织矿山进行"安全生产知识测试"考试。

2009 年 12 月—2010 年 3 月，谢家镇通过宣传发动、实施整改、总结提高 3 个阶段开展"百日安全生产活动"，突出抓好"两个重点、三个关键"（重点行业、重点场所、关键企业、关键部门、关键岗位），巩固道路及水上交通、非煤矿山、危险化学品、烟花爆竹、消防等重点行业（领域）专项整治成果；开展"打三非"（打击非法生产、打击非法经营、打击非法建设），"反三违"（反违章指挥、反违章作业、反违反劳动纪律），"防三超"（防止生产企业超能力、超强度、超定生产，防止运输企业超载、超限，防止超负荷运营）活动。

2011 年，谢家镇开展以"强化监管、落实责任、突出预防、保障平安"为主题的"百日安全生产活动"，开展道路交通、水上交通、危险化学品和烟花爆竹、建筑施工、宗教场所、人员密集场所、食品卫生等安全专项整治活动。

2013 年 1 月—3 月，谢家镇开展"百日安全生产活动"，对重点行业（领域）进行安全专项整治。

2017 年 7 月 1 日—9 月 30 日，义和乡开展大气污染防治"百日攻坚行动"。开展严禁露天焚烧秸秆、强化扬尘管理、强力整治工业烟（粉）尘、整治"黄标车"和老旧车辆、及时办理上级反馈和群众举报的问题等工作。

【安全检查与隐患整治】

强化安全生产责任制，每年开展以交通、消防、非煤矿山、危险化学品、烟花爆竹、非法客运、建筑等为重点的安全生产大检查和专项整治。

2004 年，谢家镇开展安全检查 30 次，发现安全隐患 30 处。

2005 年，谢家镇投入 2.6 万元，用于天庙砖厂、星星砖厂的烟囱拆除、地质灾害等安全隐患整治，安全检查 19 次，发现安全隐患 15 处。

2007 年，谢家镇开展专项整治 5 次，发现安全隐患 10 处，整治安全隐患 7 处。

2008 年，谢家镇安全生产检查 8 次，专项整治 11 次，发现安全隐患 64 处，对李山村旧砖厂烟囱顺利爆破。

2009 年，谢家镇安全生产检查 16 次，专项整治 11 次，发现安全隐患 62 处。

2010 年，谢家镇安全生产检查和专项整治 19 次，设点检查 6 次，整治安全隐患 61 处，纠正超载等违法行为 200 起。

2012 年，谢家镇投入资金 8 万元，整治安全隐患 12 处，安全生产检查和专项整治 15 次，设点检查 2 次，整治安全隐患 13 处，获全县安全生产工作一等奖。

2013 年，义和乡投资 20 万元，排查安全隐患 70 处，查处安全违法行为 50 起，整治较大安全隐患 9 处。

2014 年 4 月—10 月，谢家镇通过动员部署、组织实施、验收总结 3 个阶段开展消防安全专项整治工作。义和乡投资 170 万元，整治安全隐患 33 处。

2015 年，谢家镇投入经费 40 万元，对排查出的道路交通安全隐患进行全面整治。

2016 年，谢家镇加强春运安全生产管理、人员密集场所、危险化学品和烟花爆竹、非煤矿山、消防领域、学校、森林防火、应急值守等安全工作。义和乡排查安全隐患 25 处，投入资金 13.5 万元，及时整治安全隐患，安全生产工作被评为全区先进。

2017 年，谢家镇安全工作在全区进行经验交流，投入整改资金 100 万元。义和乡分别于 3 月—4 月、8 月—10 月开展安全检查与隐患整治。

2018 年，谢家镇投入 80 万元，对李山村、岳油村、邓庙村、石山村等因汛期水毁的道路和堡坎进行修复，规范整顿 15 个烟花爆竹经销店，做好"安全社区建设"的持续整改工作。

2019 年 3 月—12 月，谢家镇通过组织部署和自查整改、集中整治、巩固验收总结 3 个阶段，开展安全生产专项整治行动，包括化工行业领域和易燃易爆场所企业安全生产主体责任落实、企业风险辨识及管控、隐患排查治理制度落实、易燃易爆场所消防安全措施设置、建设项目安全审查、应急管理 6 个方面。

2020 年，谢家街道针对辖区内交通、涉水、森林防火、工矿企业等进行安全整治和监管。

【食品药品安全】

2007 年，谢家镇对 20 家食品加工、生猪及禽畜宰杀、饭店、伙食团进行专项检查，建立投诉站，公布举报电话。

2008 年，谢家镇组织工商所、派出所、社区对 27 家食品销售、加工单位进行食品安全检查与整治。

2009 年，谢家镇开展食品安全监管，对重点食堂、伙食团和农村流动厨师组织专项培训 2 期。开展食品安全宣传周活动，把"宣传周"与食品安全"三进"（进村、进学校、进社区）宣传教育相结合，到村、学校进行食品安全宣传和科普教育。

2010 年 6 月，谢家镇开展"食品安全宣传月"活动。专题研究食品安全工作 3 次，与村、站所签订目标责任书，开展食品安全专项整治 5 次。以"五一""中秋""十一""元旦""春节"等节日为重点，开展食品专项整治。

2011 年，谢家镇成立食品安全专项整治行动领导小组，实行领导包片、干部包村、村干部包户的分包责任制。开展联合执法检查，督促食品生产、销售、餐饮单位 60 次。

2012 年，谢家镇食品药品监督管理站成立。

2015 年，谢家镇制定《食品、药品安全事故应急预案》，开展食品、药品安全宣传月活动。组织工商所、派出所、卫生院等部门 90 人次，出动车辆 31 台次，进行 12 次食品、药品安全大检查。召开两次食品、药品安全生产工作专题会议，创建食品、药品安全放心村（社区）9 个。

2016 年，义和乡成立食品药品监管所，开展食品专项整治行动 6 次，投入执法人员 24 人次，车辆 12 台次，发放宣传资料 1600 份，悬挂宣传标语 24 幅，乡、村宣传专栏 12 期。完成迎接市食品药品监督管理局的标准化验收工作。对药店、医疗机构、食品流通户、餐馆、食品生产企业、卤制品、小作坊进行食品安全检查 40 次，发现安全隐患 13 起。

2019 年，谢家镇成立食品药品监督管理所，负责 90 家食品店、药店监督管理工作。对村（社区）信息员培训 3 次，对乡村厨师培训 2 次，对餐馆店主培训 1 次，查处不规范经营行为 10 次、不规范商家 20 家。

2020 年，谢家街道成立食品安全监督检查工作组，有效、有序、依法开展日常监督检查。街道对各村（社区）、餐饮服务业、食品生产企业、学校食堂、超市、食品小作坊、流动厨师等不定期检查 11 次，排查安全隐患 28 处，排查"三小"（小餐饮店、小食品店、小食品加工店）经营店 127 家。对农贸市场水产品摊位进行升级改造，被列为其他乡镇学习参观的典范。

【防洪防汛】

1996年—2020年，谢家镇（街道）每年均印发防洪防汛工作的通知，制订防洪抢险方案和场镇内涝防汛预案，成立由镇长任指挥长的防洪（防汛）指挥部，下设防洪抢险组、治安保卫组、通信联络组、物资保障组等工作组。各村（社区）、企事业单位建立相应的防洪（防汛）机构，村主任为第一责任人，实行"三定五包"（定领导、定区域、定任务；包堤坝、包水库塘堰、包城镇、包桥梁、包地质灾害易发区）为主要内容的防洪（防汛）工作责任制，抓好辖区内的防洪（防汛）工作。组织以民兵为骨干的防洪（防汛）抢险队伍。对防洪（防汛）重点刘山水库、齐心水库、群英水库、联合水库、场镇街道、富堰河、白马河、毛河渡槽及丘区山体易滑坡地段，实行定领导、定地段、定责任、确保安全度汛。2010年，谢家镇到位电筒、草袋、竹子等防洪物资，成立110人的防洪抢险队，开展防洪巡查，严格防洪值班。2015年，谢家镇印发宣传单5000份，对辖区塘、堰、水库、沟渠以及地质灾害易发点开展排查86次，立警示标牌15处，搬迁地质灾害隐患户20户。2016年，谢家镇从健全组织体系、完善工作预案、强化隐患排查、确保整治到位，落实人员做好重点部位、地段的监管、值守，建立应急抢险队伍、确保信息畅通，落实防汛物资，加强内涝防治、河道（船只）管理，加强监测预警，规划好防汛重点地段应急撤离线路，及时上报灾情9个方面开展防洪（防汛）工作。

【地质灾害防治】

谢家镇每年6月—9月为地质灾害高发期，每年均印发做好地质灾害防治工作的通知和突发性地质灾害应急预案，成立由镇长任指挥长的地质灾害应急指挥部，办公室设在村建所，设立物资供应工作组，交通、通信、电力工作组，治安工作组，抢险救灾工作组，后勤工作组等应急工作组。组建应急分队、医疗救护队、运输车和派出所警力等应急抢险队伍。

2005年，谢家镇天庙村、石山村、洪塔村、李山村等丘区村划定为地质灾害易发区域，和昌化工、蓉兴化工两大矿山及公路沿线和削坡建房地段划定为地质灾害发生的重要地段。

2014年，义和乡完善乡、村自然灾害应急体系，新建应急避难点2处，组织120人开展防自然灾害应急演练。

2015年，谢家镇、义和乡主要地质灾害为滑坡、崩塌、矿山边坡，邓庙村、喻沟村划定为滑坡高易发重点防治区，岳油村为次重点防治区，印发地质灾害防治知识宣传单3000份，对地质灾害隐患点和多发区进行巡查64次，搬迁地质灾害隐患户20户，在李山村开展1次60人参加的应急演练。

2017年，谢家镇投入21万元搬迁地质灾害隐患户4户。

2018年4月，谢家镇开展汛前地质灾害防治工作，省、市、区确定的老隐患点3

处，经排查新增隐患点 4 处，包含 10 户房屋。

2019 年，义和乡纳入区级隐患监测点 1 处，易发地质灾害为泥石流，直接威胁到房屋、公路等设施，威胁 11 户 43 人，威胁财产 300 万元。根据地质灾害的分布规律和降雨趋势及地质灾害危害程度，确定悦园村、喻沟村、活桥村、岐山村为重点防治区。

地质灾害防治顺口溜

地质灾害危害大	险区农户要记牢
滑坡之前有征兆	请你经常紧绷弦
一是发现嗡嗡声	二是灾前水要浑
三是鸡鹅鸭子叫	四是蛇虫老鼠跑
五是猫狗叫不停	六是猪儿翻圈逃
七是牛儿双脚跳	八是灰尘像雾罩
请你马上往外跑	保住生命最重要

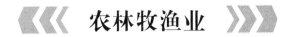

农林牧渔业

农业

　　谢家镇（街道）境内以平原和丘陵为主，除传统农业项目优质稻、小麦、油菜外，谢家大力发展以水稻制种、中药材、晚熟柑橘和猕猴桃等为代表的现代特色农业，农业发展逐渐由传统农业向现代农业转变。

【农业产业结构调整】

　　1996年，谢家镇依靠科技，主攻单产，提高复种指数，推广水稻抛秧210亩，大小春规范化栽培3万亩。

　　1997年，谢家镇提出"强农兴工活商贸，富镇裕民上台阶"的发展思路，推行小春规范化栽培，实施"沃土计划"，实现了水稻、玉米、油菜杂交化，小麦、蔬菜良种化。

　　2000年，谢家镇"一廊"（彭谢北路十里星火科技走廊）"二区"（芒硝化工区、城镇商贸区）"五基地"（泽泻种植、优质杂交稻制种、畜禽养殖、优质蔬菜、花卉园林）初具规模。邓庙乡在"强基础、调结构、建新村、奔富裕"工作思路指导下，制定"一户一亩椒，一人一头猪，一人一只羊，一户半张蚕和大春抓粮，小春抓钱"的增产增收计划。

　　2003年，谢家镇粮经作物面积比为47：53。义和乡走"公司+农户""协会+农户"订单农业之路，依托"三丰"公司抓好水稻制种。邓庙乡调整粮食播种面积2200亩，粮经作物面积比为40：60。

　　2004年，义和乡争取农业部示范项目资金20万元，在清水村建立钢型营养钵育苗大棚480平方米，新品种示范区9个，面积21.5亩。邓庙乡发展多种经营，蔬菜、辣椒、水果、生态林、养蚕、养羊等项目板块经济基本形成。

　　2006年，义和乡调整农业结构，立足水稻制种、辣椒、稻田蘑菇、泽泻等产业，实施"寿果"发展规划，三大基地助农增收196万元，人均126元。

　　2010年，义和乡建立了泽泻种植、炬能川芎中药材种植、天宫辣椒、岐山米枣、乐穗水稻制种5个专业合作社。

　　2011年，义和乡新增彭山县红阳猕猴桃专业合作社，带动义和乡"中药材+水稻制

种"产业的提档升级。

2015 年，谢家镇发展特色农业，建成了葡萄、草莓、中药材三大产业基地，推广水稻、泽泻、小麦（油菜）等轮作高产栽培模式 1.2 万亩，基地农作物每亩增收 4000 元。开展新型农业经营主体培育工作，有现代农业业主 100 人、专业合作社 12 个、家庭农场 10 个、农业企业 7 个，接受区委农村工作领导小组督查，被评为"优秀"，其中推荐市级示范现代农业业主 2 人，星级家庭农场 3 个（甜源草莓、佳维及顺和苑家庭农场）。义和乡登记在册的家庭农场 59 户、专业合作社 17 个、专业大户 127 户。

2016 年，谢家镇有种植大户 123 户，义和乡有 85 户；谢家镇有畜禽养殖大户 72 户，义和乡有 82 户；谢家镇有家庭农场 25 户，义和乡发展家庭农场 33 家，突破"一百"大关。义和乡发展农业公司 7 家，合作社 17 个，培育新型职业农民 30 人。

2017 年，谢家镇完成农业产业结构调整 1500 亩，完成 7 个村的集体资产股份制改革工作，搭建了"坝区建设幸福城、丘区发展乡村游"架构。引进晚熟柑橘品种，培育家庭农场、农业企业、专业合作社等新型农村经营主体 45 家，引进新型现代农业业主 15 家。义和乡依托区委、区政府"一园两翼"发展思路，新发展猕猴桃、柑橘、藤椒等特色产业 3500 亩，红阳猕猴桃协会种植的猕猴桃获农业部无公害农产品认证。谢家镇、义和乡种植大户分别有 157 户、85 户，畜禽养殖大户分别有 56 户、83 户，家庭农场分别有 48 户、223 户。

2018 年，谢家镇由传统农业向现代农业转变，推进现代农业优良品种、水肥一体化、农产品初加工、柑橘标准化基地建设，特色产业达 3 万亩以上。义和乡做好猕猴桃、柑橘、中药材和水稻制种等现有产业巩固提升和品质发展，猕猴桃产值实现 7000 万元；建成益农信息社 6 个，搭建以村为主体的电商销售平台 5 个。谢家镇、义和乡种植大户分别有 73 户、109 户，畜禽养殖大户分别有 31 户、11 户家庭农（林牧渔）场分别有 82 户、106 户。

2019 年，谢家街道申请认定为稻药现代农业产业园区，"水稻+中药材"种植占园区农业总产值的 95%。有农业企业 14 个（谢家镇 8 个、义和乡 6 个），家庭农场 193 个（谢家镇 83 个、义和乡 110 个）

2020 年，谢家街道有农业企业 14 个，家庭农场 216 个。

【农村劳动力】

谢家镇、义和乡是农业为主的乡镇，随着改革开放的深入和城镇化的发展，常年外出务工人数增多，农村劳动力随产业结构调整发生明显变化。

2012 年—2019 年农村劳动力情况统计表

单位：人

年份	谢家镇						义和乡					
	合计	其中			常年外出劳动力	转移出省劳动力	合计	其中			常年外出劳动力	转移出省劳动力
		农业从业人员	男	女				农业从业人员	男	女		
2012	14840	6185	7516	7324	8428	2050	10284	4939	5472	4812	4169	803
2013	15017	6327	7602	7415	9010	3073	10240	4947	5414	4826	4426	966
2014	15216	6335	7589	7627	9539	2313	10341	4180	5462	4879	4486	1025
2015	15280	6583	7683	7597	9434	2339	10187	4218	5532	4655	4441	994
2016	15362	6540	7801	7561	9939	2445	10187	4218	5532	4655	4441	994
2017	16199	6625	8336	7863	10007	2407	10511	4238	5698	4813	4751	1063
2018	16366	6736	—	—	11703	2428	11094	4667	—	—	6088	982
2019	16371	6738	—	—	9711	2429	11030	4170	—	—	4297	851

2020 年，谢家街道有农村劳动力 29225 人，其中农业从业人员 18641 人，常年外出劳动力 15541 人，转移出省劳动力 3732 人。

【耕地面积】

1996 年—2020 年，谢家镇（街道）在 25 年发展过程中，虽然经历乡镇合并、农业产业结构调整、农业人口变化、土地流转等政策调整，但耕地面积整体变化不大。

2000 年—2003 年耕地情况统计表

单位：亩

年份	谢家镇			义和乡			邓庙乡			岐山乡		
	总计	田	地	总计	田	地	总计	田	地	总计	田	地
2000	21717	19129	2588	20489	16581	3908	9812	4900	4912	2510	1656	854
2001	21717	19129	2588	20031	16259	3772	9359	4879	4480	2376	1652	724
2002	21372	18962	2410	19839	16029	3810	8465	4138	4327	2309	1614	695
2003	20745	—		19830			6450			1965		

2007 年—2019 年耕地情况统计表

单位：亩

年份	谢家镇			义和乡		
	年末实有耕地面积	灌溉面积	耕地流转面积	年末实有耕地面积	灌溉面积	耕地流转面积
2007	27200	—	—	20600	—	—
2008	27679	24000		20699	19305	

年份	谢家镇			义和乡		
	年末实有耕地面积	灌溉面积	耕地流转面积	年末实有耕地面积	灌溉面积	耕地流转面积
2009	27675	24015	—	20685	19305	—
2010	24495	24015	—	20685	19305	—
2011	27675	24015	—	25254	19305	—
2012	29055	24915	—	25254	19305	—
2013	29655	25260	2745	26616	19305	3645
2014	28875	25260	3000	20685	19305	4650
2015	29700	25815	14940	19635	19035	1575
2016	29520	25680	16440	20685	20685	4800
2017	29520	25680	19140	20685	20685	4800
2018	29115	29115	—	20115	20115	—
2019	34905	32355	—	30960	30960	—

2020 年，谢家街道有耕地面积 65375 亩，灌溉面积 63435 亩。

【农田改造】

1996 年—1998 年，谢家镇划定了基本农田保护区，保护耕地 2 万亩。

1997 年，岐山乡改造中低产田 800 亩，完成"沃土计划"650 亩。

1998 年，邓庙乡建旱涝保收旱地 1500 亩，新增灌溉面积 400 亩。岐山乡完成改土 200 亩，实施"沃土计划"800 亩。

2000 年，义和乡改造中低产田土 1800 亩，改造下湿田 1500 亩。

2003 年，谢家镇通过新开发和土地整理新增耕地 125 亩，实现耕地占补平衡。

2008 年，谢家镇"金土地"工程全面竣工，新增耕地 4600 亩。义和乡旱地坡改梯 900 亩，水田整理 5800 亩，新增耕地 1200 亩，下湿田改造 6600 亩。

2009 年，义和乡改造中低产田 350 亩。

2010 年，义和乡改造下湿田和低产田，增加种粮面积 800 亩。

2011 年，谢家镇新增耕地 2300 亩。

2013 年，谢家镇完成"双挂钩"（建设用地增减挂钩，城镇建设用地增加与农村建设用地减少相挂钩）收尾工作，复垦土地面积 3 万平方米。

2018 年—2019 年，谢家镇高标准农田分别为 8010 亩、30870 亩，义和乡高标准农田分别为 12195 亩、30105 亩。

2020 年，谢家街道有高标准农田 46485 亩。

【一村一品】

2007 年，谢家镇完成"一村一品"规划和建设任务。泽泻重点种植有红石、汉安、吴堰、毛河、石山、李山等村，水稻制种有红石、汉安、毛河、李山、石山等村，蚕桑养殖有岳油村，蔬菜种植有吴堰村、毛河村。

2010 年，谢家镇形成"一村一品"新产业，新建专业合作社 3 个，汉安、吴堰、毛河、红石 4 个村成为部、省、县共同打造的水稻高产示范基地，总面积 1.2 万亩，水稻亩产 650 公斤。石山村引进业主两个，打造标准化大棚蔬菜产业，园区规模经营面积 300 亩，吴堰村葡萄成片经营 320 亩。

2011 年，谢家镇建成部、省级水稻高产示范基地和市、县蚕桑产业基地，建成以泽泻、葡萄、蔬菜、蚕桑、水稻高产示范等为特色的"一村一品"专业村，形成了以石山为中心，辐射带动吴堰、毛河等村的 2000 亩蔬菜产业带。抓好汉安、红石、吴堰、毛河、李山 5 个村 5000 亩水稻制种，打造 2000 亩核心区水稻高产示范基地，水稻单产 700 公斤，建成年出栏 4 万头的优质商品猪养殖基地和年出栏 10 万只兔的现代养兔基地。

2018 年，谢家镇形成李山、石山村以蜜柚和晚熟杂柑为主，岳油村以蜜桃、珍稀林和红油香椿为主，邓庙村以藤椒、花卉苗木和晚熟杂柑为主，坝区村以制种和中药材为主的新型农业产业，完成 8 个村"一村一品"产业发展评审工作。

2020 年，谢家街道通过实施"一村一品"，8 个市级贫困村均由传统农业转变为现代农业，发展，并且以猕猴桃、柑橘、水稻制种和中药材为代表的现代特色农业 5 万亩。

【农业机械化】

1996 年，岐山乡完成乡农机站的技术改造。

1997 年，岐山乡维修机械 8 台 112 千瓦，春耕大忙季节农机具完好率达 95%。

2003 年，市农机局授予谢家镇"农机工作先进集体"。

2004 年，谢家镇有 38 处电力提灌站，610 千瓦，有流动性柴油机、潜水泵抽水 20 台，180 马力，有耕整机、旋耕机 60 台，两季机耕面积 5 万作业亩次，有电力加工房 30 处，1060 千瓦，上门服务流动式柴油机 8 台，150 马力，完成农副产品加工饲料、大米共计 1700 万公斤，有微型电机及 6 马力以下脱粒机上千台，组织外地收割机两季 150 台收割小麦、水稻，收割面积 1.3 万亩。农机站年检农用运输车及拖拉机 20 台，年审农机驾驶员 18 人，上路安全检查 10 次，纠正违章作业、农机驾驶员及操作机手 20 人次。机电提灌作业提水量 450 万立方米，灌溉面积 8000 亩。农机站实现销售收入 120 万元，缴纳国税、地税 2 万元，实现毛利 4 万元，县农机局授予谢家镇农机站"先进集体"称号。

2005 年，谢家镇年检农机运输车辆 26 台，年审驾驶人员 26 人；机电提灌作业提水量 700 万立方米，灌溉面积 1.9 万亩；农机安全检查 10 次，查获违章操作 20 人次；加油站实现销售收入 150 万元，缴纳税金 1.2 万元。

2006 年，谢家镇发放农机补贴 18.1 万元。

2008 年—2012 年，谢家镇农业用电总量分别为 670 万千瓦·时、786 万千瓦·时、801 万千瓦·时、873 万千瓦·时、963 万千瓦·时；义和乡农业用电总量分别为 81 万千瓦·时、87 万千瓦·时、95 万千瓦·时、105 万千瓦·时、108 万千瓦·时。

2009 年，以谢家镇李山农机示范村为主体，重点抓吴堰村 130 亩机械化育插秧示范；农机站配合县农机协会举行讲座 6 次，参与讲座 110 人次，农机大户发展到 2 户，建立农机安全村 5 个，农机器具补贴 12 台，新建提灌站 10 座。年末，有农机修理网点 2 个，农机经营机构 4 个，农机户 210 户，农机购置补贴 10 台。

2016 年，谢家镇制定《谢家镇农机事故应急处理预案》。义和乡投资 11 万元，改造活桥村提灌站 3 座，4 台 57 千瓦；购置农业机械 8 台（其中保鲜库 6 台），财政补贴 17 万元；10 户农用拖拉机手按时年检，路检路查 25 次，与农机手签订农机安全责任书，巩固了省级"平安农机"示范乡成果。

2017 年，义和乡机械化耕作明显提升，实现农机总动力 2.02 万千瓦。

2019 年，谢家镇开展"平安农机"创建和拖拉机道路交通安全综合整治。

【农业普查】
按照国家规定的统一时间、统一调查项目、统一填写方法，对所有农业生产经营单位及所有涉农情况进行全面调查登记，是一项大规模的国情国力调查。

第一次全国农业普查。1996 年，谢家镇、义和乡、邓庙村、岐山乡开展第一次全国农业普查，普查标准时点为 1996 年 12 月 31 日，标准时间是 1996 年 1 月 1 日—12 月 31 日。普查内容主要包括从事第一产业活动单位和农户的生产经营情况，乡（镇）、村委会及社区环境情况，农业土地利用情况，农业和农村固定资产投资情况，农村劳动力就业及流动情况，农民生活质量情况等。

第二次全国农业普查。普查标准时间为 2006 年 1 月 1 日—12 月 31 日。2006 年 11 月，谢家镇在各个村（居）开展第二次农业普查准备工作。成立农普办，有统计、财政、农业、民政、农机、畜牧、水利等部门参加，各村驻村干部及村（居）会计担任普查指导员，村社干部担任普查员。农普办准备培训资料，分设了原谢家和邓庙 2 个培训点，对参加普查工作的人员进行 2 次业务培训，共计 280 人次。2007 年 1 月 1 日，开始入户普查，4 月—12 月，开展质量检查、数据处理、数据评估和发布工作，2008 年，完成数据库建立，数据开发与工作总结。

第三次全国农业普查。2016 年 11 月，谢家镇开展第三次全国农业普查工作。普查主要内容包括农业从业者基本情况，农业土地利用与流转情况，农业生产与结构情况，新型农业经营主体与农业规模化、产业化发展情况，新农村建设情况，农村人居环境与农民生活方式变化情况等。普查标准时间为 2016 年 1 月 1 日—12 月 31。普查工作按 3 个阶段进行，第一阶段为普查准备阶段，主要开展拟定工作规划、组建普查机构、落实普查经费、制订普查方案、布置普查任务、培训普查人员、宣传动员等工作；第二阶段为摸底工作，主要开展普查前的总动员、确定普查小区、组织清查摸底调查、组织现场调查、完成乡镇表和行政村联网直报等工作；第三阶段为正式普查阶段，主要开展普查登记、采用手持智能数据采集终端（PDA）、联网直报等现代信息技术，综合运用入户访问登记、联网直报、遥感测量等手段进行普查。2017 年，完成普查入户调查工作，调查农户 6633 户、规模户 91 户、涉农单位 39 家。

【减轻农民负担】

2002 年，谢家镇 5778 户农户在《农民纳税花名册》上签字，减少了广播维护费、畜禽防疫费、义务工以资代劳、合作医疗 4 项涉农收费 48 万元，农民负担农税人均 57.63 元，同前一年比人均减少 21.97 元。2005 年，谢家镇通过减少涉农收费、降低税费等措施，减轻农民负担 67 万元，兑现独生子女奖励 17 万元。2006 年 3 月，谢家镇成立由镇长为组长的农民负担管理机构。农村义务教育实行一费制收费，小学 90 元，初中 175 元，农村订阅报刊村不超过 800 元，发放农民负担监督卡 7525 张。2009 年，谢家镇实施政策性农业保险，缴保险费 7.1 万元，其中水稻 5.8 万元（9100 亩）、玉米 6000 元（1000 亩）、油菜 7000 元（1800 亩），赔付金额 10.8 万元。2015 年，义和乡兑付惠农补贴资金 271 万元，补贴面积 1.66 万亩，受益农户 4516 户，全面完成农业政策性保险工作。2016 年，义和乡完成特色农业保险 2000 亩，杨庙等村 1000 亩水稻制种受灾损失得到妥善理赔。

种植业

谢家镇（街道）是以农业为主的乡镇，始终坚持"决不放松粮食生产，积极发展多种经营"的方针，按照"稳粮调结构，增收奔小康"的要求，重视种植业发展，确保种植业增产增收。

【农作物播种面积】

2006 年，乡镇合并后，农作物播种面积随着城镇化的进程而变化。2020 年，谢家街道农作物播种面积为 81087 亩，其中粮食作物种植面积为 41877 亩。

2008 年—2019 年凤鸣镇（街道）播种面积统计表

单位：亩

| 年份 | 谢家镇 | | 义和乡 | |
	农作物播种面积	粮食作物播种面积	农作物播种面积	粮食作物播种面积
2008	77550	51000	53340	34605
2009	80550	54165	51540	33825

年份	谢家镇		义和乡	
	农作物播种面积	粮食作物播种面积	农作物播种面积	粮食作物播种面积
2010	81930	54375	51750	33825
2011	85440	55725	51750	33825
2012	81928	52399	49554	31798
2013	82185	52353	49612	31843
2014	82277	51724	49042	31662
2015	83284	52127	48903	31678
2016	82943	51345	47273	31281
2017	82033	50732	48183	31038
2018	49430	25083	30189	16260
2019	49430	24083	30952	15778

【粮食总产量】

1996 年—2020 年，谢家镇（街道）粮食总产量随着播种面积的变化而变化，保持在正常水平。2020 年，谢家街道粮食总产量为 2182.8 万公斤。

1996 年—2004 年粮食总产量统计表

单位：万公斤

	1996 年	1997 年	1998 年	1999 年	2000 年	2001 年	2002 年	2003 年	2004 年
谢家镇	1512.6	1520.6	1530	1535.4	1455	1400.3	1435.1	1465	—
义和乡	1220.44	1240	1252	1253.9	1148.27	1027.5	1138.2	1156.4	1219
邓庙乡	487	520	525.6	526	505	472.2	471.1	407.4	431.1
岐山乡	141.5	148.5	148.5	149.5	148.9	136.3	137.2	120.8	116.7

2005 年—2019 年粮食总产量统计表

单位：万公斤

	2005 年	2006 年	2007 年	2008 年	2009 年	2010 年	2011 年	2012 年
谢家镇	1964.4	1924.5	1997	1939.7	1996.7	2046	2108	1946.1
义和乡	1359.7	1358	—	1429.1	1421.2	1472.1	1484.6	1355.8
	2013 年	2014 年	2015 年	2016 年	2017 年	2018 年	2019 年	
谢家镇	2043.2	2035.4	2094.2	2078	2088.9	1251.9	1224.4	
义和乡	1348.1	1337.2	1355.2	1348.7	1356	833.4	814.7	

2012 年—2015 年，谢家镇粮食亩产分别为 371 公斤、390 公斤、394 公斤、402 公斤；义和乡粮食亩产分别为 426 公斤、423 公斤、422 公斤、428 公斤。

【水稻制种】

1996 年，谢家镇推广杂交水稻制种，亩产 230 公斤。

1997 年，谢家镇水稻制种亩产 220 公斤，总产 110 万公斤，产值 765 万元。

1998 年，谢家镇水稻制种亩产 230 公斤。

1999 年，谢家镇水稻制种亩产 240 公斤；义和乡水稻制种创产值近 600 万元。

2000 年，谢家镇水稻制种亩产 220 公斤。

2002 年，义和乡水稻制种创产值 350 万元。

2003 年，谢家镇扩大了星星、石山、雷山 3 个村，制种面积 800 亩；义和乡水稻制种创产值 316.8 万元。

2004 年，谢家镇魏巷、红石、曾湃、汉安等村以"支部+公司"的形式，带领农民进行制种；义和乡水稻制种创产值 724 万元。

2005 年，义和乡依托三丰、蜀农等龙头企业，走"公司+基地+农户"的农业产业化发展道路，建成水稻杂交制种基地 6 个，产量 130 万公斤，产值 1270 万元。

2006 年，谢家镇建成杂交稻制种基地，新发展订单农业优质稻 200 亩；义和乡建成水稻杂交制种基地 8 个，产量 176 万公斤，产值 1411 万元。

2008 年，义和乡水稻制种产量 145 万公斤，产值 1160 万元。

2010 年，义和乡成立乐穗水稻制种专业合作社。

2012 年，义和乡争取 300 万元制种基地建设项目资金，硬化道路 3 千米、沟渠 6 千米，方便杨庙村、活桥村 400 户制种户的生产生活。

2013 年，义和乡拥有彭山县最大的水稻杂交制种基地，是"万亩万元"工程的重要示范基地。

2017 年，义和乡争取种业提升项目 500 万元，用于完善杨庙村杂交水稻制种基地基础设施条件。

2019 年—2020 年，谢家街道杂交水稻制种基地面积达 8500 亩。

1996 年—2017 年水稻制种面积统计表

单位：亩

	1996 年	1997 年	1998 年	1999 年	2000 年	2001 年	2002 年	2003 年	2004 年	2005 年	2006 年
谢家镇	4000	4800	4800	4800	5000	—	—	3700	5100	6100	6000
义和乡	—	—	4200	4500	4000	2000	3500	4100	5000	7100	8000

	2007 年	2008 年	2009 年	2010 年	2011 年	2012 年	2013 年	2014 年	2015 年	2016 年	2017 年
谢家镇	2600	3600	6000	7000	6000	5000	6100	2500	12000	12000	—
义和乡	—	7000	—	—	7200	6500	7000	7000	6000	6000	7000

【水稻】

1996 年，谢家镇水稻亩产 518 公斤。

1997 年，谢家镇水稻亩产 528 公斤。

2000 年，谢家镇水稻种植面积 19100 亩，产量 999.8 万公斤；义和乡水稻种植面积 16700 亩，A101 优质水稻种植面积 1000 亩，产量 810 万公斤；邓庙乡水稻种植面积 4900 亩，产量 254.9 万公斤；岐山乡水稻种植面积 1700 亩，产量 88.6 万公斤。

2001 年，谢家镇水稻种植面积 18900 亩，产量 928.7 万公斤；义和乡水稻种植面积 16300 亩，优质水稻种植面积 1000 亩，产量 722.3 万公斤；邓庙乡水稻种植面积 5000 亩，产量 240.1 万公斤；岐山乡水稻种植面积 1700 亩，产量 86.8 万公斤。

2002 年，谢家镇水稻种植面积 18600 亩，产量 949.7 万公斤；义和乡水稻种植面积 16200 亩，产量 809.9 万公斤；邓庙乡水稻种植面积 4600 亩，产量 239.5 万公斤；岐山乡水稻种植面积 1700 亩，水稻亩产 507 公斤，产量 85.9 万公斤。

2003 年，谢家镇发展优质水稻 13200 亩；岐山乡发展优质水稻 1200 亩。

2004 年，谢家镇优质水稻种植面积 10000 亩；岐山乡优质水稻种植面积 1200 亩。

2005 年，谢家镇优质水稻种植面积 12000 亩；义和乡优质水稻种植面积 15000 亩。

2006 年，谢家镇"公司+农户"的经济发展模式得到推广，发展优质稻 20500 亩，建成 15000 亩水稻种植基地；义和乡发展优质稻 15400 亩。

2007 年，谢家镇发展优质稻 18500 亩；义和乡发展优质稻 27900 亩。

2008 年—2019 年水稻种植面积、产量统计表

年份	谢家镇			义和乡		
	面积（亩）	单产（公斤）	总产（万公斤）	面积（亩）	单产（公斤）	总产（万公斤）
2008	23532	515	1212.8	17684	546	965.7
2009	24011	520	1248.9	17684	548	968.5
2010	24011	527	1266	17776	562	999
2011	24916	527	1313.1	17776	564	1002.6
2012	25273	521	1317.4	18031	555	1001.6
2013	25474	532	1354.9	17876	546	976.2
2014	25236	532	1343.5	17855	541	965.5
2015	25424	542	1379.2	17988	551	991
2016	25089	549	1376.8	17753	557	989.3
2017	25089	561	1407.4	17751	567	1007.3
2018	19683	539	1061.6	13926	545	758.4
2019	19683	557	1096.3	13926	563	784

2016 年—2018 年，谢家镇水稻产值分别为 3287.86 万元、3603.03 万元、2547.81 万元。

2020 年，谢家街道水稻种植面积 34827 亩，亩产 558 公斤，总产量 1941.8 万公斤。

【小麦】

1996 年，谢家镇对坝区 4 个村的小麦赤霉病统防统治 5500 亩，实现小麦亩产 310 公斤。

2000 年，谢家镇小麦种植面积 12700 亩，产量 374.9 万公斤。义和乡小麦种植面积 9300 亩，产量 273.5 万公斤。邓庙乡小麦种植面积 4700 亩，产量 137.9 万公斤。岐山乡小麦种植面积 1200 亩，产量 30.5 万公斤。

2001 年，谢家镇小麦种植面积 12700 万亩，产量 375.5 万公斤。义和乡小麦种植面积 9300 亩，产量 272.2 万公斤。邓庙乡小麦种植面积 6400 亩，产量 134.3 万公斤。岐山乡小麦种植面积 1000 亩，产量 26.2 万公斤。

2002 年，谢家镇小麦种植面积 12500 亩，产量 375.5 万。义和乡小麦种植面积 9200 亩，产量 134.3 万公斤。邓庙乡小麦种植面积 4200 亩，产量 272.2 万公斤。岐山乡小麦种植面积 800 亩，亩产 300 公斤，产量 26.2 万公斤。

2003 年，岐山乡引进 R57、川农 18 号、川农 19 号、龙纯一号等小麦、豌豆、油菜新品种。

2004 年，岐山乡种植优质小麦川农 18 号、19 号 2000 亩。

2005 年，谢家镇优质小麦种植面积 12000 亩。

2006 年，谢家镇建成 16000 亩优质小麦种植基地。

2008 年，谢家镇推广小麦良种示范 2500 亩。

2008 年—2019 年小麦种植面积、产量统计表

年份	谢家镇			义和乡		
	面积（亩）	单产（公斤）	总产（万公斤）	面积（亩）	单产（公斤）	总产（万公斤）
2008	16096	320	514.7	10371	337	349.4
2009	16301	323	520.2	10401	337	350
2010	16694	321	535.7	10401	342	355.2
2011	16787	323	542.1	10401	350	363.6
2012	15290	272	416.5	9474	293	277.6
2013	15148	269	406.9	9386	273	256.5
2014	15678	270	423	9085	274	249
2015	15569	281	437	8997	269	241.9
2016	15434	268	413.2	8919	256	228.6
2017	14987	268	402.3	8661	257	222.7
2018	167	293	4.9	212	278	5.9
2019	167	257	4.3	212	283	6

2016 年—2017 年，谢家镇小麦产值分别为 1027.53 万元、984.52 万元。

2020 年，谢家街道小麦种植面积 244 亩，亩产 287 公斤，总产量 7 万公斤。

【玉米】

2000 年，谢家镇玉米种植面积 600 亩，产量 13.7 万公斤。义和乡玉米种植面积 900 亩，产量 17.2 万公斤。邓庙乡玉米种植面积 2400 亩，产量 60.3 万公斤。岐山乡玉米种植面积 1200 亩，产量 15.4 万公斤。

2001 年，谢家镇玉米种植面积 600 亩，产量 10.6 万公斤。义和乡玉米种植面积 900 亩，产量 11.4 万公斤。邓庙乡玉米种植面积 2300 亩，产量 51.6 万公斤；岐山乡玉米种植面积 600 亩，产量 8.3 万公斤。

2002 年，谢家镇玉米种植面积 600 亩，产量 12.6 万公斤。义和乡玉米种植面积 800 亩，产量 24 万公斤。邓庙乡玉米种植面积 2200 亩，产量 63.3 万公斤。岐山乡玉米种植面积 600 亩，产量 12.4 万公斤。

2008 年—2019 年玉米种植面积、产量统计表

年份	谢家镇			义和乡		
	面积（亩）	单产（公斤）	总产（万公斤）	面积（亩）	单产（公斤）	总产（万公斤）
2008	2444	245	59.8	1220	312	58.1
2009	2601	240	62.5	1220	312	38.1
2010	3306	250	82.7	1220	318	38.8
2011	3706	250	92.7	1220	319	38.9
2012	3706	242	89.5	1220	297	36.2
2013	4267	284	121.2	1208	351	42.4
2014	4174	288	120.2	1223	349	42.7
2015	4237	288	122.1	1225	355	43.5
2016	4106	293	120.4	1187	360	42.8
2017	4104	287	118	1187	325	38.6
2018	3562	412	146.7	1030	420	43.3
2019	3562	419	149.2	1030	428	44.1

2016 年—2018 年，谢家镇玉米产值分别为 303.28 万元、283.19 万元、352.19 万元。

2020 年，谢家街道玉米种植面积 3622 亩，亩产 435 公斤，总产量 157.4 万公斤。

【豆类】

2000 年，谢家镇豆类种植面积 200 亩，产量 8 万公斤。义和乡豆类种植面积 400

亩，产量 13.1 万公斤。邓庙乡豆类种植面积 1300 亩，产量 11.5 万公斤。岐山乡豆类种植面积 300 亩，产量 3.1 万公斤。

2001 年，谢家镇豆类种植面积 300 亩，产量 6.9 万公斤。义和乡豆类种植面积 300 亩，产量 6.8 万公斤。邓庙乡豆类种植面积 1300 亩，产量 12.5 万公斤。岐山乡豆类种植面积 300 亩，产量 3.1 万公斤。

2002 年，谢家镇豆类种植面积 200 亩，产量 5.1 万公斤。义和乡豆类种植面积 400 亩，产量 7.3 万公斤。邓庙乡豆类种植面积 1200 亩，产量 11.7 万公斤。岐山乡豆类种植面积 300 亩，产量 2.7 万公斤。

2008 年—2019 年豆类种植面积、产量统计表

年份	谢家镇			义和乡		
	面积（亩）	单产（公斤）	总产（万公斤）	面积（亩）	单产（公斤）	总产（万公斤）
2008	1052	212	23.3	615	223	13.7
2009	1032	238	24.6	615	211	13
2010	847	276	23.4	615	229	14.1
2011	847	280	23.7	615	229	14.1
2012	736	226	16.6	535	178	9.5
2013	804	228	18.3	590	186	11
2014	812	225	18.3	583	180	10.5
2015	820	273	22.4	573	162	9.3
2016	828	274	22.7	575	162	9.3
2017	825	232	19.1	576	165	9.5
2018	671	167	11.2	410	170	7
2019	671	171	11.5	610	167	10.2

2020 年，谢家街道豆类种植面积 1322 亩，总产量 23 万公斤。其中大豆种植面积 987 亩，亩产 176 公斤，产量 17.37 万公斤；豌豆种植面积 160 亩，亩产 206 公斤，产量 3.3 万公斤；胡豆种植面积 175 亩，亩产 134 公斤，产量 2.35 万公斤。

【薯类】

2000 年，谢家镇薯类种植面积 4300 亩，产量 57.4 万公斤。义和乡薯类种植面积 1600 亩，产量 31.3 万公斤。邓庙乡薯类种植面积 2200 亩，产量 38.8 万公斤。岐山乡薯类种植面积 800 亩，产量 10.4 万公斤。

2001 年，谢家镇薯类种植面积 6600 亩，产量 78.7 万公斤。义和乡薯类种植面积 800 亩，产量 12.7 万公斤。邓庙乡薯类种植面积 2000 亩，产量 32.6 万公斤。岐山乡薯

类种植面积 800 亩，产量 11.1 万公斤。

2002 年，谢家镇薯类种植面积 6300 亩，产量 88.5 万公斤。义和乡薯类种植面积 1200 亩，产量 16.9 万公斤。邓庙乡薯类种植面积 2000 亩，产量 32.5 万公斤。岐山乡薯类种植面积 800 亩，产量 10.7 万公斤。

2008 年—2019 年薯类种植面积、产量统计表

年份	谢家镇			义和乡		
	面积（亩）	单产（公斤）	总产（万公斤）	面积（亩）	单产（公斤）	总产（万公斤）
2008	7775	189	146.7	4662	161	75.1
2009	10127	135	136.8	3842	144	55.2
2010	9472	143	135.4	3750	169	63.5
2011	9472	144	136.3	3750	170	63.7
2012	7160	149	106.5	2833	164	46.5
2013	6663	210	139.8	2783	225	62.5
2014	5824	224	130.4	2873	237	68.1
2015	6077	220	133.5	2895	240	69.5
2016	5888	246	144.9	2847	276	78.7
2017	5727	248	142.1	2863	272	77.9
2018	1000	275	27.5	682	274	18.7
2019	1000	285	28.5	682	277	18.9

2016 年—2018 年，谢家镇薯类产值分别为 231.6 万元、227.41 万元、49.55 万元。

2020 年，谢家街道折粮薯类种植 1838 亩，亩产 292 公斤，总产量 53.6 万公斤，其中洋芋种植面积 1600 亩，亩产 290 公斤，总产量 45.38 万公斤。

【油料】

2002 年，谢家镇油菜亩产 110 公斤。

2003 年，谢家镇、义和乡、邓庙乡、岐山乡油料产量分别为 32.9 万公斤、44.6 万公斤、20.8 万公斤、5 万公斤。

2004 年，岐山乡油菜产量 7 万公斤。

2005 年，谢家镇、义和乡油菜种植分别为 4000 亩、3500 亩。

2008 年—2020 年油料种植面积、产量统计表

年份	镇乡（街道）	油料面积（亩）	油菜			花生		
			面积（亩）	单产（公斤）	总产（万公斤）	面积（亩）	单产（公斤）	总产（万公斤）
2008	谢家镇	5102	4800	122	58.4	302	152	4.6
	义和乡	4564	4432	131	58.2	132	182	2.4
2009	谢家镇	4990	4800	118	56.8	190	147	2.8
	义和乡	4564	4432	129	57.2	132	182	2.4
2010	谢家镇	5360	5170	125	64.4	190	152	2.9
	义和乡	4564	4432	137	60.6	132	184	2.4
2011	谢家镇	5596	5406	128	69.2	190	152	2.9
	义和乡	4564	4432	137	60.6	132	183	2.4
2012	谢家镇	5596	5406	131	70.9	190	153	2.9
	义和乡	4564	4432	139	61.5	132	182	2.4
2013	谢家镇	5596	5406	131	70.9	190	153	2.9
	义和乡	4564	4432	140	62	132	182	2.4
2014	谢家镇	5727	5537	131	72.3	190	153	2.9
	义和乡	4560	4432	139	61.8	128	188	2.4
2015	谢家镇	5781	5592	148	82.8	189	153	2.9
	义和乡	4603	4476	116	51.9	127	181	2.3
2016	谢家镇	5781	5588	152	85.3	193	150	2.9
	义和乡	4602	4473	120	53.5	129	178	2.3
2017	谢家镇	5856	5667	152	86.4	189	153	2.9
	义和乡	4665	4536	119	54.2	129	178	2.3
2018	谢家镇	5945	5834	156	9.1	111	162	1.8
	义和乡	4982	4853	158	76.7	129	171	2.2
2019	谢家镇	6056	5834	157	91.6	111	180	2
	义和乡	5246	4853	159	77.2	264	189	5
2020	谢家街道	12630	12196	158	192.9	434	201	8.7

2016 年—2018 年，谢家镇油料产值分别为 477.85 万元、483.59 万元、546.06 万元。

【蘑菇】

2002 年，谢家镇扩大蘑菇种植面积 450 亩，增收 45 万元。2003 年，谢家镇扩大蘑菇种植面积 200 亩，产值 82 万元。2004 年，义和乡稻田蘑菇种植面积 508 亩，产值

340万元。岐山乡组织农户100人到大邑韩场镇参观，邀请专家举办培训会3次，发展蘑菇栽培，建成蘑菇生产基地1个。2005年，义和乡发展食用菌、稻田蘑菇500亩，产值375万元。2006年，义和乡引进蘑菇新品种3个，依托盐洁蘑菇加工厂发展食用菌，实行订单保护价收购，走"公司+协会+农户"的一体化服务道路，发展稻田蘑菇500亩，产量100万公斤，产值500万元。2007年，谢家镇发展蘑菇80亩。2009年，义和乡蘑菇种植面积500亩，产量200万公斤。2010年，义和乡蘑菇种植面积800亩。2011年，谢家镇蘑菇种植面积850亩。2020年，谢家街道蘑菇产量3.7万公斤。

【辣椒】

义和乡是彭山区最大的"彭祖牌二荆条辣椒""天宫辣椒"生产基地。

1999年，义和乡推广地膜覆盖种植"天宫"系列辣椒1200亩，产值150万元；7月，举办首届"九九天宫辣椒节"；9月，成立"天宫辣椒协会"。岐山乡种植辣椒300亩。

2000年，义和乡地膜覆盖种植"天宫"系列辣椒3000亩，产值250万元。邓庙乡旱地改种辣椒1900亩。岐山乡种植辣椒500亩。

2001年，义和乡种植"天宫辣椒"4000亩。邓庙乡种植辣椒1900亩。

2002年，义和乡种植"二荆条辣椒"3400亩，产值240万元。

2003年，义和乡种植"二荆条辣椒"3500亩。

2004年，义和乡种植"二荆条辣椒"3500亩，产值560万元。

2005年，义和乡走"协会+农户""支部+协会+农户"的产业化发展道路，种植"二荆条辣椒"3500亩，发展生产基地4个，产量175万公斤，网上销售24万公斤，产值332万元。

2006年，义和乡种植"二荆条辣椒"4000亩，生产基地4个，产量320万公斤，产值640万元。

2007年，义和乡种植"二荆条辣椒"6000亩，产量600万公斤，产值1260万元。

2009年，义和乡获批为四川省首批辣椒标准化生产示范乡，"二荆条辣椒"规模种植6000亩。

2010年，义和乡种植"二荆条辣椒"6000亩，产量450万公斤。

2011年，义和乡种植"二荆条辣椒"6000亩。

2012年，义和乡引进"干椒3号"辣椒30万株，品改600亩，种植辣椒6000亩。

2013年—2016年，义和乡种植无公害"天宫辣椒"6000亩，年产量450万公斤，"天宫"辣椒协会与郫县豆瓣有限公司正式签署合作协议，形成"公司+协会+农户"的模式，助推产业发展。

2016年—2018年，谢家镇种植辣椒分别为1100亩、1100亩、645亩，产量分别为57.83万公斤、49.33万公斤、32.22万公斤，产值分别为300.72万元、256.52万元、

161.1 万元。2019 年，谢家镇种植辣椒 645 亩，亩产 500 公斤。

【蔬菜】

1996 年，谢家镇发展以毛河流域为主的优质蔬菜（含菜秧），种植面积 4200 亩，增收 385 万元，人均增收 192 元。1997 年，谢家镇引进蔬菜品种绿花菜，优质蔬菜基地 2500 亩，增收 200 万元。1998 年，谢家镇有蔬菜生产基地 1000 亩。1999 年，谢家镇蔬菜种植面积 3100 亩；邓庙乡蔬菜种植面积 2100 亩；岐山乡规范化种植蔬菜 100 亩。2000 年，谢家镇蔬菜种植面积 4900 亩，菜秧种植面积 1500 亩；邓庙乡青菜种植面积 200 亩；岐山乡建优质蔬菜示范片 35 亩，种植蔬菜 300 亩。

2001 年，发展蔬菜专业村和蔬菜示范点各 1 个，建大棚、地膜 800 亩，以菜秧为主的蔬菜种植面积 3200 亩，种植春、秋洋芋 2600 亩，产量 185 万公斤。2002 年，义和乡种植春、秋洋芋等蔬菜 7300 亩；岐山乡蔬菜种植面积 500 亩，产量 30 万公斤。2003 年，谢家镇蔬菜种植面积 6600 亩，其中春、秋洋芋种植面积 4200 亩、辣椒种植面积 300 亩、青菜种植面积 2100 亩；建立毛河、吴堰、石山蔬菜专业村 3 个，示范点 1 个（毛河），蔬菜产量 350.7 万公斤，义和乡蔬菜产量 311.1 万公斤，邓庙乡蔬菜产量 142.8 万公斤，岐山乡蔬菜种植面积 700 亩，产量 56.9 万公斤。2004 年，谢家镇蔬菜种植面积 7200 亩。2005 年，谢家镇、义和乡蔬菜种植种植面积分别为 5200 亩、7500 亩。

2006 年，谢家镇建成 8000 亩蔬菜种植基地。2007 年，谢家镇蔬菜种植面积 8000 亩。2008 年，谢家镇蔬菜种植面积 1200 亩；义和乡利用大小二春间隙，种植秋大豆 1500 亩、洋芋 1000 亩、菜 4000 亩、饲料 1000 亩。

2016 年—2019 年，谢家镇蔬菜种植面积分别为 7600 亩、7500 亩、5600 亩、5600 亩（其中大春 2600 亩，小春 3000 亩）。

2020 年，谢家街道蔬菜及食用菌种植面积 8200 亩，产量 1011.7 万公斤，其中商品菜地 5100 亩，产量为 627.2 万公斤（常年菜地 3200 亩，产量 432.7 万公斤，季节菜地 1900 亩，产量 194.5 万公斤），自食菜地 3100 亩，产量 384.5 万公斤。

【水果】

以柑橘为主的水果生产是岐山乡的一项支柱产业。1996 年，岐山乡水果产量 160 万公斤，产值 60 万元，人均 330 元。有集体果场 34 个，柑橘种植面积 600 亩，产果 18.78 万公斤，产值 24.66 万元；家庭小果场 390 个，柑橘种植面积 900 亩，产果 31 万公斤，产值 30.28 万元。

1997 年，谢家镇新发展优质柚子园 85 亩和经济林（竹子）20 亩。岐山乡在 70 亩丰产示范园的带动下，各种水果产量 70 万公斤。

1998 年，义和乡发展优质柚子树 100 亩，梨树 90 亩，优质水果产量 120 万公斤。邓庙乡新植优质果树 1 万株，改造果园 4 个共 100 亩，柑橘种植面积 600 亩。

1999 年，谢家镇引进种植山东雪枣 70 亩，引进美国红提葡萄、丰水梨、洞庭枇杷等优质水果 30 亩。义和乡引进"彭祖寿柑""丰水梨""美国红提葡萄"等优质水果 1 万株共 100 亩，优质水果产量 130 万公斤，产值 120 万元。邓庙乡种植果树 2300 亩。岐山乡新建优质示范果场 150 亩。

2000 年，谢家镇种植丰水梨、优质柚子、美国红提葡萄等 800 亩。义和乡种植优质果树 1300 亩，果树面积达 3000 亩。邓庙乡有优质果树 600 亩。岐山乡村、组有集体果场 45 个，面积 800 亩，有柑橘树 1.84 万株，产果 24.39 万公斤，产值 24.39 万元，家庭小果园 440 个，面积 1100 亩，柑橘树 7.64 万株，产果 34.81 万公斤，建果树示范园 150 亩，发展优质小果树 500 亩，改造劣质低产园 200 亩，高换（高接换种技术是在柑橘树一年生时采取的一种改良柑橘品质的新型栽培技术）柑橘树 200 亩，建果园水池 100 立方米，水果产量 100 万公斤。

2001 年，谢家镇种植优质水果 300 亩，果园稻草覆盖 80 亩，建果园示范基地 2 个，水果产量 15 万公斤。义和乡种植优质水果 1000 亩，建村社果园示范基地 2 个共 100 亩，水果产量 140 万公斤。邓庙乡种植水果 1100 亩，年产水果 20 万公斤。岐山乡抓柑橘品改，引种新品种"青见"枝条 3000 株，对 3 个集体果场 50 亩进行品改，优质果树面积 500 亩，建示范基地 1 个，面积 100 亩，水果产量 145 万公斤。

2002 年，岐山乡发展优质柑橘 500 亩。

2003 年，谢家镇有花卉果木基地 1500 亩，水果产量 28 万公斤。义和乡发展水果 2200 亩，水果产量 151.1 万公斤。邓庙乡水果产量 22.2 万公斤。岐山乡水果产量 104.4 万公斤。

2004 年，谢家镇有花卉果木基地 2400 亩。义和乡水果品改 2200 亩，产值 130 万元。邓庙乡优质水果种植面积 3200 亩。岐山乡对柑橘品种进行了技改，引进"不知火""天草""清见"等新品种，水果种植面积 3000 亩，产量 110 万公斤。

2005 年，谢家镇发展优质水果 6500 亩。义和乡种植水果 7100 亩，其中名优特水果 300 亩。

2006 年，谢家镇建成 2800 亩花卉果木种植基地，新植和品改寿果 1200 亩。义和乡新植和品改寿果 2800 亩。

2007 年，谢家镇种植寿果 1200 亩，品改 800 亩。义和乡品改寿果 1400 亩。

2008 年，义和乡品改寿果 600 亩。

2010 年，谢家镇吴堰村葡萄成片经营 300 亩。义和乡米枣种植面积 1100 亩。

2011 年，谢家镇成片发展葡萄 500 亩。义和乡米枣种植面积 1200 亩。

2012 年，谢家镇以石山村、吴堰村为主，建立葡萄产业基地 500 亩。

2013 年，义和乡利用荒山荒坡，打造喻沟村 1500 亩核桃种植基地，形成"山上种核桃，山下有辣椒"的产业发展格局，新发展岐山米枣 1500 亩，产量 150 万公斤，人均纯收入增加 800 元以上。

2014 年，义和乡种植核桃 1100 亩、梨子 24 亩、枇杷 18 亩。

2015 年，谢家镇葡萄种植面积 500 亩，草莓种植面积 200 亩。义和乡柑橘种植面积 2600 亩，岐山米枣种植面积 1500 亩。

2016 年，谢家镇发展晚熟柑橘品种 3000 亩，小水果（李子、桃子、樱桃、猕猴桃）种植面积 600 亩，葡萄种植面积 600 亩，草莓种植面积 60 亩。义和乡发展和改良柑橘 6400 亩，岐山米枣种植面积 1500 亩。

2019 年，谢家街道柑橘种植面积 19100 亩，品种有"爱媛 38 号""春见""沃柑"等。

2020 年，谢家街道种植柑橘 19100 亩、草莓 2000 亩、葡萄 7000 亩、桃李 2000 亩。年末实有果园面积 15600 亩，其中梨园种植面积 911 亩，柑橘园种植面积 13683 亩，桃园种植面积 305 亩，葡萄园种植面积 586 亩，枇杷园种植面积 115 亩。

【特色水果——猕猴桃】

义和乡是彭山县唯一的"红心猕猴桃"种植基地。

2011 年，义和乡印发《关于大力发展特色猕猴桃产业的实施意见》，制定《彭山县义和乡猕猴桃园区规划》，成立"彭山县红阳猕猴桃专业合作社"，覆盖周边农户 3000 户，流转土地 2000 亩，引进猕猴桃业主 11 户，在已有 600 亩的基础上新增种植面积 500 亩。

2012 年，义和乡投入 50 万元，完善"红心猕猴桃"种植基地基础设施建设，新修沟渠 420 米，硬化道路 2.05 千米，新发展猕猴桃 800 亩，种植猕猴桃 1500 亩；引进猕猴桃业主 5 户，带动农户种植 500 亩，农民人均纯收入单项增加 300 元；"红心猕猴桃"专业合作社被评为"眉山市优秀示范专业合作社"。

2013 年，义和乡打造 5000 亩优质猕猴桃产业园区，巩固和扩大悦园、活桥村猕猴桃基地，扩大种植 1100 亩；引进业主 40 户，带动本地农户 50 户种植，带动当地农民 300 人常年在园区务工，猕猴桃种植面积 3000 亩，亩产值 2 万元以上，产值逾千万；争取项目资金 500 万元，完善猕猴桃产业园区基础设施，新硬化道路 10 千米，新浆砌沟渠 3 千米。

2014 年，义和乡在悦园、活桥村新发展猕猴桃 1300 亩，猕猴桃种植面积达到 4300 亩，挂果 3000 亩，解决 1000 人的劳动力务工，产量 300 万公斤，产值 6000 万元，农民人均纯收入单项增收 600 元；引进民间资金 600 万元，建成容量 2000 立方米的猕猴桃园区气调库。

2015 年，义和乡新发展猕猴桃 900 亩，种植面积达 6300 亩，产量 300 万公斤，产值 4000 万元，农民人均纯收入单项增收 620 元。

2016 年，义和乡推广水肥一体化新技术 2200 亩，发展猕猴桃新品种 3 个。

2017 年，义和乡种植猕猴桃 6300 亩，有红心、金艳、金果、伊顿、东红等品种 7

个，拥有协会 1 个，专业合作社 5 个，种植业主 70 户，家庭农场 50 户。

2019 年，谢家街道发展特色产业猕猴桃，种植 7000 亩，挂果 4200 亩，总产值 8000 万元。

2020 年，谢家街道种植猕猴桃 7000 亩，挂果 5700 亩，总产值 10260 万元。

【中药材】

谢家镇（街道）中药材资源丰富。1999 年，谢家镇被省列为天然中药材生产基地。2005 年，义和乡中药材种植 3700 亩。2006 年，义和乡新发展中药材 6000 亩。2007 年，义和乡种植中药材 7000 亩，川芎新增 2500 亩。2008 年，谢家镇种植泽泻、川芎 4400 亩，通过"公司+基地+农户"的发展模式，与河南宛西制药股份有限公司签订了购销合同。2009 年，谢家镇种植中药材 9100 亩，增加产值 1200 万元。2010 年—2016 年，义和乡拥有 1.1 万亩中药材种植基地。2011 年，谢家镇建成国家级中药材标准化示范基地，发展中药材 1.6 万亩。2012 年，谢家镇以红石村、汉安村为中心，辐射带动发展中药材 1.5 万亩。2013 年，谢家镇种植中药材 1.5 万亩。2016 年，谢家镇种植中药材 1.59 万亩，产量 412.57 万公斤。2017 年，谢家镇种植中药材 1.59 万亩，产量 408.69 万公斤，每亩人均增收 500 元。2018 年，谢家镇种植中药材 1.14 万亩，产量 291.44 万公斤，产值 3205.85 万元。2019 年，谢家街道种植中药材 1.6 万亩，年产中药材 413.6 万公斤。2020 年，谢家街道中药材规范化种植 1.7 万亩。

特色产业——彭山泽泻

【概述】

泽泻，中药名。味甘、淡，性寒，广泛应用于中医临床。泽泻秋种冬收，和水稻春种秋收正好相反，因此水稻和泽泻可循环种植。彭山区稻药循环种植实施 40 余年，泽泻种植面积曾占四川泽泻种植面积的 50%。

【生长习性】

泽泻适宜生长于气候温和的地方。彭山区属岷江流域，位于四川盆地中偏西，海拔 410 米。彭山土质结构黏重，系含有机质较丰富而稍带黏性的水稻土。彭山属亚热带湿润气候区，气候温和，雨量充沛，四季分明，夏无酷热，少伏旱，光照充足，灌溉便利，6 月—12 月的平均气温为 18℃，降水量为 800 毫米，平均相对湿度为 81%。良好的生态环境条件，适宜泽泻的生长发育，使彭山成为泽泻的最佳产区。

【发展历史】

彭山泽泻种植历史悠久，于 1956 年引进，秋后利用农闲田土栽种，1962 年发展到 70 亩，1972 年起出口外销，1985 年发展到 1300 亩，总产量 176.58 万公斤，产值 180 万元，远销全国各主要城市和出口日本与香港等地。

1998年，县医药局、中药材公司、科技局经过深入考察，形成《彭山泽泻无公害良种培育基地》和《彭山川泽泻优质种植基地》的论证和立项报告，呈送县政府，并转呈地区行署、省政府。

1999年11月，省科委组织省内外专家专题论证后，以〔1999〕13号文件批复，将《彭山川泽泻地道药材优质无公害栽培技术（SOP）研究》列为四川省（全国）重点科技项目。此间，省中药学校研究所张士良教授一行，先后于1999年下半年和2000年上半年，在县政府确定的谢家镇基地实施了中药泽泻0.5亩SOP技术培育优良品种繁育研究攻关试验和500亩标准化栽培试验。

2002年，谢家镇泽泻生产基地被列为四川省中药材规范化种植泽泻科技示范区，泽泻种植户与川西制药股份公司签订了保护价收购合同，形成了"公司+农户"的订单农业模式。

2003年，谢家镇抓好无公害泽泻基地建设，成为全川最大的泽泻规范化种植基地，被省政府命名为"泽泻之乡"。

2004年，谢家镇推行"支部+协会"，以谢家镇星星村、汉安村、天庙村泽泻种植基地为依托，协助县委农工办成立了彭山县泽泻协会。

2006年，谢家镇建成8000亩泽泻基地。

2007年，谢家镇打造7000亩泽泻生产基地。

2008年，谢家镇泽泻通过国家级产品质量无公害验收，成立彭山县红石泽泻专业合作社，有8名泽泻种植大户，实现生产、销售一条龙服务。

2010年，谢家镇建成泽泻专业乡镇，红石村成立红石泽泻专业合作社党支部，以"支部+专业合作社+基地+农户"的模式，发展万亩泽泻产业，带领群众致富，农民人均增收1500元。

2015年，义和乡抓好中药材泽泻"国家级"标准化无公害基地建设，建成泽泻生产专业乡镇。

2017年，谢家镇改进泽泻烘烤模式，引导使用生物燃料或电烘烤代替传统的煤烘烤，寻找中药材种植生产与环境保护的平衡点。

2019年，谢家镇与眉山明灿农业科技有限公司签订泽泻秸秆处置合作协议，处理谢家境内红石村、吴堰村、汉安村泽泻秸秆1.5万亩。

2022年，为传承和发展中医药事业，统筹推进泽泻全产业链高质量发展，规划引导道地药材生产基地建设，天之府农业公司与彭山区国有平台公司正兴农业等5家单位联合发起并成立眉山市彭山区川泽泻协会，2023年3月3日，在谢家街道召开了眉山市彭山区川泽泻协会第一届会员大会。大会审议并通过了《眉山市彭山区川泽泻协会章程》，选举了理事会会长、副会长、秘书长等7名班子成员，明确将"建设新时代更高水平天府粮仓，推动稻药轮作产业高质量发展"作为协会宗旨。该协会的成立标志着彭山区泽泻中药材行业的发展步入规范轨道，将为政府、合作社、农户及中药材加工企业

之间搭建起沟通交流平台，强化横向联系，实现"抱团"发展，促使本地中药材生产经营走向规范化和规模化。协会将依托彭山区"稻药"产业园，推广"水稻制种+泽泻"轮作模式，擦亮"彭山泽泻"道地药材金字招牌，建设新时代更高水平"天府粮仓"。

【种植面积】

1996 年，谢家镇泽泻种植初具规模，种植面积 1200 亩，增收 45 万元，人均增收 22 元。1997 年—2000 年，谢家镇泽泻种植面积分别为 1600 亩、2000 亩、1500 亩、2500 亩。2002 年，谢家镇泽泻平均单产 500 公斤以上，亩平收入 450 元，总收入 180 万元，全镇农民人均增收近 100 元。2003 年，谢家镇泽泻种植面积 4500 亩，产量 225 万公斤，完成泽泻规范化种植 80 亩。2004 年，谢家镇泽泻种植面积 5200 亩。义和乡泽泻种植面积 1500 亩，创产值 80 万元。2005 年，谢家镇、义和乡泽泻种植面积分别为 6500 亩、3100 亩。2006 年，谢家镇、义和乡泽泻种植面积分别为 7300 亩、4000 亩。2007 年，谢家镇种植泽泻 9100 亩。2008 年，谢家镇泽泻种植面积 8700 亩，亩均收入 1200 元；义和乡泽泻种植面积 4000 亩。2009 年，谢家镇泽泻 GAP 规范化种植 1 万亩，农民增收 1080 万元。2010 年，谢家镇泽泻 GAP 规范化种植 1.25 万亩，农民增收 2500 万元。2015 年，谢家镇泽泻 GAP 规范化种植 1.2 万亩，农民增收 2200 万元。2019 年，谢家街道泽泻 GAP 规范化种植 1.7 万亩。

【泽泻栽培】

泽泻具有喜光、喜湿、喜肥的生物学特性，要求气候温和、光照充足、土壤湿润的条件，对晚秋霜寒的反应很灵敏。喜湿润、富含腐殖质、肥沃而稍带黏性的壤土或水稻土，质地过沙或土温低的冷浸田则不宜种植。

育种技术。种子以中等成熟度，发芽率高，生长旺健，过老或过嫩者均不宜作种。生产上鉴别种子成熟度的标准，为种仁呈红色为老熟，金黄色为中熟，绿色为嫩子，黑色为陈子。因此，要获得泽泻高产，首先应该培育良种。种子培育，一般可以采用分芽繁殖、块茎繁殖、本田留种 3 种方法。收获前在田间选择生长健壮，无病虫害，基生叶聚成三束的植株作种株（俗称"三棱子"）。收获时，单独挖取，去掉枯萎残叶，在比较潮湿的旱地将其斜插入土，假植起来。第二年立春后，每一块茎发出十余株新苗，待其长到 17~20 厘米高时，挖取母株，按已形成的新苗分切成单株，栽种于阳光充足、土壤肥沃的水田中。行株距 30~40 厘米，栽种后加强肥水等管理。7 月—8 月种子成熟，呈谷黄色时，便可以分批采收。采收时用刀剪将果枝剪下，扎成小把，悬挂在没有烟熏的通风干燥处阴干或晒干后脱粒、净选，贮藏至次年夏季播种。另外，种子培育还有块茎繁殖和本田留种两种方法。

栽培技术。一是整地，栽植地宜选阳光充足、排灌方便、土壤深厚肥沃、地势平坦的水田，前作以水稻或莲藕为好，前作收获后无须翻犁（避免泽泻块茎深入泥土，增加后续采收难度），除去稻根，施厩肥或绿肥 1500～2000 公斤/亩，灌水浸泡，使土壤变软，以便栽植、根的分布生长及排灌。二是移栽，播种前用布袋将种子装好，放入清水中浸泡 24～48 小时，晾干水汽，与草木灰拌和；四川一般在 6 月中旬—7 月上旬播种，播种后 5 日左右，大部分萌芽，在小暑前播种；移栽时将幼苗连根拔起，摘去萎黄的叶子，用稻草绑成小把；移栽密度一般行距 30～33 厘米，株距 24～27 厘米，每亩栽 7000～9700 株；苗要浅栽，入泥中 3～4 厘米，栽正、栽稳。每栽 8～10 行，留一条 40 厘米的宽行，以便管理。

田间管理。一是补苗，泽泻移栽后的 3～5 天应及时进行查苗、补苗，扶正栽稳，保全全苗。二是中耕除草、施肥，通常中耕除草 3～4 次，锄草之前先放干田水；移栽后 10 天进行追肥，追肥宜早，在排水之后、除草之前进行，施人畜粪水 83～167 公斤/亩，也可用厩肥末 4500～6000 公斤、硫酸铵 75～90 公斤拌和施用，施肥之后 1～2 天，待肥料溶入泥中，方能灌水；以后每隔 15～20 天施肥一次，施肥量酌情增加，通常施肥 3～4 次。三是灌溉排水，宜浅水灌溉，不同的生长阶段，掌握不同的灌水深度；第二次中耕后，应随时摘除花薹和侧芽。

病虫害防治。一是病害，主要有白斑病，损害叶片和叶柄，最终使其枯萎；选择抗病品种，发病初期用波尔多液（1：1：100）400～500 倍液喷射，每 7～10 天一次，连续进行 2～3 次。二是虫害，主要有泽泻缢管蚜和银纹夜蛾。泽泻缢管蚜为害幼苗，在苗期，喷烟草石灰水防治；在拔苗移栽时，将叶片浸入 50% 马拉松乳油 1000 倍液中作灭蚜处理。银纹夜蛾，幼虫咬食叶片，白天潜伏在叶背，晚上或者阴天至叶面吸食；用 90% 晶体敌百虫 1000 倍液防治。

采收加工。在移栽当年 12 月下旬，大部分叶片枯黄时，即可采挖。除去泥土、残叶，需留下块茎中心的小叶片，用火炕干，火力不可过大，否则块茎容易变黄。上炕后，每隔一昼夜翻动一次，大约三昼夜即可全干，干后趁热放到撞笼里撞掉须根和粗皮即得。

林业

【植树造林】

1996 年—1998 年，谢家镇累计植树 3.8 万株，成片造林 120 亩。

1996 年，义和乡发展经济林（竹子）60 亩。邓庙乡成片造林 560 亩，四旁植树 3 万株，栽竹 1.5 万笼，育苗 5 亩，零星植树 1.5 万株，占地 120 亩，开发经济林 90 亩。岐山乡有用材林 3500 亩，户平 6.57 亩，人平 1.93 亩，成片造经济林 160 亩，幼林抚育 50 亩，育苗 1 亩，改造低产林 50 亩，四旁植树 3.8 万株，封山育林 400 亩，800 人参与义务植树，以金代劳 40 人。

1997 年，邓庙乡投资 4 万元，成片造林 230 亩，植树 3 万株，育苗 10 亩，栽竹 5000 笼。岐山乡造林 160 亩，植树 4 万株，抚育中幼林 50 亩。

1998 年，岐山乡造林 80 亩，植树 2 万株，幼林抚育 60 亩。

1999 年，谢家镇成片造林 320 亩。义和乡植树 2 万株，成片造林 300 亩。邓庙乡荒山造林 310 亩，低效林改造 100 亩。岐山乡成片造林 150 亩。

2000 年，谢家镇引进栽种笋用竹 102 亩，低效林改造 390 亩，成片造林 1400 亩。义和乡定植榕树 60 株、香樟 1.4 万株、藏柏 2 万株，完成大坝水库 200 亩封山禁伐治理。邓庙乡种植速生丰产林 400 亩。岐山乡新建商品林 50 亩，改造低效林 120 亩，改造低效竹园 8 亩，道旁补植树苗 1 千米，建 50 亩以上示范林 3 个。

2001 年，谢家镇建设竹海 155 亩，发展花卉园林 35 亩，中幼林抚育 250 亩。义和乡成片造林 700 亩，封山育林 1000 亩，中幼林抚育 600 亩，新造速丰林 200 亩，零星植树 3 万株。邓庙乡成片造林 750 亩。岐山乡封山育林 500 亩。

2002 年，义和乡天宫山补植香樟、藏柏 3 万株，成片造林 400 亩，封山育林 2500 亩。

2003 年，义和乡改造低效竹林种笋用竹 800 亩，种植"楠绿 3 号"杂交竹 900 亩。岐山乡改造低效林 50 亩。

2004 年，谢家镇植树 1.3 万株，荒山造林 300 亩。义和乡成片种植"蓝绿 3 号"杂交竹 1400 亩。邓庙乡新栽、补植巨桉等 10 万株。

2005 年，谢家镇造林抚育管理 6500 亩，植树 5800 亩，争取国家资金 110 万元，森林覆盖率提高 8 个百分点。义和乡造林 5800 亩。

2006 年，义和乡成片栽竹 600 亩，低效林改造 20 亩。

2007 年，谢家镇改造低效林 400 亩，邓庙、岳油两村血防造林 1200 亩。义和乡造林 1100 亩。

2008 年，谢家镇有 3500 亩生态林资源，林地 2.3 万亩，森林覆盖率达 32%。

2009 年，谢家镇天保工程人工造林 2000 亩，血防造林 2800 亩，水改旱造林 600 亩，完成 8000 亩森林管护，栽植臭椿 5000 亩，共计 50 万株，列入全省科技项目推广工程。

2010 年，谢家镇完成 1.3 万亩森林管护，有林地 1.6 万亩，其中，臭椿种植面积 6000 亩。

2011 年，谢家镇成片造林 8400 亩，其中，建臭椿工业原料林基地 6300 亩。

2015 年，谢家镇组织开展植树节活动，9 个区级联系部门和机关干部参与。在邓庙村、石山村、岳油村建立"绿色基地" 3 个，完成区政府下达的"绿海明珠"工作任务。义和乡种植珍稀林 6000 亩。

2017 年，义和乡造林 2000 亩。

2018 年，义和乡有森林 2.8 万亩，森林覆盖率达 40%。

2019 年，谢家街道有林地 2.75 万亩。3 月，实施绿茵彭山行动谢家方案，老彭谢路、谢邓路沿线种植三角梅，谢义路保持芙蓉大道景观，石山村种植蓝花楹，李山村种植紫薇花。

2020 年，谢家街道有林地 2.24 万亩。

【退耕还林】

1996 年，谢家镇退耕还林 1400 亩。

1999 年，义和乡实施天宫山千亩退耕还林工程，营造速丰林 50 亩，经济林 300 亩。邓庙乡退耕还林 600 亩。

2000 年，谢家镇退耕种竹 55 亩。义和乡推进天宫山退耕还林 2 期工程。邓庙乡退耕还林 400 亩。

2001 年，义和乡退耕种竹 100 亩。邓庙乡、岐山乡退耕还林分别为 500 亩、50 亩。

2002 年，义和乡退耕还林 1800 亩。岐山乡引导农民退耕还林发展笋用竹 200 亩、商品林 200 亩。

2003 年，谢家镇、义和乡、岐山乡退耕还林分别为 1400 亩、1800 亩、600 亩。

2004 年，谢家镇、义和乡、邓庙乡退耕还林分别为 600 亩、3800 亩、6600 亩。

2005 年，谢家镇退耕还林 5800 亩，其中坡耕地 500 亩，配套荒山造林 800 亩，涉及 10 村，48 农业社，1800 农户，4900 人。

2006 年，谢家镇退耕还林 9300 亩，成片栽竹 1200 亩。义和乡退耕还林 1000 亩。

2007 年，谢家镇建设公益林 200 亩，巩固退耕还林 1.08 万亩。

2008 年，谢家镇巩固退耕还林 1.2 万亩，天保工程 600 亩，完成森林管护 800 亩。

2009 年，谢家镇森林管护 8000 亩。

2014 年，义和乡争取退耕还林后续工程项目资金 200 万元，新培育工业原料林 1000 亩，完成品种改良 1000 亩，林下养殖业 8 万平方米，种植经济苗木 90 亩。

2015 年，谢家镇退耕还林 1.1 万亩。

2016 年，义和乡发放退耕还林补助 80 万元，新培育工业原料林 1000 亩，品种改良 1000 亩。

2017 年，义和乡巩固退耕还林 5500 亩。

2020 年，谢家街道巩固退耕还林 1.74 万亩。

【绿化】

1996 年，谢家镇建成自然生态林 1200 亩，荒山绿化造林 360 亩，种竹、果树 4600 亩，绿化覆盖率达 24%；绿化谢青路、蓉兴路等 6 千米，植树 1.16 万株；绿化新街、镇政府门前和院坝、中小学等 2250 平方米。邓庙乡绿化道路 2 条，共计 7.5 千米，植树 6000 株。岐山乡绿化村道 2 条，绿化学校 1 所。

1997 年，谢家镇绿化工作全面达标。邓庙乡绿化道路 4 条共计 10 千米。

1999 年，谢家镇完成 9.4 千米道路绿化任务。义和乡投入 6.5 万元，完成 4 条主干道 17 千米的绿化补植任务。

2000 年，义和乡完成天宫山 60 亩旅游绿化。邓庙乡道路绿化 4.9 千米。

2001 年，谢家镇道路绿化 4 千米，零星植树 3.5 万株。岐山乡道路绿化植树 2 千米，零星植树 1.1 万株。

2002 年，义和乡道路绿化补植 10 千米。

2012 年，谢家镇开展以红石村、汉安村、毛河村为中心的多色谱林业观光带开始建设。

2013 年，义和乡争取资金 50 万元，完成 4 千米的谢义路两侧绿化。

2015 年，谢家镇建立绿色基地 3 个。

2016 年，谢家镇建立绿色基地 6 个。

2018 年，谢家镇绿化谢邓路和李山、岳油村道 7 千米。

2019 年，谢家街道全面完成"绿海明珠"建设任务。

2020 年，谢家街道建立绿色基地 3 个，全面完成"绿荫彭山、全域增绿、美化乡村"任务。

【创森工作】

2018 年，谢家镇开展创建国家森林城市工作（以下简称创森工作），成立创森工作领导小组，投入 80 万元对镇域内毛河、通济堰河道进行杂物清理、河道清淤、浆砌堡坎等共 20 千米，移栽树木 500 棵、草坪 4 万平方米，沿河改扩建垃圾池 47 个，新增节点 2 个，河道得以绿化、美化。打造岳油、邓庙、李山、石山等村，通过鼓励农户房前屋后种植花草树木，各村因地制宜进行节点绿化、美化，建成生态、文化、康养的森林谢家。组织开展"植树节"活动，完成 3 千米道路绿化。结合创森工作在岳油村建立森林蔬菜基地 1 个，栽植香椿 400 亩。李山村完成海棠、樱花等苗木栽植 200 亩，建立花卉苗圃基地，获得"彭山区森林小镇"称号。完成区级森林小镇李山村和岳油村森林村庄创建工作。2019 年，谢家镇李山村被推荐为"国家森林乡村"，到 2019 年底，达到国家森林城市标准。2020 年，谢家街道成功创建市级"森林小镇"，创建 4 家"森林人家"，李山村成功创建"国家森林村庄"。

【森林防火】

1996 年—2020 年，谢家镇（街道）每年均成立森林防火领导小组，与村（社区）委员会、企事业单位签订《森林防火责任书》，落实森林防火责任。各村成立护林防火应急分队。各村在林区和进出山路口印刷固定标语、悬挂横幅和设立防火警示牌，将森林防火工作纳入村规民约管理，在中小学开展森林防火宣传教育。加强防火队伍建设，配齐配足防火设备。不定期地对各村和重点山场进行巡查，抽出资金配备了风力灭火机、往复式打水枪、防火服等森林防火设备。纪委对森林防火工作进行跟踪督查，加强工作纪律，确保森林防火安全。

2009年，谢家镇有森林防火面积1.07万亩，企事业单位有专兼职安全管理员34名，张贴标语86条，进行固定宣传牌标12幅，召开防火会议26次；设专职护林员、巡山员16人。

2015年，谢家镇做到森林防火的宣传、责任和物资三到位，开展火灾隐患排查。指导邓庙村创建护林联防示范村，经市级主管部门检查验收合格。

2017年，谢家镇政府成立30人的扑救队伍，各林区组织25名人员组成森林防火应急小分队，开展森林防火应急工作。

2020年，谢家街道开展森林防火专项整治工作，做到防火人员明确、防火责任明确、防火区域明确。开展防火宣传教育，开设手机森林防火宣传平台，设立森林防火检查站和宣传点，建立森林防火宣传队伍，重点宣传森林防火的重要性和危害性、相关法律法规、森林火灾扑救常识等，在春节、清明等节日倡导鲜花祭祀。

养殖业

谢家镇（街道）养殖业以生猪、小家禽、牛羊、蚕养殖为主。长期以来，谢家镇（街道）扶持发展现代畜牧业，涌现出一批畜牧业养殖专业大户，畜禽良种化水平高，重大动物疫病免疫密度100%。

【生猪】

1996年，谢家镇建立瘦肉型猪基地，出栏生猪5.1万头（肥猪1.81万头，仔猪3.29万头）。邓庙乡、岐山乡出栏生猪分别为4400头、2600头。

1997年，谢家镇出栏仔猪3.34万头、生猪4.54万头。邓庙乡、岐山乡出栏生猪分别为4500头、2800头。

1998年，谢家镇出栏瘦肉型猪1.2万头。邓庙乡、岐山乡出栏生猪分别为3300头、2400头。

1999年，谢家镇出栏瘦肉型猪1.7万头，引进DLY原种母猪63头，繁育二杂母猪31头。义和乡出栏瘦肉型猪1.25万头，引进DLY原种母猪22头、二杂母猪20头。邓庙乡出栏瘦肉型猪4100头，引进DLY原种母猪22头、二杂母猪12头。岐山乡出栏生猪2800头。

2000年，谢家镇出栏生猪1.78万头，引进原种母猪84头、二杂母猪320头，出栏DLY三元杂交猪310头、DLY优质仔猪346头。义和乡出栏生猪1.28万头，推广DLY原种母猪34头、二杂母猪207头，出栏DLY三元杂交猪850头和优质仔猪1100头。邓庙乡出栏生猪7200头，引进DLY原种母猪20头，繁殖二杂母猪85头。岐山乡出栏生猪2900头。

2001 年，谢家镇出栏生猪 1.87 万头，推广饲养二杂母猪 453 头，原种母猪 85 头；出栏 DLY 三元杂交猪 2300 头、DLY 仔猪 4000 头。义和乡出栏生猪 1.28 万头，推广 DLY 原种母猪 30 头、二杂母猪 210 头，出栏 DLY 三元杂交猪 2400 头、优质仔猪 2500 头。邓庙乡出栏生猪 7400 头，引进 DLY 原种母猪 23 头、推广二杂母猪 184 头。岐山乡出栏生猪 2900 头，引进原种母猪 2 头，推广饲养二杂母猪 90 头，出栏 DLY 三元杂交猪 150 头、DLY 仔猪 150 头。

2002 年，谢家镇、义和乡、邓庙乡、岐山乡出栏生猪分别为 1.88 万头、1.39 万头、7300 头、4600 头。

2003 年，谢家镇出栏生猪 2.16 万头，其中 DLY 生猪 8500 头；出栏三杂仔猪 1.86 万头。义和乡出栏生猪 1.51 万头，其中三杂商品猪 6200 头；出栏三杂仔猪 1.08 万头。邓庙乡出栏生猪 8500 头，其中 DLY 三元杂交猪 3500 头。岐山乡出栏生猪 5000 头。

2004 年，谢家镇出栏生猪 2.18 万头，其中 DLY 生猪 1.1 万头；产 DLY 仔猪 1.51 万头。义和乡出栏生猪 1.52 万头，其中三杂商品猪 8100 头；出栏三杂仔猪 1.33 万头，年出栏 100 头以上专业户 8 户。邓庙乡出栏生猪 8600 头，其中 DLY 生猪 4300 头；繁育 DLY 仔猪 6100 头。岐山乡出栏生猪 5100 头。

2005 年，谢家镇出栏商品猪 3.8 万头，其中出栏 DLY 生猪 1.89 万头；出栏仔猪 2.25 万头。义和乡出栏商品猪 2.91 万头，其中出栏 DLY 生猪 1.54 万头。

2006 年，谢家镇出栏商品猪 4.29 万头。义和乡出栏商品猪 3 万头，其中出栏 DLY 生猪 2.1 万头。

2007 年，谢家镇出栏商品猪 4.83 万头，其中出栏 DLY 生猪 3.22 万头。义和乡出栏商品猪 3.4 万头，其中 DLY 生猪 2.26 万头。

2008 年，谢家镇出栏商品猪 4.8 万头，其中出栏 DLY 生猪 3.2 万头；推进现代畜牧养殖，新发展现代畜牧生猪养殖场 1 个，占地 6.7 亩，投资 100 万元，年出栏生猪 1000 头以上。义和乡出栏商品猪 3.32 万头，其中出栏 DLY 生猪 2.64 万头。

2009 年—2010 年，义和乡出栏商品猪分别为 3.74 万头、4.45 万头。

2011 年，谢家镇出栏生猪 4.2 万头，建成年出栏 4.35 万头的优质商品猪基地。义和乡出栏生猪 4.52 万头。

2012 年，谢家镇出栏生猪 4.5 万头。义和乡出栏生猪 6.48 万头，投入 50 万元在喻沟村、活桥村新建生猪养殖示范区 2 个，新修养殖房 2300 平方米，发展畜牧业大户 398 户。

2013 年，义和乡投入 70 万元，完成喻沟村、活桥村、悦园村生猪养殖示范区 3 个，发展畜牧业大户 500 户，出栏生猪 3.73 万头。

2016 年—2017 年，义和乡出栏生猪分别为 4.56 万头、4.65 万头。

2009 年—2019 年生猪养殖统计表

单位：头

年份	谢家镇			义和乡		
	年末总头数	能繁母猪	出售和自宰的肥猪	年末总头数	能繁母猪	出售和自宰的肥猪
2009	17519	3021	28456	14932	1973	27273
2010	17981	3129	29342	15330	2056	29410
2011	16800	3045	28168	14309	2042	29029
2012	13755	1813	30995	11659	1169	40629
2013	13385	1898	32405	11217	1224	42818
2014	13783	1768	33008	13112	1273	43615
2015	12791	1410	33012	12447	1644	43226
2016	11783	1317	31215	11412	1318	41262
2017	11980	1017	31097	11655	1118	39713
2018	8556	809	15303	8324	943	19543
2019	5714	626	11097	5559	731	10288

2020 年，谢家街道生猪年末总头数 20896 头，其中能繁母猪 1785 头，出售和自宰的肥猪 20787 头。

【牛、羊】

1996 年，谢家镇出栏肉牛 150 头、羊 3000 头。邓庙乡出栏肉牛 150 头、羊 2000 头。

1997 年，谢家镇出栏羊 3000 头。邓庙乡出栏肉牛 60 头。

1998 年，谢家镇出栏羊 2800 头、肉牛 250 头。邓庙乡出栏山羊 360 头。

2000 年，邓庙乡出栏商品羊 4200 头。

2001 年，邓庙乡引进优良山羊波尔羊、努比羊、南江黄羊，出栏羊 4500 头。

2003 年，谢家镇建立 2 个奶牛小区，存栏奶牛 23 头，出栏羊 5400 头。义和乡出栏羊 5000 头。邓庙乡出栏羊 6200 头，引进黄牛 35 头。

2004 年，谢家镇出栏羊 6200 头、肉牛 400 头；奶牛存栏 166 头。义和乡出栏羊 6400 头。邓庙乡出栏羊 4500 头。岐山乡引导农户养殖波尔山羊 1000 头。

2005 年，谢家镇出栏羊 1.54 万头、肉牛 1100 头；存栏奶牛 185 头。

2006 年，谢家镇、义和乡出栏羊分别为 9600 头、9500 头。

2007 年，谢家镇出栏羊 2.01 万头、肉牛 1000 头。义和乡出栏羊 1.17 万头、肉牛 351 头。

2008 年，谢家镇新增奶牛 30 头。义和乡出栏羊 2500 头、肉牛 380 头。

2009 年—2019 年牛、羊养殖统计表

单位：头

| 年份 | 谢家镇 | | | | | 义和乡 | | | | |
| | 牛 | | | 羊 | | 牛 | | | 羊 | |
	年末总数	能繁母牛	仔牛	出售和自宰的肉羊	年末总数	年末总数	能繁母牛	仔牛	出售和自宰的肉羊	年末总数
2009	389	290	48	5534	3570	225	195	52	5027	2143
2010	335	225	48	5872	3719	289	197	52	5362	2274
2011	343	214	50	5857	4152	265	187	54	5348	2539
2012	226	131	38	4870	3124	174	101	29	3205	1916
2013	271	190	71	4899	3301	203	151	53	3225	2025
2014	326	220	196	5077	3652	169	114	101	3374	2023
2015	326	220	196	5161	3681	169	114	101	3398	2039
2016	326	220	196	5735	3084	169	114	101	3828	2263
2017	76	35	24	5118	4363	17	8	5	3416	1942
2018	430	108	98	5787	2289	96	24	22	1435	1182
2019	283	157	157	2689	3066	134	15	15	1385	1158

2020 年，谢家街道年末有羊 7172 头，出售和自宰的肉羊 11088 头；年末有牛 829 头，其中能繁母牛 251 头，仔牛 241 头。

【小家禽】

1996 年，谢家镇出栏肉鸡 8.1 万只、肉鸭 7.85 万只、鹅 11 万只、兔 4.2 万只，年产蛋量 25.5 万公斤。邓庙乡出栏肉鸡 4.3 万只、肉鸭 7.85 万只、鹅 4.9 万只、兔 6.78 万只，畜牧业收入 177 万元。岐山乡出栏小家禽 5 万只，产蛋量 7400 公斤。

1997 年，谢家镇出栏肉鸡 8.2 万只、肉鸭 7.9 万只，建成占地 4 亩的种鸭场，年产禽蛋 25.5 万公斤，产小家禽 30 万只，养鹅 11 万只，养兔 4.2 万只。邓庙乡出栏商品肉鸡 6 万只、肉鸭 5 万只、鹅 4 万只、兔 8 万只。岐山乡出栏肉鸡 2 万只、肉鸭 2 万只、鹅 1 万只、兔 1 万只，产禽蛋 4 万公斤。

1998 年，谢家镇、邓庙乡禽蛋产量分别为 35 万公斤、16 万公斤。

1998 年—2004 年小家禽养殖统计表

单位：只

	1998 年	1999 年	2000 年	2001 年	2002 年	2003 年	2004 年
谢家镇	645000	680000	590000	785300	854700	910000	1090000
义和乡	—	402300	553300	333700	587000	657000	670000
邓庙乡	261000	310000	320000	595000	410200	350000	320000
岐山乡	—	79100	89400	130100	20000	60000	120000

2005 年—2008 年，谢家镇小家禽出栏分别为 151.59 万只、165 万只、128.3 万只、175 万只，义和乡小家禽出栏分别为 75.43 万只、81.79 万只、87 万只、86.75 万只。

2009 年—2020 年小家禽养殖统计表

年份	镇乡（街道）	鸡（只）		鸭（只）		鹅（只）		兔（只）	
		年末数	出栏数	年末数	出栏数	年末数	出栏数	年末数	出栏数
2009	谢家镇	111524	246824	29631	143202	30266	13092	136177	433685
	义和乡	64244	187489	23366	106591	14802	10986	102091	296994
2010	谢家镇	114297	268986	30484	148502	25239	4050	132398	451000
	义和乡	65841	220327	24482	120184	16222	3335	101514	322000
2011	谢家镇	94823	200740	26818	109873	20164	3641	126425	370008
	义和乡	54593	164407	19339	88894	12215	2999	98133	263746
2012	谢家镇	82574	158950	22208	10783	14958	12512	120448	693563
	义和乡	43277	128085	15330	12456	9683	10156	98318	277887
2013	谢家镇	69824	95458	38634	3807	4286	17255	125047	719918
	义和乡	34319	71890	26669	4483	2775	14390	102073	298826
2014	谢家镇	23351	96600	49861	5300	5934	2410	173317	824970
	义和乡	19080	79500	26686	5700	2610	2000	99000	278700
2015	谢家镇	—	116357	—	5549	—	2480	174316	921379
	义和乡	—	86776	—	5968	—	2060	98968	281045
2016	谢家镇	—	141357	—	6149	—	—	—	851320
	义和乡	—	111776	—	6568	—	—	—	308400
2017	谢家镇	—	114287	—	—	—	—	—	94112
	义和乡	—	90371	—	—	—	—	—	28372
2018	谢家镇	—	73239	—	—	—	—	—	129162
	义和乡	—	54679	—	—	—	—	—	39014
2019	谢家镇	—	162983	—	—	—	—	34047	41690
	义和乡	—	121681	—	—	—	—	18968	78400
2020	谢家街道	45602	259425	76541	6432	8544	5921	46147	87790

【栽桑养蚕】

1996 年，岐山乡有桑树 100 亩，发蚕种 278 张，产茧 167 担。1997 年，岐山乡发蚕种 250 张，产茧 150 担，产值 12 万元。1998 年，邓庙乡有蚕桑 1200 亩。岐山乡发蚕种 350 张，产茧 112 担，产值 13.4 万元。1999 年，邓庙乡有蚕桑 1300 亩。2000 年，邓庙乡有桑树 400 亩，种桑树 1300 亩，养蚕 1050 张，总收入 57.8 万元。2001 年，邓庙乡种桑树 500 亩，养蚕 1300 张。2002 年，岐山乡种桑树 200 亩。2003 年，岐山乡发展

桑树 100 亩，养蚕 520 张，产茧 410 担。2004 年，岐山乡发展桑树 100 亩，养蚕 480 张，产茧 320 担。2005 年，谢家镇种桑树 220 亩，养蚕 1564 张，产茧量 1251 担。义和乡种桑树 112.8 亩，养蚕 340 张，产茧 200 担。2006 年，谢家镇养蚕 1500 张，产茧量 1251 担。2007 年，谢家镇发展桑园 1800 亩。2008 年，谢家镇种桑树 700 亩。2010 年，谢家镇蚕桑种植 1500 亩，建专业村 1 个。2011 年，谢家镇发展蚕桑 1800 亩。2015 年—2016 年，谢家镇蚕桑基地面积分别为 2000 亩、500 亩。2019 年—2020 年，谢家街道蚕桑基地面积分别为 670 亩、700 亩。

【渔业】

谢家镇（街道）渔业以鱼塘、水库、流水养鱼、养虾为主。1996 年，谢家镇集约化养鱼 4000 平方米，产成鱼 40 万公斤。义和乡利用水利资源养鱼，年产值 150 万元。1998 年，谢家镇产成鱼 40 万公斤，收入 280 万元。1999 年，谢家镇集约化养鱼 4200 平方米，产成鱼 40 万公斤。2001 年，谢家镇集约化养鱼 1500 平方米，产成鱼 16.5 万公斤，特种水产养殖 50 亩，产成鱼 1.4 万公斤。义和乡利用水库、山平塘养鱼，产成鱼 26 万公斤。2002 年 1 月，谢家镇通过网上招商引进福州市个体业主投资 300 万元，在吴堰村建彭山闽海养殖场，进行基围虾养殖；3 月，在吴堰村承包土地 216 亩，建起 29 口鱼池，养殖水面 165 亩，成功实现龙虾淡水养殖。2003 年，谢家镇集约化养鱼 2200 平方米。闽海养殖场建无公害养虾基地 215 亩，淡水养虾面积 162 亩。2004 年，闽海养殖场淡水养虾 216 亩。2005 年，谢家镇水产品总量 108.5 万公斤。义和乡集约化养鱼 1000 平方米，成鱼产量 40 万公斤。2006 年，义和乡成鱼产量 40 万公斤。2007 年，谢家镇水产养殖 856 亩，产成鱼 105 万公斤。义和乡成鱼产量 47.2 万公斤。2008 年，谢家镇挖池养鱼 90 亩，争取国家投资 21.6 万元，"一事一议"筹集资金 9 万元，产成鱼 150 万公斤。2008 年，义和乡成鱼产量 66.4 万公斤，水产养殖 1400 亩。2011 年，谢家镇建成 313 亩优质水产基地。义和乡特种水产养殖 120 亩。2018 年，谢家镇凭借刘山水库的自然环境和地理地貌发展生态养鱼。

【蜂蜜、禽蛋、肉类产量】

1996 年—2020 年，谢家镇（街道）发展养蜂、养鸡、养鸭、养鹅、养猪等农副产业，提高了农民经济收益，改善了农村的经济面貌。

2008 年—2019 年蜂蜜、禽蛋、肉类产量统计表

单位：万公斤

年份	谢家镇			义和乡		
	蜂蜜	禽蛋产量	肉类总产量	蜂蜜	禽蛋产量	肉类总产量
2008	—	—	337.4	—	—	278.8
2009	5.3	58.9	349.8	11.6	51.2	297
2010	4.7	78	360.6	10	63.6	319.6

年份	谢家镇			义和乡		
	蜂蜜	禽蛋产量	肉类总产量	蜂蜜	禽蛋产量	肉类总产量
2011	5.1	69.6	359.3	10.7	44.6	310.4
2012	5.2	54	335.1	10.8	34.6	329.9
2013	3.2	55.1	360.1	6.8	35.2	338.2
2014	3.2	12.6	378	8.6	10.7	374.1
2015	3.2	13.4	394.9	8.6	13.2	369.8
2016	3.2	12.6	367.8	8.6	11.2	361.2
2017	3.2	12.6	382.1	8.6	10.7	342.9
2018	7.4	15	153.4	7.6	12.9	158.4
2019	9.6	15	129.6	5.6	12.9	107.2

2020年，谢家街道蜂蜜、禽蛋、肉类总产量分别为0.5万公斤、69.5万公斤、233.7万公斤。

城乡建设

1996年—2020年，谢家镇（街道）结合乡镇合并调整，积极推进新农村建设，完成全国卫生城市、森林城市、文明城市创建任务，使城乡建设由粗放式向精细化、规范化过渡，城乡和人居环境大为改善。

寿乡新村

【"寿乡新村"建设】

1999年，谢家镇在魏巷村开展"寿乡新村"建设试点，修筑水泥路1.5千米，新修标准化农房35户，首批规划示范户30户，完成了"四改"（改水、改厨、改圈、改厕）任务，人均纯收入比上年增加150元。岐山乡完成20户试点户的"四改"工作。2000年，谢家镇扩大石山、汉安、红石3个试点村的建设，投入资金160万元，新建住房26户，改建住房11户，完成住房"四改"48户，汉安、红石两村列为"寿乡新村"建设示范村。岐山乡规划将军村为示范村，建房48户，村道全部硬化，50户通了有线电视，村和部分农户安装了程控电话。2001年，谢家镇新建重点村4个、重点社16个、重点农户900户，新建和改造住房185户，"四改"户372户。义和乡"四改"农户150户，新建和改造住房150户，总投入600万元。邓庙乡总投入120万元，以岳油、邓庙、白鹿3个村的6个组为重点，落实试点农户130户，新建和改建住房84户，"四改"农户130户。2002年，义和乡新增"四改"农户150户，达到613户，投入资金583万元。2003年，邓庙乡农民建房32户，普遍达到"四改"标准。2004年，义和乡投资400万元，新建、改建楼房90户，"四改"农户90户。

【县级示范村——义和乡杨庙村】

杨庙村地处义和乡东部平坝区，1999年6月，义和乡杨庙村被列为彭山县首批"寿乡新村"建设试点村，以通济堰至幺妹桥的62户为示范区。

1996年，义和乡杨庙村新开发村、社果园80亩，发动村民筹资131万元，新建村级水泥路5.5千米，社级水泥路5.7千米。

1999年，义和乡杨庙村集体经济收入303.73万元。

1999年—2000年，义和乡杨庙村有466户农户改造和新建了楼房。村委会投资89万元，在村中心十字路口建成长0.5千米、宽6米的水泥路街道，并将长2.3千米的主干道

133

两侧拓宽 1.6 米。架设了有线电视线路，闭路电视入户 115 户。占地 3500 平方米的村综合办公大楼及农技服务站、医疗服务站、文化娱乐中心、老年活动中心等配套设施落成。

2000 年，义和乡杨庙村辖区面积 2.9 平方千米，辖 8 个村民小组，总户数 542 户，总人口 1932 人，有耕地面积 2700 亩，其中水田 2500 亩，人均耕地面积 1.38 亩。

2008 年，杨庙村发展养殖业，出栏商品生猪 7800 头，其中出栏 DLY 生猪 6600 头。投资 15 万元新修村道 4 千米，整治沟渠 6 千米。在规划区新建房屋 19 户，建筑面积为 1900 平方米，新建老年活动室 120 平方米。

小城镇建设

【小康村建设】

1996 年，彭山县委、县政府制定《关于考核实施"小康工程"的意见》，发动全县人民打好"小康工程"总体战。谢家镇建立由镇党委书记任组长的奔小康工作领导小组，下设办公室和经济建设、基础设施建设、社会事业发展、基础建设 4 个组，制定关于实施小康工程的意见下发各村和单位。义和乡制定奔小康的实施规划。岐山乡找项目、找资金、添措施，使将军村、岐山村村集体经济纯收入分别为 1.6 万元、1 万元。

1996 年，谢家镇"小康村"有吴堰、毛河、天庙、星星、雷山、曾湃、红石、魏巷、汉安、石山 10 个村。义和乡"小康村"有活桥、五星、金花、杨庙 4 个村。邓庙乡"小康村"有岳油 1 个村。岐山乡"小康村"有岐山、将军 2 个村。

1997 年，谢家镇新增"小康村"有李山、洪塔 2 个村。义和乡新增"小康村"有青龙、清水、悦园、双凤、酒坊、喻沟 6 个村。邓庙乡新增"小康村"有白鹿、邓庙、李店 3 个村。岐山乡被列入"小康乡镇"行列，新增"小康村"有柏林 1 个村。

1998 年 2 月，谢家镇被眉山地委授予首批"小康镇"称号。邓庙乡新增"小康村"石谷、王店、刘山 3 个村。

1998 年乡镇小康指标验收达标表

项目			镇乡			
			谢家镇	义和乡	邓庙乡	岐山乡
基本情况	户数（户）		6351	4140	1874	494
	人口（人）		20135	14216	6314	1758
核心指标	农民人均纯收入（元）		2335	2249	2300	2426
	集体经济	人均固定资产（元）	459	434	402	547
		村可支配资产（万元）	1.85	1.4	1.01	1.72
	住房状况	人均面积（平方米）	23	23	23	30
		砖木砖混比重（%）	85	86	81	92
	人均粮食产量（公斤）		753	870	497	803

续表

项目		镇乡			
		谢家镇	义和乡	邓庙乡	岐山乡
保证指标	小康比重户（%）	100	100	87	100
	教育　适龄儿童入学率（%）	100	100	100	100
	义务教育普及率（%）	96	98	98	97
	青壮劳力文盲数	达标	达标	达标	达标
	计划生育　计划生育率（%）	98	96.8	95	100
	"两无"情况	达标	达标	达标	达标
	社会治安	良好	良好	良好	良好
考察指标	享受社会五保人口比重（%）	100	98	100	100
	电视机普及率（%）	85	90	80	96
	通公路村比重（%）	100	100	96	100
	安全卫生水普及率（%）	98	100	95	100
	用电户比重（%）	98	100	96	100
	人均预期寿命（岁）	70	70	70	71

【集镇建设】

1996 年 10 月，谢家镇被列为四川省第四批"小城镇建设示范镇"，走"依靠群众改造旧街，开发土地建设新区"的路子，喊响了"抓住机遇重振古镇雄风，艰苦创业共创谢家辉煌"的小城镇建设口号。投入建设资金 3600 万元，新建中心街、政府街等 4 条街道（总长 1.8 千米），建成综合农贸市场 2 个，面积 7600 平方米。建成 35 千伏变电站、光纤电视传输网络、文化中心、客运中心，开通 100 门程控电话交换机站和 GSM 基站。集镇面积由 0.7 平方千米扩展到 1.1 平方千米。

1997 年，谢家镇新建长 240 米、宽 22 米的政府大街，完成了小城镇建设的省级评审。

1998 年，谢家镇完成了小城镇建设征用土地 296 亩报批手续，获眉山地区省级试点小城镇建设工作"二等奖"。

1999 年，谢家镇新建农民街一条（中和东街），政策调整为允许农民在集镇有商场、有门面，在乡下有住房、有承包土地。

1999 年—2002 年，谢家镇先后投入资金 3100 万元，新建政府大街（长 240 米、宽 24 米）、农民街（长 150 米、宽 11 米），打通了中兴街西段（长 160 米、宽 16 米），建成占地 6 亩功能设施完善的"谢家客运中心"。全面完成正义街旧城改造及街道设施建设，启动河坝街改造。建成占地 10 亩的"谢家文化中心"，光纤电视覆盖全镇，程控电话由 350 门增加到 1400 门。城区面积扩展到 1.8 平方千米，城镇居住人口由 2000 人增加到 4000 人，实现三通一平。2000 年，谢家镇获眉山市小城镇建设工作"一等奖"。

2003 年，谢家镇完成米巷街和中和街水泥路面浇筑及下水道工程，供电所办公大楼建成竣工，启动占地 13.8 亩的综合市场建设。

2006 年，谢家镇综合市场二期工程完工并投入使用，新建 2 条总长为 300 米的街道。

2008 年，谢家镇完成河坝街、关帝庙旧街改造，投入资金 30 万元，硬化街面 1 千米。吴堰、石山新村开发后续工程顺利完成，水、电、路、下水道全部畅通。

2009 年，配合上级完成 2009 年—2030 年谢家镇总体规划工作，协助办理森田公司、敬老院用地手续，打通吴堰村、石山村新街断头弯道，配合县国土资源局在红石村试点农村宅基地颁证工作，在全镇 8 个行政村完成农村宅基地颁证工作，按程序报批建房手续。

2010 年，彭山县完成《谢家镇总体规划》《义和乡总体规划》修编工作。

2011 年，谢家镇新建综合农贸市场和自来水厂，改造街道 4 条，集镇达到 2 平方千米。

2014 年，谢家镇投入 10 万元在场镇街道安装路灯，新农贸市场投入使用。

2018 年，谢家镇结合省级特色小城镇创建工作，投入 4 亿元集中打造和昌化工工业转型文创之路。

2019 年，谢家镇编制完成《谢家镇总体规划》《谢家镇控制性详细规划》等城镇规划。城镇现有主要街道 8 条，其中，凯旋路、中兴街、正义街、引风街、政府街为城镇主要街道。完成 5 条街 1100 平方米的标准停车线作业，修建花园 4 个，清除沿街占道摊点 200 个，更换集镇街道果屑箱 40 个，组织更换集镇雨棚 106 户，新立路牌 13 个，增添路灯、修葺花台，对集镇进行绿化和美化，集镇绿化率 30% 以上，路灯亮灯率达 95%。

【住房建设】

1996 年—1998 年，谢家镇群众存款日益增多，880 户农民新建楼房 9.27 万平方米，改造住房 160 户，改造面积 2.15 万平方米。1989 年—1999 年，义和乡有 764 户农户新建了楼房，建筑面积为 19.86 万平方米。

2002 年，岐山乡新建和改建住房 30 户。

2004 年，邓庙乡改建农房 48 户。

2005 年，谢家镇援助 12 户特困危房户新建住房。

2006 年，按照《彭山县社会主义新农村建设规划（2006—2010 年）》标准，谢家镇在吴堰村试点，村、社群众自筹资金 675 万元，修建两楼一底住房 45 户，石山村 2 社投入 120 万元，新建两楼一底住房 15 户。义和乡投资 175 万元，新建、改建楼房 25 户。

2012年，义和乡争取中央D级危房改造资金和国家安居工程项目资金45万元，完成全乡危房改造100户。

2014年，谢家镇4万平方米的"香榭金座·财富未来城"商住楼启动修建。义和乡审批农村居民建房48户，占地5500平方米，建筑总面积7900平方米，旧宅基地还耕3300平方米。

2016年，义和乡审批45户村民建房，占地面积5200平方米（新建13户，新占地面积1200平方米；改建32户，占旧宅基地4000平方米），执行农村"一户一证"政策，召开规委会13次，开展土地执法检查工作，查处未批先建2处、违规超面积建筑3处。

2017年，谢家镇投入35.25万元实施D级危房改造47户。义和乡审批农村居民建房37户，占地面积3600平方米（新建11户，占地面积1200平方米；改建26户，占旧宅基地2400平方米）。

2018年，义和乡修建住房8户（新建1户、原基修建7户），查处乱搭、乱建4处。

2019年，按照彭山区"农村土坯房改造三年行动"实施方案，谢家街道全面推进辖区土坯房改造。开展违建别墅清理整治工作，拆除违建别墅，复耕到位。

【街道】

1996年，谢家镇有正义街、和平街、米巷子、烟巷子、中兴街、市场东路和市场西路等街道。

正义街。起于关山坡，止于胜利桥，长580米，宽6米，街面为混凝土结构。

和平街。起于乐善桥，止于关帝庙，长480米，宽6米，街面为混凝土结构。

米巷子。起于营业所，止于乐善桥，长250米，宽5米，街面为混凝土结构。

烟巷子。起于谢家粮站，止于和平街，长240米，宽3米，街面为三合土结构。

中兴街。1991年以来新建的街道，东起谢家派出所，西至电影院，长360米，宽16米，街面为一级混凝土结构。

市场东路。1991年以来新建的街道，起于中兴街，止于谢家中学，长70米，宽10米，街面为碎石路面。

市场西路。1991年以来新建的街道，起于中兴街，止于关帝庙，长80米，宽10米，街面为碎石路面。

2020年，谢家街道有主要街道14条。

兴隆街。起于彭谢路凯旋街，止于引凤街，长320米，宽20米。

昌大街。起于北接彭谢路凯旋街，止于中和西街，长260米，宽12米。

正义街。起于引凤街，止于胜利桥，长580米，宽8米。

和平街。起于正义街，止于乐善桥，长248米，宽5.2米。

米巷子。起于乐善桥，止于中国农业银行彭山谢家分行，长 133 米，宽 5.8 米。

烟巷子。起于和平街，止于正义街，长 174 米，宽 3.4 米。

中和东街。起于正义街，止于昌大街，长 195 米，宽 10 米。

中兴街。起于胜利桥街，止于引凤街，长 510 米，宽 16 米。

胜利桥街。起于通济堰连山坡桥，止于石头桥，长 1160 米，宽 18 米。

政府街。起于引凤街，止于凯旋街，长 214 米，宽 12 米。

凯旋街。起于引凤街，止于谢家工商所，长 451 米，宽 15 米。

中和街。起于昌大街，止于正义街，长 198 米，宽 9 米。

引凤路。起于中心小学，止于谢家街道人民政府，长 418 米，宽 12 米。

中和西街。起于正义街，止于中兴街，长 80 米，宽 5 米。

【谢家湿地公园】

位于谢家场镇东南方，占地面积约 4 万平方米，毗邻毛河生态流域。于 2021 年 1 月完工并投运，建设总投资 400 万元。公园有刺苦草、花叶芦苇、金鱼藻等 20 种水生植物和樱花、红枫、银杏等 26 种绿化植物。公园建有生态处理池、透水游步道、生态公厕、太阳能路灯等基础设施。

新农村建设

【新农村创建】

1998 年，谢家镇制定《关于创建富裕、文明社会主义新农村的决定》，成立领导小组，下设富民工程、富镇工程、形象工程、文明工程、稳定工程、素质工程 6 个责任组。新农村建设标准为人均占有粮食不低于 500 公斤，农民人均纯收入突破 3500 元，100% 的农民住上成套楼房或小青瓦房，家用电器基本具备，并步入中高档化，村村通水泥路、社社晴雨通车，50% 的农业社实现硬化路面，道路绿化率达 90%，村村通电话，户户饮用卫生水，人人享受合作医疗，户户参加社会保险，计划生育率达 98%，社会治安好，万人刑事案件数在 5 件以下，基尼系数在 0.3~0.4，恩格尔系数小于 50%。

2000 年，义和乡 40% 的农户实现了一户一井一塔一浴室。

2002 年，谢家镇以彭谢北路建设为契机，新修村社水泥路 18 千米，实现了村村通水泥路，50% 农业社通水泥路的目标。

2006 年，谢家镇启动石山、汉安 2 个试点村建设，打造石山村、汉安村的新村居民点建设，建成新民居 90 户。

2007 年，谢家镇完成新农村建设试点村 1 个，启动 1 个示范村建设。

2008 年，谢家镇引导农业由传统精耕细作向名优特新现代农业转变，红石村列入扶贫新村建设项目，实施"万村千乡"市场工程，合格农家店村覆盖率达 100%。义和

乡杨庙村被县委、县政府命名为彭山县"新农村建设示范村"。

2011年，谢家镇培育农民专业合作社11个，有会员农户1530户，带动农户7450户。

2014年，义和乡将悦园村纳入旧村庄改造项目，发展红心猕猴桃，种植面积达2700亩，争取省级财政专项资金补助239万元，整合项目资金95万元，农民投资投劳213.2万元，重点完善猕猴桃园区基础设施建设和景观打造。

2015年，义和乡推进悦园村省级新农村建设，投入200万元，新建猕猴桃文化广场8000平方米，绿化美化全村道路5千米，争取资金48万元，完成农房风貌改造160户，引导农户种植猕猴桃，带动群众就业1500人。

【饮水工程】

1999年，义和乡90%的农户饮用井水。

2004年，总投入200万元的谢家自来水厂一期主体工程竣工。岐山乡投入5000元，新建卫生井10口。

2005年，谢家镇建起第一座自来水厂，从原邓庙乡李店村水井引水，距离达4千米；建成86口红层找水示范井。

2006年，谢家自来水厂建成并投入使用。实施红层找水，在丘区打井105口。

2007年，谢家镇红层找水打井736口，解决8700农村人口安全饮水问题。

2008年，谢家镇打井400口（含集中供水），建井台、滤池3400口，解决1.3万人的安全饮水问题。

2009年，谢家镇在吴堰村、汉安村、红石村安装自来水管，解决农村2200人安全用水问题。

2010年，谢家镇解决农村500人安全用水问题。

2011年，整治病险水库2座、新建改建提灌站36座，浆砌山坪塘40口，年新增蓄水量6.4万立方米，解决上万人安全饮水问题。

2012年，义和乡争取省人畜安全饮水工程资金200万元，铺设管道10千米，解决4个村1580户5100人的饮水困难问题。

2013年，义和乡整治提灌设施1座，小型水库1座，山坪塘5口，新修蓄水池40口，改善和整治沟渠1.24千米，解决5000人生产生活用水困难问题。

2019年，谢家街道集镇、学校自来水普及率为95%；加强饮用水水源保护，畜禽污染关停19户，拆除猪圈18户，整治85户。建成污水处理厂，污水管网投入1052万元，建成管网2千米。

2012年—2019年，谢家镇自来水用水户分别为1451户、1497户、1489户、1512户、1578户、1742户、2764户、4232户。2016年—2019年，义和乡自来水用水户分别为23户、23户、194户、516户。

2020年，谢家街道自来水用水户为8272户，完成14个村（社区）安全饮水建设任务，以及 2000 家生活污水治理和 1700 家安全饮水工作，自来水覆盖率达 50%。农村自来水初装费统一按 3500/户收取（农户缴纳 3000 元，区财政补贴 500 元）；按照物价部门制定的水费价格标准收取水费，居民生活用水第一阶梯 12 吨/户/月以下（含 12 吨/户/月）为 2.15 元/吨，第二阶梯 12～18 吨/户/月（含 18 吨/户/月）为 2.5 元/吨，第三阶梯 18 吨以上/户/月为 3 元/吨。

【厕所改造】

2006 年，谢家镇完成农村改厕 272 个，义和乡建厕 100 个。2008 年，谢家镇改厕 2163 个。义和乡改厕 876 个，被县爱卫办推荐为县农村改厕的示范点。2010 年，义和乡改厕 630 个。2011 年，谢家镇改厕 1230 户。2012 年，义和乡争取资金 5.4 万元，改厕 151 户。2013 年，义和乡改厕 487 户。2019 年，谢家街道无害化卫生厕所普及率为 76.43%。推进"厕所革命"，成立以街道党工委书记、街道办主任为组长的改厕领导小组；以村级统筹、施工队统建为主，农户自建为辅的原则，实施无害化卫生厕所改造；通过村社坝坝会、村民代表大会、驻村工作组走访入户等方式宣传改厕奖补政策、改造标准，实现对农村厕所由"要我改"到"我要改"的转变；实行街道村社干部包保责任制，把监管贯穿项目建设全过程。2020 年，谢家街道整村推进农村"厕所革命"，改建无害化卫生厕所 2883 户，10 个示范村无害化卫生厕所普及率达 90% 以上。

【土地管理】

2000 年，谢家镇完成《谢家镇土地利用总体规划》的修订和编制工作，通过土地整理新增耕地 113 亩。

2005 年，谢家镇在红石村、曾湃村完成土地规划、测绘，报批 4000 亩。

2006 年，义和乡投入 70 万元进行土地整理。

2007 年，谢家镇完成 4700 亩土地整理，新增耕地 441 亩，新增基本农田 3100 亩。

2008 年，义和乡土地整理项目投入 603 万元，新增耕地 1200 亩，每年增收 180 万元。

2009 年，义和乡完成土地整理 1.22 万亩。

2010 年，谢家镇邓庙、石山、汉安 3 个村实施土地整理项目工程，整治渠道 31 条，共计 23.27 千米。

2011 年，谢家镇完成土地整理项目 5 个，整理土地 6700 亩。义和乡土地流转 1400 亩。

2012 年，谢家镇完成李山村土地整理申报和实施工作，整理土地 5900 亩。义和乡投入 192.8 万元实施岐山村土地整理项目；完成省、市相关部门对杨庙、喻沟村土地整理项目的验收和审计工作。

2013 年，谢家镇引进业主 29 家，流转土地 2000 亩。

2015 年，谢家镇引进农业业主 15 户，土地流转 1800 亩。

2016年，谢家镇土地流转9200亩，完成产业结构调整3000亩，新型现代农业业主达123家，培育家庭农场、农业企业、专业合作社等新型农村经营主体45家，李山、石山等村土地流转率达80%以上，形成晚熟杂柑、藤椒、桃子、葡萄等主导产业。义和乡土地流转8700亩。

2017年，谢家镇引进现代农业业主15个，流转土地2300亩，涉及费用277.91万元。义和乡流转土地500亩，农村土地经营权颁证16本，两权抵押贷款评估23户，发放贷款金额1000万元。

2018年，谢家镇流转土地800亩。

2019年，谢家街道引进农业业主97户，累计流转土地3.24万亩，完成10个村的集体资产股份制改革工作。推动农村宅基地所有权、资格权、使用权"三权分置"试验，破解乡村发展用地"瓶颈"。

2020年，谢家街道全面完成农户自愿有偿退出土地的清理核实工作。引进农业种植业主97家，流转土地1.74万亩，完成6个村、2个社区的集体资产股份制改革工作。

水利电力基础设施

【水库】

双凤水库。位于悦园村，总库容158万立方米，面积0.2平方千米。

大坝水库。位于悦园村，总库容118万立方米，面积0.08平方千米。

联合水库。位于岐山村，总库容32万立方米，面积0.08平方千米。

齐心水库。位于石山村，总库容25.2万立方米，面积0.03平方千米。

群英水库。位于岐山村，总库容75万立方米，面积0.05平方千米。

战备水库。位于邓庙村，总库容96.8万立方米，面积0.22平方千米。

【排洪沟】

大坝水库排洪沟。位于义和场社区，止于东坡区红星村，最大水深为0.7米。

双凤水库排洪沟。位于悦园村，止于谢家场社区，最大水深为1.8米。

【灌区】

双凤水库灌区。位于悦园村，面积3.8平方千米。

大坝水库灌区。位于悦园村，面积2.37平方千米。

联合水库灌区。位于岐山村，面积0.79平方千米。

齐心水库灌区。位于石山村，面积0.1平方千米。

群英水库灌区。位于岐山村，面积0.99平方千米。

战备水库灌区。位于邓庙村，面积0.46平方千米。

【提灌站】

白坡山提灌站。位于邓庙村，所在线路邓庙村富堰河。

李山村王店提灌站。位于李山村，所在线路通济堰。

李山村10社抽水站。位于李山村，所在线路毛河。

通济堰活桥2组鸡蛋弯提灌站。位于义和场社区，所在线路通济堰。

义和场社区3组长益山提灌站。位于义和场社区，所在线路通济堰。

悦园村官山提灌站。位于悦园村，所在线路通济堰。

【闸坝】

洪塔寺泄洪闸。位于汉安村，过闸流量8立方米/秒，闸孔总净宽9米。

骆堰泄洪闸。位于悦园村。过闸流量21立方米/秒，闸孔总净宽4米。

新民支渠节制闸。位于谢家场社区，过闸流量20立方米/秒，闸孔总净宽7.2米。

【发电站】

红光电站。位于谢家场社区境内，总容量160千瓦，于1964年11月8日成立。

【输变电站】

文庙220千伏变电站。位成眉于石化工业园区境内，输入电量为32.4万千瓦，输出电量为32.4万千瓦。

谢家35千伏变电站。位于谢家场社区境内，输入电量为1.13万千瓦，输出电量为1.13万千瓦。

基础设施建设

【农田水利基础设施建设】

1996年，谢家镇新修1万立方米山平塘1口，投资21万元在李山村新建引水渠，对石山村提灌站进行了彻底改造，在天庙村新建、扩建提灌站3处。邓庙乡投资22.9万元，整治电力提灌站5处、防渗山平塘5口、维修石河堰2座、蓄水池18个，新修山平塘120口。岐山乡对联合水库高沟进行浆砌防渗1.5千米，改善灌溉面积300亩，节约用水1.5万立方米；对岐山4社山平塘进行精整防渗，新增蓄水能力2万立方米；对郑大塘进行精整防渗，新增灌溉面积100亩，新增蓄水能力1.8万立方米；投资4500元，完成了水毁工程的维修和7个蓄水池的建设。

1997年，谢家镇李山村投资5万元，改造防渗山平塘2口；石山村投资4万元，新建和改造提灌站各1处；坝区村投资22.5万元，维修整治垮塌的石渠5000平方米。义和乡新修石渠3.1千米。邓庙乡投入12万元，修复水毁工程8处；山平塘防渗浆砌3口，浆砌排灌沟2.5千米，整治石河埝4座、山平塘8口，掏淤提灌沟15条，总长2.4

城乡建设

千米。岐山乡投资 55 万元，投劳 2 万个工日，挖土石 4.5 万立方米，新增蓄水能力 16 万立方米，改善灌面 400 亩；整治山平塘 4 口，改造治理了 2 座水库的配套工程 2 处共 2.5 千米，维修病害水利工程 9 处。

1998 年，谢家镇维修整治了垮塌的石渠，浆砌了山平塘，改造了提灌站，恢复和改善灌面 3200 亩。义和乡完成沟渠防渗石渠化 1.5 千米，丘区挖水窖 400 个。邓庙乡新建一地一窖 480 个。岐山乡投工 1.4 万个工日，挖土石方 1.2 万立方米，整治山平塘 4 口，改造 2 座水库配套工程 500 米，浆砌沟渠 300 米，架设渡槽 50 米，改善灌面 120 亩。

1999 年，谢家镇改造提灌站 2 处，维修、整治石渠化工程 13 千米；投入 30 万元，完成新彭谢路谢家段边沟浆砌工程。义和乡在青水、喻沟等丘区 4 个村实施旱地改制 1200 亩，实施"一地一窖、一户一井、一园一池"微水工程建设；投资 100 万元，新建水窖 1000 个，果园建池 45 个，改造水井 120 口；改造提灌站 3 处，五星村提水沟渠、石渠化浆砌 2.5 千米，新建山平塘 1 口和浆砌防渗山平塘 3 口。邓庙乡投资 21 万元，防渗浆砌沟渠 7.1 千米，整治山平塘 5 口，维修石河堰 2 座，改造提灌站 2 处，挖水窖 650 口、改造 250 口，挖水井 150 口，建蓄水池 35 个，新增蓄水 25 万立方米，改善和新增灌面 1200 亩。岐山乡集资 21 万元，投劳 2 万个工日，建防渗塘 2 座，建水窖、水池 30 口，新增和改善灌溉面积 100 亩，整治沟渠 15 千米。

2000 年，谢家镇打地窖 1200 口，浆砌防渗山平塘 1 口，维修、整治石渠化工程 3.5 千米。义和乡投入 12 万元，整治山平塘 2 口、石河埝 3 座，改造提灌站 3 处，沟渠石渠化防渗 4 千米。邓庙乡新修山平塘 1 口，防渗整治山平塘 2 口，沟渠硬化 0.9 千米，新建提灌站 2 处，新建蓄水池 15 个，新挖水窖 450 口，整治石河埝 3 座，新增蓄水量 15 万立方米。岐山乡投资 3.8 万元，投工 1.5 万个工日，完成土石方 1.5 万立方米，完成 4 条长 0.4 千米的沟渠掏淤和 2 条长 2 千米的渠道防渗工程，新建蓄水池 10 个，打水窖 10 口，改善灌溉面积 250 亩。

2001 年，谢家镇浆砌防渗山平塘 4 口，新建地窖 500 口。义和乡改造提灌站 5 处，沟渠石渠化防渗完成 4 千米。邓庙乡投入资金 30 万元，新建提灌站 4 座，新建水窖 350 口、改造 150 口，新建石河堰 4 座，改造蓄水池 15 个，浆砌防渗沟渠 1.4 千米，改善与新增灌面 250 亩。岐山乡完成了联合、群英水库的高沟配套工程共 1.5 千米，新建蓄水池 20 个。

2002 年，义和乡新建山平塘 1 口，蓄水 1.5 万立方米，整治山平塘 4 口，整治提水沟渠 6.8 千米。邓庙乡投入资金 200 万元，投工上万个工日，新建提灌站 4 处，改造石河堰 5 座，整治水毁工程 1 处，防渗浆砌沟渠 12 千米；新修蓄水池 116 个，新增蓄水近 1 万立方米，改善灌面 2000 亩。岐山乡投入资金 16.8 万元，完成了联合水库内滑坡整改工程，山平塘防渗整治 3 口，新建和整治沟渠 2 条。

2003 年，谢家镇维修整治沟渠 11 千米，新建提灌站 1 处，整治病害水库 1 座，新修

143

防渗山坪塘 3 口。义和乡投入资金 36 万元，整治防渗山坪塘 40 口，沟渠 7.1 千米，改造提灌站 3 处 60 千瓦。邓庙乡维修整治山平塘 6 口，新建蓄水池 116 个，防渗浆砌沟渠 18 千米，新建提灌站 4 处，安装倒洪管 3 处 240 米，改善灌面 2000 亩，治理石河堰 3 座。岐山乡投资 3 万元，完成了 2 口山平塘、2 座水库的排灌沟渠整治，硬化沟渠 0.7 千米。

2004 年，谢家镇维修整治沟渠 9 千米，改造提灌站 2 处，整治病害水库 1 座。义和乡投入资金 100 万元，在喻沟 4、5 组成片规划实施 100 亩标准化坡改梯水利设施配套建设；争取市县水利投入和群众筹资 120 万元整治防渗山平塘 40 口，提水沟渠防渗安 "U" 形槽 9 千米；投入 21 万元新建改造提灌站 4 处 66.54 千瓦，全乡提灌站达 92 处 1646 千瓦。邓庙乡完成刘山水库病害工程整治，发动群众投工投劳，新建提灌站 1 处，改造提灌站 2 处。岐山乡投资 6000 元，整治排灌沟 2 条 2 千米；投入 5000 元，对山平塘防渗整治 3 口；实施节水灌溉工程，果园建池 18 口。

2005 年，谢家镇整治沟渠 15 千米，改造提灌站 4 处，整治山平塘 7 口。义和乡争取上级资金和群众筹资、投劳，投入 28 万元完成青龙村引水工程；投入 30 万元新建改造提灌站 3 处 112 千瓦，投入 10 万元改造提灌站 5 处 10 台 179 千瓦，全乡提灌站达 107 台 1938.5 千瓦。

2006 年，谢家镇整治沟渠 21 千米，改造提灌站 5 处，整治山平塘 16 口。义和乡沟渠硬化 4.3 千米，水渠硬化 9.3 千米，微水工程 710 个，山坪塘整治 54 口。

2007 年，谢家镇新建提灌站 5 处，新修沟渠 6.64 千米，改造 2 千米提水输电线路，整治沟渠 8.7 千米，整治山平塘 1 口。义和乡整治山坪塘 20 口，整治防渗沟渠 36.78 千米，其中硬化 27.73 千米，新建提灌站 2 处，改建提灌站 10 处。

2008 年，谢家镇投入资金 1.1 万元，修复李山村受损提灌沟渠，岳油村黄堰垮塌部分，毛河村受损沟渠，及时更换刘山水库排水沟破损涵管；完成刘山水库大坝硬化，整治彭谢老路 2.3 千米、沟渠 43 千米，改建提灌站 4 处。义和乡整治山坪塘 35 口，整治沟渠 24.5 千米，改建提灌站 4 处 126 千瓦。

2009 年，谢家镇新建、改造提灌站 2 处，掏淤沟渠 7 千米，检查维修提灌站 16 处，完成生态家园湿地处理池建设。义和乡新修提灌站 11 处，加固病险水库 2 座，硬化生产排灌沟渠 48 千米，整治硬化山坪塘 6 口。

2010 年，谢家镇新建人行桥 149 座，整治山坪塘 17 口，维修石河堰 5 座，新建田间道涵管 29 座，新建农桥 1 座。义和乡整治山坪塘 15 口、浆砌沟渠 10.5 千米，利用农业水利综合补贴项目资金，修建沟渠 27 条共计 26.95 千米。

2011 年，谢家镇整治病险水库 2 座、新建改建提灌站 36 处，新修山坪塘 1 口，浆砌山坪塘 40 口。义和乡投入资金 550 万元，整治大坝、双凤、群英、联合 4 水库，蓄水能力增加 30%，灌溉面积增加 1800 亩；整治山坪塘 15 口，浆砌沟渠 13.26 千米。

2012 年，谢家镇新建沟渠 3.5 千米，硬化沟渠 6.7 千米，整治山坪塘 1 口，新建田间道涵管 10 座，维修整治沟渠 12 千米。义和乡整治沟渠 13.2 千米，新建提灌站 1 处，

整治山坪塘 1 口；投入 157 万元项目资金，完成群英水库大坝整治工程，浆砌大坝 120 米，灌溉面积增加 600 亩。

2014 年，谢家镇整治沟渠 3.8 千米，新修山坪塘 3 口、改造维修 5 口，整治水库 1 座；列支 10 万元用于全镇基础设施建设，改造维修李山村、岳油村提灌站。义和乡争取省级提灌站改造项目资金 20 万元，完成关山提灌站的改造和新建悦园 3 社提灌站；自筹资金 10 万元，完成群英、联合水库 2 条排洪沟 4 千米的整治。

2015 年，谢家镇实施省上"五小水利"工程项目，投资 1380.41 万元，群众投劳折资 125.1 万元，整治沟渠 52.43 千米，新建渠道 11.26 千米，整治山平塘 11 口，新建蓄水池 28 口，升级改造提灌站 13 处。义和乡投入 2200 万元，硬化和拓宽道路 18.4 千米，新建和整治沟渠 68.3 千米，整治山坪塘 38 口，整治石河堰 7 座，改造提灌站 14 处，新建蓄水池 66 个，打造高标准农田 128.3 亩。

2016 年，谢家镇新建沟渠 12 千米，整治改建沟渠 100 千米，整治田间道 23 千米，生产道路 26 千米，整治山平塘 11 口，新建蓄水池 28 个，改造泵站 13 座。义和乡投入资金 1109.2 万元，硬化和拓宽道路 5.6 千米，新建和整治沟渠 10.3 千米，整治山平塘 9 口、石河堰 1 座，改造提灌站 2 处，新建蓄水池 22 口。

2017 年，谢家镇完成石山村齐心水库水污染治理，完成蓄水池 35 口，现代农业滴灌设施 8 户 1700 亩；投入资金 1120 万元，修沟渠 62 条 20.05 千米，田间道路 42 条 15.14 千米，农业生产田埂 1.92 千米；完成 236 个农村小型水利工程确权颁证调查登记工作。

2018 年，谢家镇实施高效节水微喷滴灌项目工程，在 4 个丘区村规划建设蓄水池 22 个，解决规模经营大户经济作物种植的用水问题。义和乡维修蓄水池 13 个，新建改造提灌站 5 处。

【城乡基础设施建设】

1996 年—1998 年，谢家镇完成政府大街 35 亩土地的征用和下水管道建设；新建政府大街一条，开通中兴街西段；投资 30 万元，完成石山大桥扩建工程；毛河农贸市场（3.6 亩）竣工并投入使用。

1998 年，义和乡坚持"以大投入求大发展、以高起点求好效益、以快速度缩小差距"的思路，投资 120 万元，完善乡、村基础设施建设。

2004 年，谢家镇完成曾红小学教学楼主体工程建设，综合农贸市场建设进展顺利。

2005 年，谢家镇综合农贸市场二期工程动工。

2006 年，谢家镇、义和乡修建沼气池分别为 290 口、200 口。谢家镇综合农贸市场二期工程顺利完成，曾红小学建设竣工并交付使用，启动谢家中心卫生院住院部大楼建设和谢义路硬化建设，新建 2 条总长 300 米的街道。

2007 年，谢家镇农户自建沼气池 100 口。

2008 年，谢家镇农户新建沼气池 770 口，义和乡农户新建沼气池 212 口。

2009 年，谢家镇农村沼气乡村服务网点有 6 个，农户新建沼气池 550 口。

2010 年，谢家镇农户新建沼气池 200 口，义和乡农户新建沼气池 200 口。

2011 年，谢家镇启动天然气入户工程，农户新建沼气池 230 口；义和乡农户新建沼气池 100 口。

2013 年，义和乡农户新建沼气池 336 口。

2015 年，义和乡推进猕猴桃产业园区建设，打造 8000 平方米猕猴桃文化广场，定制业主信息牌 50 个、园区线路指示牌 20 个、园区简介牌 2 个，节点地标性建筑 1 个；绿化、美化谢义路、矿山路 4 千米；投入 15 万元，新建垃圾池 28 个，新增垃圾转运车 15 辆。

2017 年，谢家镇投入 4000 万元项目资金，改善农业基础设施。邓庙村藤椒基地一期规划 500 亩；投资 2276 万元，整治修建山坪塘 11 口，整治水域面积 40 亩，修建种苗培育中心、2500 平方米旅游休闲广场、200 吨粗加工车间、22 千米道路硬化、绿化等。

2019 年，谢家镇石山村投资 69.4 万元，建成省级新村集中供气工程 1 处。

2012 年—2019 年，谢家镇管道燃气用户分别有 318 户、327 户、327 户、327 户、327 户、407 户、452 户、3512 户；2018 年—2019 年，义和乡管道燃气用户分别有 2425 户、2070 户。2020 年，谢家街道管道燃气用户有 3710 户。

2020 年，谢家街道着力建设毛河城区段生态修复工程，工程占地面积 344 亩，建设内容及规模包括土方平衡、驳岸整治、绿化、硬质铺装、栈道、给水系统、照明设施及配套建设用房（公共厕所、游客中心）、园林小品构筑物、漏管子改道等。

【电力】

1996 年，谢家镇投入 200 万元，启动 35 千伏谢家变电站建设，1997 年建成。

1998 年，邓庙乡更新高压输电线，改造电力提灌站。

2000 年，谢家镇安装高压线电杆 231 根，改造线路 19 千米，新增变压器 27 台，完成河坝街、正义街等老街的电网改造。义和乡农网改造安装高压电线杆 94 根，改造输电线 6 千米，新增变压器 13 台。邓庙乡启动农村电网改造。岐山乡农网改造新增变压器 4 台。

2001 年，谢家镇完成农网改造工程，改造线路 3 千米，新增变压器 2 台。义和乡投入 350 万元进行农网改造，安装高压电杆 110 根，改造线路 22 千米，新增变压器 15 台。岐山乡完成 3 个村的农网改造，新增变压器 5 台，农业用电得到解决。

2002 年，谢家镇全部缴清了农网改造户表工程款。邓庙乡完成农村电网改造二期工程，农村电网改造户表 1131 只。岐山乡完成农网改造。

2009 年，谢家镇新增及改造变电站 3 台，新增变压器 7 台，新建及改造低压线路 5.5 千米。

2011 年，谢家镇全面完成农村电网升级改造。

2012 年，义和乡改善电力设施 16 千米，投入 450 万元的喻沟电力体系改造工程于 10 月底全面动工，新安装 10 米电杆 520 根，于 2013 年 6 月完工。

2014 年，谢家镇 220 千伏变电站修建完成。

2019 年，谢家镇投资 21.87 万元农牧基金新建的 34 千瓦光伏电站验收合格。

2020 年，谢家镇街道农村用电量 672 万千瓦·时。

【正义街改造】

正义街是百年老街，街道狭窄，严重制约着居民的经济发展和生活水平的提高。2002 年，经镇、居委会两级干部多次走访，同所有住户研究后决定采取居民自治的形式，彻底改造正义街，由街道党支部和居委会组成领导班子，镇派专人负责协调，在未花国家 1 分钱的情况下，由居民投资 400 万元建房，集资 20 万元修建公共设施，拓宽街面 1300 平方米，改造新修住房 108 幢。

项目建设

【项目概况】

2012 年，谢家镇启动安置区、综合农贸市场、中心文化站、污水处理厂等项目建设；实施"一事一议"项目 8 个，使用资金 215 万元；完成红石村农业综合开发项目 1 个。义和乡争取"一事一议"财政奖补项目 9 个，争取奖补资金 188 万元。

2013 年，义和乡争取项目资金 2200 万元，民生项目整合资金 1000 万元，对 3 个村的基础设施进行整改。

2014 年，谢家镇以"做优农业、做强工业、做活商贸流通服务业"为工作主线，投入 84.4 万元在毛河、邓庙等 5 个村实施"一事一议"项目。

2015 年，谢家镇完成污水处理厂在线监测设备的采购、安装、调试和运行，农村土地确权登记颁证完成外业测绘及入户登记工作，石化园区安置区二期建设顺利施工，"香榭金座·财富未来城"商住楼一期建设完成，配合区水务局做好"五小水利"工程的协调工作，岳油村土地整理项目顺利完成，汉安村扶贫移民后续工程完成 10 号排洪沟的维修和 400 米的机耕道硬化，彭谢路路面黑化、亮化工程建设顺利完工，成眉石化园区倒班房建设完成征地拆迁及建筑打围工作，开工建设禹王防水、中明能源等近 10 个项目，推动和昌化工转型发展。

2016 年，义和乡投入 1800 万元的现代农业项目和投入 1500 万元的种业提升项目完成规划设计，争取项目资金 959.2 万元。

2017 年，谢家镇引进项目建设投资 1.5 亿元。开工建设工业大道、迎宾大道、市民中心、规划展馆、产业发展小环线、谢邓路改建、规划的区产业发展大道、西山旅游环线等，实现谢家发展通道的互联、互通。推进工业大道、检测站、毛河生态修复、场镇污水管网、易地搬迁集中安置点及多个农业和道路等项目建设。义和乡投入资金1800万元，完成悦园、活桥、喻沟、岐山4个村的现代农业项目建设。

2018年，谢家镇迎宾大道如期推进，市民中心投入使用，中央公园一期全面完工，石化五路、蜀羊防水有序推进，污水处理厂提标升级改造工程施工，场镇雨污分流工作进入前期规划，场镇道路黑化、美化、亮化、绿化工程同步实施；投入700万元进行15千米毛河生态修复和绿化美化，打造节点4个共计3千米。义和乡完成杨庙村国家级水稻制种基地种业提升项目建设，投资500万元推动活桥村、喻沟村5000亩粮菜轮作种植基地项目建设。

2019年，谢家街道协助区交通运输局推进项目3个，包括红光桥、黄坝桥建设工程和邓庙村危桥改建工程。投入资金5265.2万元，开展5万元以上项目35个。

投入资金784万元竣工项目12个。包括李山村毛河翻水桥重建工程、邓庙村安置点扶贫路扩宽工程、毛河乐善桥段修复工程、毛河乐善桥至工业大道段修复工程、毛河市民文化广场工程、石山村人居环境整治项目、石山村集中安置点人居环境整治工程、石山学堂改造项目、工业大道节点打造工程、邓庙村鱼塘堡坎修复工程、工业大道毛河大桥桥头绿化工程、岳油村9、10、12组村道路基建设工程。

投入资金676.3万元开工建设项目11个。包括石山村道路扩宽工程、毛河渡槽至翻水桥延长段人居环境整治工程、彭谢老路绿化补植工程、谢邓路蓉兴路绿化提升补植项目、石山村5组居民住宅污水集中处理工程、毛河生态修复支渠整治工程、石山村1组村道路基建设工程、废弃池塘改造项目、李山村6组道路扩宽工程、岳油村9组道路扩宽工程、岳油村漫水桥道路新建工程。

投入资金1304.9万元加快推进项目9个。包括处于图审阶段的项目有移民安置村生产便道提升工程、石山村阵地提升工程、岳油村阵地建设工程、谢家污水处理厂进出通道工程、污水处理厂生态湿地公园项目5个，处于财评阶段的项目有邓庙村扶贫道路建设工程、石山村4组村道路基建设工程、李山村至原鹅场道路新建工程、李山村8社新建道路项目4个。

投入资金2500万元开展前期准备工作的项目3个。包括场镇道路黑化绿化项目、谢家镇雨污分流项目、谢家场镇道路及附属设施工程项目。

2020年，谢家街道全力保障重点项目用地需求，400亩德康公司种猪场项目开工建设，072县道扩宽、毛河生态湿地公园2期等6个临时性项目同步推进。投入4000万元，实施脱贫攻坚、乡村振兴、道路交通等领域项目21个。完成乡村振兴建设示范地毛河市民文化广场二期工程、谢家小学生态停车场建设工程、谢邓路蓉兴路绿化提升补植项目。实施民生项目16个，投入资金6140万元，实施并完成了毛河院子日间照料中心、综治中心改造升级及乡村振兴、脱贫攻坚等项目建设，其中污水处理厂湿地公园、污水处理厂进出厂通道和石山村环线建设等民生项目已竣工投用。

【征地拆迁】

2011年，义和乡完成成眉石化园区前期征地拆迁1500亩，顺利完成218户拆迁，创造彭山征地拆迁工作的"义和速度"。

2012年，成眉石化园区开展征地拆迁工作，谢家镇30天内完成800亩征地、118户拆迁任务，2个月内完成毛河村"双挂钩"400户拆迁，创造"谢家速度"。

2013年，义和乡完成石化园区供水站、供热站征地任务280亩，搬迁农户24户。

2015年，义和乡完成石化4、6、7路124亩征地，拆迁36户。

2017年，谢家镇完成新彭谢路拓宽项目征地129.72亩，彭山产业新城核心区一期项目135.98亩的征地工作，完成产业新城核心区一期、迎宾大道、蜀羊防水、石化五路、冒水井饮用水水源地保护等项目拆迁工作。义和乡完成工业大道、石化5路、石化10路、太平吉运、精细化工设计院等项目征地拆迁工作，征地564亩。

2018年，义和乡全力保障华夏幸福产业新城重点项目建设，完成区重点民生项目天寿生态纪念园征地拆迁工作。

2019年，谢家街道实施工业强区战略，支持彭山产业新城发展，完成彭山产业新城项目新的4400亩征地拆迁工作，与503户1432人签订拆迁协议；活桥村336户申请参加"双挂钩"，参与率达81%。

2020年，谢家街道按照市区"百日攻坚"的要求，征拆境内土地4400亩，完成房屋拆迁513户；完成宝能高端制造产业项目458亩征地拆迁工作。

【补偿安置】

2012年，义和乡完成706人土地补偿款分配和13户47人远距离耕种费补偿。

2015年，义和乡协调推进石化一期安置项目，共分配安置房208套。坚持面积锁定、时间锁定、自愿组合的原则，成功分配97套石化园安置区商业用房，是彭山区第一次将商业用房直接分配到安置户。

2016年，谢家镇完成工业大道（谢家镇南、北段）、石化五路项目征地拆迁补偿安置。

*工业大道（谢家镇南段）。*项目选址位于毛河村1、3、4社，吴堰村3、4社，汉安村2社，征收集体土地241.76亩。经费预算3379.82万元，其中土地款870.33万元（3.6万元/亩），青苗费29万元（1200元/亩），地上建筑物、附着物、构筑物补偿费320万元，符合参保条件170人，失地农民养老保险费1088万元（6.4万元/人），货币补偿安置17户61人，安置费488万元（8万元/人），工作经费48.35万元（2000元/亩），征地前集体土地测绘费4.64万元，移动、联通、广电、电信、电力等迁改费用531.5万元（含义和乡）。

*工业大道（谢家镇北段）。*项目征收谢家镇汉安村、吴堰村集体土地168.93亩。征地拆迁安置经费2664.88万元，征地拆迁经费1047.28万元，其中土地补偿费608.13

万元，青苗费 20.27 万元，建筑物、地上构（附）着物补偿费 381.49 万元，测绘费 3.6 万元，工作经费 33.79 万元。

石化五路项目。选址位于原天庙村 2、3、4、11 社，征收集体土地 32.81 亩，经费预算 994.41 万元，其中土地款 118.11 万元，青苗费 3.94 万元，地上建筑物、附着物、构筑物补偿费 215 万元，符合参保条件 27 人，失地农民养老保险费 172.8 万元，货币补偿安置 10 户 49 人，安置费 392 万元，工作经费 6.56 万元，测绘费 6 万元，移动、联通、广电、电信、电力等迁改费用 80 万元。

2020 年，谢家街道解决了遗留 10 年的安置房分配问题，解决 126 户 322 人的安置问题。

【公益性公墓建设项目】

2017 年 7 月，彭山区民政局同意建设义和乡公益性节地生态公墓。公墓名为"义和天寿生态纪念园"，公墓性质为农村公益性公墓，位于义和乡天宫山（征用活桥村 7 组 57.41 亩、喻沟村 1 组 23.45 亩土地）。墓穴建设严格按照《眉山市彭山区公墓管理暂行办法》规定实施，做到了小型、生态、节地、美观。墓区绿地率不低于墓区面积的 40%，采用树葬、花葬、壁葬、草坪葬等多种葬式。公墓为公益性社会福利设施，只为彭山区常住非城镇户口的村（居）民提供骨灰安葬（安放）服务。公墓实行政府定价，收费标准由区发改局会同民政局依法核定。对入葬农村户口丧属进行补贴，每个丧户补助绿色生态葬 1000 元。2020 年，工程完成率为 85%。

生态环境建设

【机构】

2009 年，谢家镇成立以镇党委书记、镇长为组长的环境综合整治工作指挥部，成立城管办公室。配置专职城管人员 4 名，负责环境综合整治活动的日常工作。有市场管理人员 4 人，清扫、保洁人员 12 人，垃圾转运人员 3 名。2015 年，谢家镇成立镇党委书记、镇长为组长的城乡环境综合治理工作领导小组，办公室设在镇城管办。谢家街道成立后，生态环境建设工作由城乡建设管理和自然资源办公室（生态环境办公室）负责。

【城乡环境整治】

2004 年，谢家镇派出所、工商所、团委等部门对学校周边环境进行综合整治。

2008 年，谢家镇发布《关于整治场镇卫生和秩序的通告》，落实 6 万元城乡环境整治经费，投工 200 个，清理毛河流域，打捞漂浮垃圾 20 卡车，清理乱堆积建筑材料 40 堆。义和乡投入资金 4 万元，在活桥、岐山新建大型垃圾地库 2 个、垃圾池 16 个，发放城乡环境整治宣传资料 5000 份。

2009 年，谢家镇城乡环境综合整治"进村社"工作全面铺开。印发《关于开展城乡环境综合整治的实施意见》，全面规划环境综合整治工作；印发《谢家镇 2009 年度环境卫生目标考核办法》，与评先评优、干部考核、奖励相结合。把城乡环境综合整治经费纳入财政预算，投工投劳 500 人次 5 万元，清理牛皮癣广告 12 次 200 处，清理垃圾 1500 吨。

2010 年，谢家镇投入资金 10 万元，启动毛河小流域治理示范工程。开展"除陋习、树新风"专项行动，大力倡导"十不"，即不乱扔垃圾、不随地吐痰、不乱倒污水、不乱贴乱画、不乱摆摊位、不乱停车辆、不损坏公共设施、不乱穿马路、不在公共场所吸烟、不说粗话脏话；大力推进"四建"（讲卫生、建健康城乡；有礼貌、建礼仪城乡；护环境、建生态城乡；守秩序、建法治城乡）。被眉山市评为第一、三季度城乡环境综合治理"十佳乡镇"。

2011 年，谢家镇投入资金 60 万元，硬化街道 0.5 千米，修建大小垃圾池 150 个，配备垃圾转运车 2 辆、垃圾清运三轮车 27 辆、垃圾桶 160 个、环卫宣传标示牌 397 个。配城管工作人员 8 人，市场管理人员 4 人，清扫、保洁人员 19 人，垃圾转运人员 3 名，投工投劳 1000 人次；开展城乡环境综合治理"六进"（进机关、进学校、进社区、进村社、进企业、进家庭）活动。被眉山市评为第四季度城乡环境综合治理"十佳乡镇"，红石村成功创建眉山市环境整治亮点村。

2012 年，谢家镇投入资金 80 万元，完成引凤街、政府街、凯旋路、中兴街的亮化工程；新建垃圾池 120 个，集中转运池 20 个，新添垃圾清运三轮车 10 辆，垃圾桶 50 个；投入资金 450 万元，建成生活污水处理站 1 个，修建人工湿地处理池 100 个；成功创建全省生态乡镇。义和乡被眉山市评为第二季度城乡环境综合治理工作"十佳乡镇"。

2013 年，义和乡实行季度考核和抵押保证金制度，逗硬奖惩，新建村内垃圾处理池 20 个，被眉山市评为第一季度城乡环境综合治理工作"十佳乡镇"，悦园村获"四川省城乡环境治理 2013 年度环境优美示范村"称号。

2014 年，义和乡加强对重点排污企业的排查与监控，全年做到"零排放"；开展对工业、畜禽污染源摸排调查工作，调查 6 个企业 78 家规模养殖户。

2015 年，谢家镇向区治理办争取资金 10 万元，对彭谢路及场镇环卫设施进行改造 20 处；投资 4 万元，新建垃圾房 4 个，投资 6000 元购置垃圾桶 30 个，投资 5000 元购买环卫工人服装 30 套，投资 10 万元，购置垃圾转运车 2 台，投资 5 万元购置垃圾保洁车 30 台，投资 16 万元修（改）建垃圾池 72 个，投资 474 万元建成运行规模为日处理 1000 立方米的污水处理站，投资 300 万元，新建农贸市场 1 个，投资 2 万元，清理场镇下水道、排污沟 1 千米，投资 2 万元，种植三角梅 3000 株。制止乱丢乱扔行为 286 起，清理乱堆乱放 118 处，治理乱设乱摆、占道经商、跨门槛经营等 191 处，清理户外广告、标语 147 幅，"牛皮癣"、违规小广告 180 处，查处、收缴落地式广告 21 起，制止乱搭乱建 23 起，依法拆除 4 起。义和乡排查养殖场 100 户，投入 15 万元，新建垃圾池 28 个，做到农村垃圾分类处理。

2016 年，义和乡实施"蓝天工程""碧水工程""乡村清洁工程"。投资 38 万元，新建、维修垃圾池 56 个，投资 50 万元的谢义路绿化、美化工程快速推进。清理和规范流动商贩 26 次，撤除、清理违章设置的户外广告和店招店牌 7 个，清除"牛皮癣"102 处，清理和规范施工现场材料堆放 32 吨。

2017 年，谢家镇以绿色发展为导向，融入"美丽谢家"建设。实现全域秸秆禁烧。畜禽污染治理关停 18 户、整治 85 户，全面取缔刘山水库、齐心水库肥水养鱼，拆除房屋 1 万平方米，养殖设施 1.2 万平方米，沼气池 2100 平方米，还耕 4000 平方米。投入资金 1000 万元，对场镇污水管网进行改造，关停 4 家"散乱污"小企业，实施谢邓路、蓉兴路等道路两旁绿化植树，沿河改扩建垃圾池 47 个，打造节点 2 个，石山村在全市率先实施垃圾分类试点工作。

2018 年，谢家镇拆除路边棚架 21 处，清理农户房前屋后乱堆乱放 75 户，绿化主要交通干道 4 条 26 千米。强化入河排污口管理（毛河 7 个、通济堰 3 个），投入 80 万元对毛河、通济堰河道进行杂物清理、河道清淤、浆砌堡坎等 20 千米。义和乡建成悦园、活桥、岐山村污水处理站，推进截污管网建设，养殖户污染治理全部达标，全力建设农产品安全生产示范区，开展"两减一创"（农药使用量减少 1 个百分点、化肥使用量减少 2 个百分点，创建农业面源污染治理化肥农药减量示范点）活动，推行绿色、生态种植技术，农产品质量安全监测合格率达 100%。

2019 年，谢家街道继续完善农村垃圾"六类三分"法。成立城乡环境综合治理监察大队，聘请 69 名保洁员专门负责城乡环境综合治理工作，设垃圾池 216 个，大型垃圾中转站 1 个，集镇摆放垃圾桶 30 个、果屑箱 30 个、花箱 50 个。迎接全国水污染防治法执法检查工作，成立专项执法检查迎检工作领导小组，下设应急处置、毛河流域治理、通济堰流域治理、畜禽污染治理、集中饮用水水源地保护、城乡环境综合治理、农村面源污染治理、工矿企业污染治理、综合执法、宣传 10 个工作组。

2020 年，谢家街道迎接中央环保督察，完成毛河水质稳定达 Ⅲ 类标准、建成谢家湿地公园。开展"城乡环境大整治"行动，持续巩固"大棚房"、违建别墅整治成果，推进环境"四化"工作，完成了双凤湖实业有限公司、天宫茂林公司、苌町轩家庭农场、东阳建材厂、田园丰情、和顺栖缘等 1.69 万平方米建筑的拆除并复垦，香柏源、一友、宏友家具厂整体搬离。组织开展"拆违"专项整治行动，按照一户一策，完成 413 户 4.6 万平方米违章搭建彩钢棚的拆除和降位处置，启动乱占耕地建房问题整治摸排工作，上报违法图斑 252 个。

【环境保护】

2015 年，谢家镇从"抓好环保为经济，发展经济为环保"的大局观，全面开展环

保工作。对集中饮用水水源进行保护，集镇自来水统一供水实现全覆盖，对污水处理站配套在线监测设备与生猪屠宰场污水处理站进行改造。

2017年，义和乡成立环境保护委员会，制订环保工作实施、环保工作巡查、环保工作宣传3个工作方案，打造绿色义和、生态义和。

2018年，谢家镇开展第二次全国污染源普查工作。5月，对辖区内所有农业、工业业主、畜禽养殖户进行了摸排，做到了家底清、情况明；6月，对全镇工矿企业进行了一次全面彻底的清查；11月，环保所工作人员，积极配合区环保局进行污染源普查进村入户工作，完成普查任务。

2019年，谢家街道开展畜禽养殖污染治理"回头看"，建成岳油村、李山村居民聚居点污水处理站；整合资金1000万元，清淤河道16千米3万立方米，生态修复河道3千米；打造毛河谢家段漫水桥、通济堰渡槽等生态节点5处1万平方米，修建便民步道2.3千米。

2020年，谢家街道开展毛河流域治理，对沿毛河周边景观进行生态修复，打捞河道垃圾100吨，建立健全河道保洁员制度，配备保洁员54人。开展大气污染防治、毛河流域畜禽养殖污染整治和"散乱污"企业整治工作。

【环保宣传】

2009年，谢家镇利用宣传专栏，悬挂横幅、张贴墙标，开展环保宣传，发放宣传资料2000份，出动宣传车70台次，制作宣传栏2个。

2015年，谢家镇利用LED显示屏、布标、板报等载体开展宣传308次，开动宣传车上路宣传126台次，粉刷固定性墙体标语17幅，与谢家中小学开展了"小手拉大手、共创优美环境"等主题宣传创建活动；制作并印发了《致商家及广大群众的一封信》《谢家镇城乡环境综合治理倡议书》5200份。

2016年，义和乡组织上街环保宣传活动3次，发放宣传资料1000份。

2020年，谢家街道开展毛河流域畜禽养殖污染整治工作，组织驻村工作组、村社干部、畜禽养殖户参加宣传动员会4次，发宣传资料200份，政策宣传书160本，设立宣传牌30个。利用"六·五"世界环境日搭建环保宣传台，悬挂环保标语，开展咨询活动，发放宣传资料5000份，接受群众现场咨询60次。

【秸秆禁烧】

谢家镇（街道）坚持开展秸秆禁烧专项行动，与各村签订秸秆禁烧责任书，加大对秸秆露天禁烧行为的执法力度，推广秸秆还田和综合利用，变废为宝，保护环境，减少污染。

2012年，彭山县农作物秸秆禁烧与综合利用工作会召开，谢家镇划定为重点禁烧区域，义和乡为一般禁烧区域。

2014年，谢家镇环保所成立秸秆禁烧巡查小组和灭火队，负责秸秆禁烧和灭火工作，悬挂横幅、标语 50 条，出动宣传车 86 台次。

2015 年，谢家镇成立农作物秸秆禁烧工作领导小组，建立"镇负责、村为主、组管片、户联防"和"镇干部包村、村干部包组包片"的禁烧机制，强化镇、村、组三级主体责任。

2016 年，谢家镇印发关于《眉山市彭山区谢家镇 2016 年农作物秸秆禁烧和综合利用工作方案》的通知。各村、社区按照"属地管理"原则，将辖区内全域、全时段禁烧要求对外公布，并进行广泛宣传。义和乡做到了"领导到位、投入到位、督查到位"，乡与村、村与社、社与户签订目标责任书 8000 份；下拨禁烧工作经费 15.37 万元，出动宣传车 500 台次，印发《告知书》5000 份，签订《禁烧承诺书》4000 份；召开户长会、村社干部会 120 次，开设秸秆禁烧课堂 12 次；免费发放 60 吨秸秆腐蚀剂，鼓励农户进行秸秆还田，回收秸秆 150 吨。

2017 年，谢家镇发放《禁烧通告》《秸秆禁烧资料》2.4 万份，创新推行秸秆机械化打捆转运、粉碎还田等方式，实现"天更蓝"。

2019 年，谢家街道与四川臻润农业科技有限公司合作，无害化处置秸秆。

2020 年，谢家街道制订秸秆禁烧工作方案，明确街道领导及相关职能部门负责人包村任务。各村（社区）部署秸秆禁烧工作，发放秸秆禁烧资料 8000 份。

【"河长制"】

2017 年，谢家镇获得"彭山区河长制工作先进集体"。谢家镇、义和乡实行"三长制"（大气污染防治"点长制"、水污染防治"河长制"、土壤污染防治"田长制"），推进大气、水、土壤污染防治三大战役。2018 年，谢家镇全面落实清河行动，三级河长常态巡河，"河长制"工作得到省、市、区级肯定。义和乡"河长制"工作被区委、区政府评为先进。2019 年，谢家镇实现"河长制、库长制"管理工作全覆盖，基本建成水清、河畅、岸绿、景美的水生态体系。对全镇畜禽污染 18 户关停户、85 户整治户开展"回头看"。加强执法监督，建立毛河、通济堰为重点跨乡镇（街道）流域治理协作机制，加强流域上下游政府和各部门信息共享、联动联治。

≪≪≪ 交通 通信 ≫≫≫

　　谢家镇（街道）境内交通以公路为主，2019 年辖区内公路总里程 201 千米，2020 年通村公路硬化率达 100%，通社道路硬化率达 90% 以上。广播电视、通信、网络等事业迅速发展，为人民生活提供更大便利。

交通

【交通建设】

　　1996 年，谢家镇铺碎石路 2.5 千米。邓庙乡新修和整治村社道路 11 条 25 千米，投工 9.5 万个工日；完成邓庙至谢家水泥路的清基工作。岐山乡投资 24 万元，投工 1.2 万个工日，挖填土石方 2.7 万立方米，完成了岐回路、环街路整治扩宽工程和岐郑路 1 千米水泥路面工程。

　　1997 年，邓庙乡投资 9 万元，修社道 4 条 4 千米，加宽村道 5 条 6 千米，铺碎石路 7 条 9 千米。岐山乡整治维修乡村道路 7.5 千米，完成岐回路 2 千米的水泥路面铺设。

　　1998 年，谢家镇完成 10 千米水泥路铺设，村村实现硬化水泥路。邓庙乡新修村社道路 35 条，硬化水泥路 1 条 3 千米。岐山乡投资 18.5 万元，整治维修机耕道 7.5 千米，完成岐山 1 社至乡政府 2.3 千米水泥路面铺设，结束全乡无水泥硬化路面的历史。

　　1999 年，谢家镇投入交通公路建设资金 250 万元，新建村道、社道水泥路 15.7 千米。义和乡投入 240 万元，完成村道 14 条 22.7 千米的水泥路硬化工程。邓庙乡投资 141 万元，投工 1.8 万个工日，建成 3 条 8.2 千米水泥路，铺沙夹石路 2 条 2.1 千米，修桥涵 3 处。岐山乡完成村级水泥路铺设 2.4 千米，整治开通户道 11 千米，挖填土石方 18.6 万立方米。

　　2000 年，谢家镇新修社道水泥路 2 千米。义和乡铺碎石路 6 千米，修通村社断头路 4 条。邓庙乡新修社道 4 条 4 千米，新铺碎石路 2 千米，机动车道全部建成硬化路面。岐山乡投资 15.8 万元，投工 7000 个工日，完成土石方 7000 立方米，整治村社道路 3 条 6 千米；筹资 15 万元，新建岐回路岐山段水泥路 1 条 0.55 千米，使岐山乡与成雅高速公路进出口连接。

　　2001 年，义和乡水泥路铺设 1.5 千米。邓庙乡整治机耕道 4 条 2.5 千米，铺设碎石路 4 千米。岐山乡铺设 5 千米的碎石路面，新建社道、户道（土路）3 千米。

2002 年，邓庙乡投资 20 万元，新建和整治机耕道 3 条 3.5 千米，新铺碎石路 3 条 4.5 千米，新建"民心桥"一座。岐山乡新修碎石路 4 千米，机耕道 3 千米。

2003 年，谢家镇成立公路建设领导小组，办公室设在农机站，完成红石村 5 社至 6 社、李山村至义和乡悦园村水泥路建设 2.5 千米。义和乡投入资金 48 万元，新建水泥路 3.2 千米，整治村社道路 15 千米，铺碎石路面 3 条 3.5 千米。邓庙乡整治机耕道 3 条 7 千米，新建水泥路 2 条 3.5 千米。岐山乡修通了柏林 4 社至敬老院路段水泥路 2.3 千米。

2004 年，谢家镇完成新彭谢路口至和昌化工道路拓宽改造工程，打通天庙村至吴堰村断头路，实现 100% 的村通水泥路，80% 的农业社通水泥路。义和乡有水泥路 35.7 千米，投入 42 万元，新建水泥路 3.7 千米，整治村社道路 12 千米，铺碎石路面 3 条 6 千米。邓庙乡整治机耕道 6 条 8 千米，邓岐路石谷段硬化进入施工阶段。岐山乡投资 38 万元，新修水泥路 3.4 千米。

2005 年，谢家镇谢邓路 1.1 千米硬化建设全面竣工，硬化村社水泥路 4 千米，新铺设碎石路 7 千米。义和乡投入 32 万元，新建水泥路 2.5 千米，整治村社道路 13 千米，铺碎石路面 4 条 5 千米。

2006 年，谢家镇启动谢义路硬化建设。义和乡铺碎石路面 3 条 5 千米。

2007 年，谢家镇投入 120 万元，新建通乡水泥路 1.6 千米，桥梁 1 座；通村公路完成水泥路 3.8 千米，碎石路 30 千米；维修胜利桥，整治机耕道 24 千米。义和乡完成通畅工程 1.6 千米，通达工程 3 千米；新铺碎石路 8.6 千米，新修村道 3.5 千米。

2008 年，谢家镇实施道路畅通工程。义和乡新建田间道 2 条 2.13 千米，整治田间道 10 条 7.31 千米，整治生产路 9 条 4.85 千米，硬化水泥路 6.7 千米，新铺碎石路 7.6 千米，新修村道 4 千米。

2009 年，谢家镇辖区内有县道 1 条 6 千米，乡道 2 条 9 千米，村道 21 条 32 千米，社道 212 条 206.4 千米；投入 300 万元大修 14 千米谢青路，投入 100 万元整治谢家至邓庙 2.5 千米烂路；建成通村公路 10.7 千米，修建农村机耕道 2.5 千米。义和乡新建 17.8 千米通村、通社公路，修缮碎石路 50 千米。

2010 年，谢家镇建成通村公路 13 千米，修建农村机耕道 3 千米；硬化 3 米宽道路 9 条 5.14 千米，硬化 2.5 米宽道路 16 条 8.91 千米。

2011 年，谢家镇建成通村公路 24 千米，整修农村机耕道 36 千米。义和乡投资 44.45 万元，新建水泥路 3 条，整治生产道路 5.84 千米。

2012 年，谢家镇硬化农村道路 7.7 千米。义和乡新建水泥路 2 千米，整治田间道 10 条 12 千米，新建人行桥 47 座，整治 2.5 米宽 C25 砼路面田间道 2 条 3.12 千米，新建田间错车道 9 处。

2013 年，谢家镇硬化村道、社道 6.5 千米。义和乡投入财政扶贫金 90.6 万元，整治硬化村、社道路 11.79 千米；完成岐山村高速路口至岐山场镇 2.5 千米道路的修建和

岐山至谢家 10 千米的道路拓宽工程；投入 30 万元，完成喻沟村 2.3 千米道路的拓宽、堡坎工作；投入 100 万元，建设大坝水库尾水工程道路，拓宽村道 2.8 千米，新修水泥路 1 千米。

2014 年，谢家镇投入 1600 万元新建 2.4 千米蓉兴路，2.6 千米彭谢老路；改造保邓路 6.2 千米，新彭谢路谢家段 4 千米；新硬化村道、社道 6.5 千米。义和乡争取省级"一事一议"财政奖补资金和上级项目补助资金 300 万元，硬化村、社及猕猴桃园区生产便道 13 千米，灌溉沟渠 10 千米。

2015 年，谢家镇谢义路升级为省道，向区政府、交通局争取专项资金 1100 万元，完成新彭谢路黑化工程，启动亮化、绿化、美化工程建设，促成眉山对接成都的工业大道、全区西山旅游环线规划经过谢家。

2016 年，谢家镇通组道路硬化 18 千米，谢义路完成升级改造，新彭谢路完成"四化"（黑化、亮化、绿化、美化）建设。义和乡依托现代农业项目硬化道路 17 千米，通村到社道路硬化率达 100%。

2017 年，谢家镇谢邓路改建、迎宾大道、工业大道、产业发展小环线等建设按期推进，"四好"农村路迎省检得到好评；完成 6.4 千米高标准村道建设，10 千米产业发展小环线投入使用。义和乡完成省"车购税"补助通村硬化路项目 8.2 千米，道路黑化 10.5 千米。

2019 年，谢家街道投入资金 2900 万元，完成农业生产主干道硬化 21 千米，整治沟渠 31 千米；辖区内公路总里程 201 千米，其中县道 51 千米、村道 150 千米。

2020 年，谢家街道通村公路硬化率达 100%，通社道路硬化率达 90% 以上。

【道路】

成眉工业大道。起于省道 106 线东坡区境内高河坎，经眉山经开区新区、彭山石化工业园区、青龙工业开发区，连接成（都）新（津）蒲（江）快速通道，全长 32.6 千米（谢家段 5.7 千米），按双向六车道、路幅宽 64.5 米的标准建设。

彭谢路（旧路）。彭（山）谢（家）路，起于凤鸣街道火车站，止于谢家街道政府，长 10.76 千米，路基宽度 8.5 米，路面宽度 6 米。1987 年，铺设谢家段 6 千米沥青路面。1988 年，投资 70 万元，全部铺成油路。1992 年，建成西门火车站立交桥下混凝土路面工程。1995 年，投资 30 万元，完成全路罩面工程。

彭谢路（新路）。起于岷江大桥西岸，与省道 S103 线相交，止于谢家街道，全长 10 千米，路基宽度 12 米，路面宽度 9 米。1996 年 4 月 25 日，经乐山市计经委、乐山市交通局批准立项，6 月由乐山市公路规划勘测设计院完成设计，8 月开始征地、拆迁，11 月破土动工。1997 年，投资 700 万元，完成路基回填 16 万立方米和筑路桥涵工程任务。1998 年，砼路面工程建设启动，8 月，谢家镇至高速公路立交桥加宽段工程建设开工。1999 年 12 月 20 日，主体工程完工，12 月 24 日全线通车。工程建设累计投资 4000 万元。

谢义路。谢（家）义（和）路，起于谢家镇，止于义和乡，全长 4 千米，路基宽度 5.5 米，路面宽度 4.5 米。1988 年前只有基础路基，1988 年加铺路基。1994 年，投资 65 万元完成改造。

谢岐路。谢（家）岐（山）路，起于谢家镇，止于岐山乡，长 13 千米，路基宽 8.5 米，路面宽度 5 米。1988 年前，车辆无法通行，1988 年加宽改造。1994 年，投入 2 万元整治路面。1997 年，投入 36 万元，完成谢（家）至邓（庙）段 8.6 千米水泥铺设及府堰桥加宽。

谢青路。谢（家）青（龙）路，起于谢家镇，经公义镇，止于青龙镇，全长 13 千米，路基宽度 8.5 米，路面宽度 5 米。1988 年前，谢青路部分路段通车。1988 年，对路面进行加铺。1996 年，投入 200 万元完成改造。1998 年，全部建成砼路面。

保邓路。起于公义镇场镇，止于谢家街道邓庙村，长 12.74 千米，宽 5.5 米。

凤义路。起于凤鸣街道火车站，止于谢家街道原五星村，长 7.1 千米，宽 5 米。

王义路。起于东坡区彭山区界，止于谢家街道场镇，长 4.97 千米，宽 6 米。

【桥梁】

2020 年，谢家街道境内主要桥梁 20 座。

红光桥。位于谢家场社区。长 14 米，宽 6 米，高 8 米，最大跨度 12 米。

通济堰桥。位于谢家场社区。长 30 米，宽 7 米，高 12 米，最大跨度 10 米。

乐善桥。位于谢家场社区。长 32 米，宽 7 米，高 10 米，最大跨度 10 米。

吴埝桥。位于谢家场社区。长 10 米，宽 5 米，高 5 米，最大跨度 10 米。

跃进桥。位于道谢家场社区。长 15 米，宽 6 米，高 6 米，最大跨度 15 米。

凤义路一桥。位于谢家街道义和场社区。长 15 米，宽 5 米，高 7 米，最大跨度 15 米。

C176 一桥。位于义和场社区。长 10 米，宽 4 米，高 3 米，最大跨度 10 米。

五星一桥。位于义和场社区。长 22 米，宽 6 米，高 5 米，最大跨度 11 米。

一号桥。位于李山村。长 10 米，宽 5 米，高 4 米，最大跨度 10 米。

二号桥。位于李山村。长 10 米，宽 5 米，高 6 米，最大跨度 10 米。

三号桥。位于悦园村。长 10 米，宽 5 米，高 3 米，最大跨度 10 米。

四号桥。位于李山村。长 10 米，宽 5 米，高 5 米，最大跨度 10 米。

五星二桥。位于李山村。长 24 米，宽 7 米，高 10 米，最大跨度 12 米。

邓庙桥。位于邓庙村。长 20 米，宽 5 米，高 6 米，最大跨度 18 米。

黄坝桥。位于邓庙村。长 15 米，宽 5 米，高 5 米，最大跨度 15 米。

黄角桥。位于邓庙村。长 9 米，宽 5 米，高 4 米，最大跨度 9 米。

白坡桥。位于邓庙村。长 12 米，宽 6 米，高 7 米，最大跨度 12 米。

魏口大桥。位于邓庙村。长 120 米，宽 30 米，高 20 米，最大跨度 110 米。

金河桥。位于汉安村。长 15 米，宽 6 米，高 5 米，最大跨度 15 米。

红霞大桥。位于汉安村。长 30 米，宽 5 米，高 6 米，最大跨度 15 米。

【车站】

谢家客运站。位于谢家街道谢家场社区，占地面积 2700 平方米，始建于 1999 年，2000 年建成。年运输旅客至眉山多悦、青龙、公义、义和、彭山达 15 万人次。

【客运】

1998 年，增加谢家至成都线，里程 67 千米，每日班车 1 次。2000 年，彭山—谢家 12 千米（新、旧彭谢路），日发 48 班；彭山—邓庙 18 千米，日发 8 班。

【加油站】

谢家农机加油站。位于谢家街道石山村 2 社，占地面积 280 平方米。

彭谢加油站。位于谢家街道汉安村 5 社，占地面积 2800 平方米。

【道路交通安全管理】

2008 年，谢家镇对街道停放车辆实行划线管理，非法载客三轮车、摩托车和乱停乱放现象得到有效控制，公交车超载现象得到缓解。

2014 年，谢家镇构建农村道路交通安全管理社会化协管网络，每个村（社区）设立专（兼）职交通安全协管员岗位，建立交通协管员例会制度，建立村（社区）机动车和驾驶人基础台账，加强对接送学生车辆的管理。

2015 年，是彭山区道路交通安全综合整治攻坚年，谢家镇按照"政府领导、部门联动、各司其职、各负其责、齐抓共管、综合治理"的方针和"实事求是、公开透明、奖惩分明"的原则，围绕"降事故、保安全、保畅通"的工作目标，促进道路交通有序、安全、畅通。谢家镇投资 3 万元，在街道和交通要道新设停车位和警示标牌，查纠车辆乱停乱放 279 起，规范纠正收割机 70 辆，查处抛、洒、滴、漏违章车辆 33 辆。

2016 年，义和乡治理机动车、非机动车违章停放 70 辆。

2017 年，谢家镇在凯旋路等 5 条交通流量较大的街道划标准停车线，设立标识标牌，规范车辆停放；投入 20 万元，在通济堰石山村段安装护栏 1 千米；投入 20 万元，对农村道路的桥梁安装护栏，重要路口安装减速带、爆闪等安防设施。义和乡加强农村道路交通安全管理工作，每季度召开一次交警中队、派出所、交管办、安办、环境治理办等部门参加的联席会议，每季度开展一次联合执法检查。

通信

【邮电】

邮电业务主要经营信函、包裹、电报、金融汇兑、报刊分发、电话等业务。1998 年 12 月，邮政电信分开营业，邮政负责传统邮电业务、电信负责电子通信业务。1999

年 7 月，电信、移动分离，分别经营固定电话和移动电话业务。2001 年，谢家镇有邮政所、电信所各 1 个，建有 GSM 基站 1 个。2005 年，速递、物流、快递等业务开始专业化经营。2012 年，随着互联网技术的高速发展，手机普及，网购成为购物新方式，传统邮政业务逐渐被快递业替代。

【座机】

随着程控电话的不断发展，手摇式电话机被全面淘汰。1995 年，谢家镇开通了全国联网的程控电话。1996 年，谢家镇开通 1000 门程控电话交换机和 GSM 基站。1997 年，谢家镇投资 11 万元，开通了 1 个村（居）委会程控电话。1998 年，义和乡安装程控电话 30 部。1999 年，义和乡程控电话实现全国联网，3 个试点村通程控电话。邓庙乡新增程控电话用户 11 户。2000 年，谢家镇有 1000 门程控电话主机楼，中国移动和中国联通均建有基站，实现了村村通程控电话和村村安装了光纤电视网络，通程控电话 72 户。岐山乡开通了程控电话，农民安装住宅电话 41 部。2001 年，谢家镇有电视差转站 1 个。义和乡邮电、广播电视村通工程主干线架通，电话容量达 1000 门，有电话 84 部，年内新增 30 部。2002 年，岐山乡实现了村村通电话，新安装电话 12 户，拥有电话 120 部。2003 年，义和乡通信主干线全部架通，装机容量达到 1000 门，固定、移动电话装机 500 户。邓庙乡程控电话扩容 200 门，新装电话 23 部，农村装电话难的问题得到缓解。岐山乡电话村通工程新增电话 15 部，农户通程控电话 137 户。2004 年，义和乡固定、移动电话装机 1100 户。2005 年，义和乡新发展村通电话 536 户。2006 年，义和乡新发展村通电话 556 户。随着移动通信、智能手机、互联网的普及，座机用户越来越少。

【寻呼机】

寻呼机又称 BB 机。1983 年，上海开通中国第一家寻呼台，BB 机进入中国。20 世纪 90 年代中后期，时尚青年以腰间跨 BB 机为荣，"有事就呼我"成为时尚流行语。

【小灵通】

2004 年，谢家镇境内开始发展无线座机，通信工具"小灵通"开始普及。"小灵通"采用微蜂窝技术，在无线网络覆盖范围内，实现随时、随地接听，拨打本地和国内、国际电话，扩展了固定电话的接听功能。小灵通是特殊时期的产物，后逐渐被淘汰。

【手机】

20 世纪 90 年代，一些成功人士以使用手机来彰显自己的身份和社会地位，又名"大哥大"。1996 年后，谢家镇机关和农村少数外出务工者开始使用手机，手机不再是城里人的专利产品，越来越多的农民在田间地头也能搞"遥控指挥"，通过无线通信联通全国各地。中国移动、联通、电信等移动公司进入谢家，给广大群众出行、通信、外出务工、网上推介农产品等带来方便。多数家庭、子女均有手机。上网、聊天、看新

闻、看电视电影、购物、导航、移动支付、银行支付和转账等功能不断强大。年轻人经常更换品牌手机追求新潮，昂贵者可至数千或数万元以上。手机成为现代人必不可少的通信工具和应用工具。

【广播】

1996年—1998年，谢家镇投入16万元，改造维修了农村广播线路。1997年，岐山乡广播入户率达100%，通信线路畅通无阻。1999年，义和乡投入72万元，埋置主干线电杆315根，8个村架设钢绞线18.2千米，光缆线11.8千米。2000年，义和乡广播电视村通工程主干线架通，改造丘区广播线路主干线4千米。邓庙乡开展农村广播网络检查，保证了喇叭音响率。2008年，义和乡文化广播事业欣欣向荣，"村通工程"全面完成。2011年，谢家镇实现广播电视村村通。2016年，义和乡完善广播基础设施建设，实现农村广播村村响。

【电视】

1996年，谢家镇建成光纤电视传输网络。义和乡建成乡地面卫星电视收转站。

1997年，谢家镇有线电视普及6个村1500户。

1998年，谢家镇有线电视发展用户2000户。义和乡闭路电视入网户达150户。

1999年，谢家镇有线电视用户发展2010户。义和乡3个"寿乡新村"试点村通有线电视。邓庙乡农村有线电视开通4个村，发展用户102户。

2000年，谢家镇实现光纤电视传输网络，通闭路电视380户，其中新增用户215户。邓庙乡70%的农户安装了光纤电视，有线电视用户发展到180户。岐山乡闭路电视入户50户。

2001年，义和乡新增闭路电视入网户264户。邓庙乡在"寿乡新村"试点户中有108户开通了闭路电视。岐山乡新安装闭路电视90户。

2002年，谢家镇有线电视用户稳定在1400户以上。邓庙乡有线电视新发展用户64户。岐山乡新安装闭路电视52户。

2003年，谢家镇加快农村有线电视村通工程建设，主要采取降低入网费、享受优惠安装、给予奖励等方式提高入户率，新发展有线用户120户，有线电视用户达1771户；加快农村有线电视村通工程建设，实现有线电视社社通的有2个（魏巷村和曾湃村），其余10个村实现了村通，有59个社通有线电视，实际收视户1464户。义和乡闭路电视入网户450户，新增闭路电视入网户100户。邓庙乡新发展有线电视用户90户。岐山乡通闭路电视127户。

2004年，谢家镇新发展有线电视用户96户，有线电视用户达到1867户。义和乡闭路电视入网户467户，新增闭路电视入网户80户。

2005年，谢家镇新开通有线电视社7个169户。义和乡新增有线电视入网户100户。

2006 年，谢家镇新开通有线电视社 7 个，新增有线电视用户 200 户。义和乡新增有线电视用户 100 户。

2007 年，谢家镇新安装闭路电视 200 户。

2008 年，义和乡投入 15 万元（县广播网络公司 9 万元，农户、农业社、乡广播站 6 万元），在岐山村开通光点两个，安装放大器 30 台，安装农户 180 户，实现有线电视网络覆盖全村。

2009 年，谢家镇实现自然村广播电视"村村通" 20 个。

2011 年，谢家镇广播电视和宽带实现村村通。

2012 年，义和乡全面完成有线电视信号模拟向数字转换，成功转换用户 930 户。

科技 教育

　　1996 年—2020 年，谢家镇（街道）以"科技兴村"为抓手，实施科技特派员"驻村工程"、科技信息网"村通工程"和科技示范镇建设，以科普宣传和科技培训为主要形式，开展科技推广服务，促进农民增产增收。全面贯彻《中华人民共和国教育法》，加大教育投入，保证农村孩子平等受教育权利，促进义务教育均衡发展，办学条件明显改善，教学质量显著提升，尊师重教之风日益浓厚。

科技

【科技培训】

　　1996 年，岐山乡以成人教育为龙头，与农技站和果技、蚕桑员密切配合，举办实用技术培训班 22 期，参训人数 1500 人次。

　　2000 年，谢家镇、村、社科技协会及部门举办培训班 210 期，培训 6000 人次。义和乡举办实用技术培训班 166 期，参训人数 6000 人次，印发技术资料 1.2 万份，被眉山市授予"科技进步先进乡"。邓庙乡开展科技培训 8 期，参训人数 3500 人次，印发技术资料 2500 份。

　　2001 年，岐山乡举办农技、果技培训班 4 期，发送技术资料 500 份。

　　2003 年，谢家镇组织实用技术培训班 13 期，培训人数 3500 人次。义和乡成人文化技术学校围绕农技、辣椒、蘑菇生产，举办培训班 63 场 3400 人次，发放技术资料 1.6 万份，成人文化技术学校被市教育局评为"农村成人教育先进集体"。邓庙乡举办技术培训班 14 期 2000 人次，发放科技资料 4000 份，组织 1500 人参与省上在谢家镇开展的"科技大场"活动。岐山乡举办 6 期实用技术培训班，受训人员 600 人次，发放科技资料 1000 份。

　　2004 年，谢家镇组织人员参加县主管部门农业培训会 7 期，利用村通广播、村社公开栏、培训班等形式进行农业技术宣传、培训，组织农技员培训 3 次，发放大、小春经济作物栽培技术资料 6000 份；农业服务中心举办丰水梨栽培培训 1 期，参加农户 200 人，发放技术资料 200 份。义和乡成人文化技术学校农技培训 26 场次，受训 1500 人次，发放技术资料 1.5 万份。邓庙乡举办农技、果技等实用技术培训会、广播讲座、现场会等 10 次，受训人数 5000 人次，发送技术资料 3000 份。

　　2006 年，谢家镇组织 430 人完成劳动力提升培训，实施"科技兴镇"战略，开展农村实用技术培训 3700 人次，发放资料 7300 份。义和乡农民实用技术培训 3000 人次，辣椒协会向会（社）员和生产农户技术培训 16 场 1700 人次，向农民宣传技术、指导生产 650 次，整理印发技术宣传资料 9000 份。

2007 年，谢家镇举办实用技术培训 1.27 万人，480 人完成初级以上职称培训；对村级计算机操作员系统化培训 4 次，240 人完成劳动力提升培训。

2008 年，谢家镇对农民进行实用技术培训 3500 人次，发放资料 7000 份，培训农民工 600 人，开展中初级水稻制种的田间管理和病虫防治、生猪饲养管理及疾病防控、家禽的饲养管理和疾病防治、泽泻的育种和苗床管理等实用技术培训 1.2 万人次，发放技术资料 6000 份，接受技术咨询 500 人次，培育新型骨干 120 人。义和乡组织开设了美容、保健、按摩为主的培训班，技能培训人数 200 人，农民工培训 400 人。

2009 年，谢家镇开展民生工程农民实用技术培训 19 次，培训 1.58 万人次；劳保所培训进城务工人员 304 人，其中获证人数 200 人次，培训新型农民骨干户 100 户，带动农户 1020 户，培训泽泻基地示范户 100 户 600 人次，发放技术资料 5000 份。义和乡农村劳动力技能培训 150 人，农民工品牌培训 106 人，获证人数 256 人。

2010 年，谢家镇畜牧站组织开展现代畜牧业科技培训 80 人次。

2011 年，义和乡培训 6 期，培训 1800 户共 2400 人，发放宣传资料 1 万份。

2014 年，义和乡开展农民实用技术培训，培训 1.43 万人次。

2015 年，谢家镇培训农业实用技术 18 次 1.2 万人次，发放技术资料 5000 份；毛河村、汉安村第一书记邀请四川农业大学陈兴福教授在汉安村举办了一期泽泻实用技术培训班，种植大户、科技示范户、残疾人及镇农业服务中心人员等共计 400 人参加，发放技术资料 500 份，现场解疑答难 100 人次。义和乡举办农民实用技术培训 9 期 2000 人次。

2017 年，义和乡开展农业技术培训 6 场。

2018 年，谢家镇实施贫困户技能培训，举办培训班 150 期，培训贫困群众 2000 人次。义和乡组织开展厨师培训、手工培训、种植养殖技术培训 30 场次，67 名新型职业农民经过培训后取得合格证。

【科技推广】

1996 年，义和乡推广小麦拌种剂 5000 亩，50 亩抛秧示范田获高产。岐山乡推广水稻抛秧、小麦拌种剂，水稻单产 501 公斤，小麦单产 273 公斤。

2000 年，谢家镇从省农科院及有关部门引进 K 优 047、Ⅱ优 7 号、Ⅱ优 162 号、中香 1 号、茉莉香籼等优质稻 13 个品种，在谢家进行 113.7 亩的优质稻对比试验和大田示范，获得优质稻 10 项高产数据和配套栽培技术，每亩比传统杂交稻增收 80~120 元。推广农村实用新技术，完成固定厢沟双免耕 50 亩，稻草覆盖洋芋 2000 亩，秸秆还田 8100 亩。

2001 年，谢家镇推广种植优质稻 3200 亩，每亩比传统杂交稻增收 200~500 元。

2003 年，谢家镇推广固定厢沟双免耕 500 亩，稻草覆盖洋芋 1200 亩。邓庙乡推广

农业新技术 7 项。

2004 年，谢家镇推广"R 系列"小麦新品种 1500 亩，"双低油菜" 1200 亩，"华油 2790" 500 亩；小麦规范化栽培 1.1 万亩，免耕田化学除草 1.5 万亩，固定厢沟双免耕 8500 亩，水稻播种在丘区缺水的 4 个村社进行旱育秧推广试验；在彭谢新路两侧进行生物多样性示范推广，杂糯间栽 150 亩，水稻宽窄行 6000 亩，规范化栽培 1.6 万亩。义和乡推广科技特派员驻村、驻项目活动 15 项，新发展和改制水果 2100 亩。邓庙乡推广新品种和新技术项目 12 个。

2005 年，义和乡推广高产高效农业项目 36 项，其中高产优质稻 1.7 万亩，水稻免耕面积 9000 亩，制种免耕 5000 亩，规范化栽培 1.9 万亩，旱育秧栽培 6000 亩，秧田化学除草 3300 亩，大田化学除草 1 万亩；推广小麦新品种 6000 亩，油菜新品种 3700 亩；稻草覆盖辣椒 4000 亩，旱地改制 800 亩，小麦拌种防锈病 6000 亩；科技抗旱地膜覆盖辣椒 3000 亩，水果高改 200 亩。

2006 年，义和乡推广农业项目 38 项，水稻制种免耕 8000 亩，水果高改 500 亩。

2007 年，义和乡推广农业项目 36 项，水稻免耕栽培 1.1 万亩，秧田化学除草 3500 亩，稻田覆盖小麦、油菜 8000 亩，旱地改制 1100 亩，地膜覆盖辣椒 3000 亩，推广小麦良种"川麦 48 号" 2000 亩，优质油菜 4000 亩。

2009 年，谢家镇指导大小春农作物双免耕 5.6 万亩次，化学除草 7.5 万亩次，水稻苗床免（少）耕旱育秧 350 亩次，水稻规范化栽培 1.8 万亩次，优质稻推广 2 万亩次，玉米地膜育苗移栽 1300 亩次，小麦稻草覆盖 8500 亩次。

2015 年，谢家镇水稻规范化栽培 2.4 万亩次。

2018 年，义和乡推广实施水肥一体高效节水技术 2000 亩。

2019 年—2020 年，谢家街道组织开展科技宣传月和科技活动周活动，宣传防艾、环保、防震减灾、安全自救、农业技术、节能减排等相关知识。

【"双科"工程】

"双科"工程指科技特派员"驻村工程"和科技信息网"村通工程"（以下简称"双科"工程）。

1997 年，谢家镇实施"科技亿元镇工程"建设。

2001 年，义和乡由乡成人文化技术学校牵头，开展农技、果技、林业、多种经营等部门参与的送科技下村活动。

2003 年，彭山县下派科技特派员 3 人到谢家镇，镇政府对口落实 3 名联络员。科技信息网"村通工程"谢家镇有 12 个村和 3 户专业大户实现网上互联，从网上下载技术信息资料 410 份，发布基围虾、青菜、丰水梨等供求信息 151 条，科技对全镇经济的贡献率达 52%。邓庙乡有 7 个村制作了主页，2 个村配备了微机，实现村通互联网。

2004 年，邓庙乡李店、邓庙、白鹿 3 个村新配了微机，开通了互联网。

2005 年，谢家镇开展"双科"工程，推广新品种新技术，解决科技事务 16 件，建立科技特派员联系制度，召开 5 次科技特派员会议，选派合格的科技联络员和特派员 19 名，《今日彭山》、彭山电视台等媒体宣传科技信息网"村通工程"工作 5 次。义和乡成立"双科"工作领导小组，把"双科"工作列入部门和村级目标管理，选派 16 名科技特派员，服务项目 19 个，落实项目经费 3.4 万元，13 个村和 6 户专业大户全部在互联网上制作了主页，杨庙、活桥等 5 个村配备了上网微机，13 个村全部配齐电视机、VCD，举办微机操作员培训 5 期，培训操作员 44 人次，在科技信息网上定期发布农产品供求信息 24 条，网上销售山羊 65 只。

2006 年，谢家镇开展"双科"工程和农村党员干部远程教育等活动，洪塔村远程接收站点通过全国远程办的检查验收。义和乡建成农村现代化远程教育站点 8 个。

2008 年，谢家镇启动科技特派员服务工作。

2017 年，谢家镇每个村派驻驻村农技员 1 名。

【农技服务】

2008 年—2019 年，谢家镇农技推广服务机构分别有 4 个、4 个、1 个、1 个、4 个、1 个、1 个、5 个、5 个、5 个、5 个、5 个，农技推广服务从业人员分别有 27 人、27 人、12 人、12 人、28 人、7 人、7 人、21 人、26 人、28 人、18 人、18 人。2008 年—2017 年，义和乡有农技推广服务机构 1 个，2018 年—2019 年，义和乡有农技推广服务机构 3 个；2008 年—2019 年，义和乡农技推广服务从业人员分别有 3 人、5 人、4 人、3 人、5 人、6 人、6 人、7 人、7 人、7 人、4 人、4 人。

2008 年—2013 年，谢家镇农业专业合作经济组织分别有 3 个、5 个、5 个、7 个、9 个、10 个，农业专业合作经济组织成员分别有 1580 人、1750 人、5723 人、6295 人、1560 人、1670 人。义和乡农业专业合作经济组织分别有 3 个、5 个、3 个、3 个、8 个、11 个，农业专业合作经济组织成员分别有 3860 人、4060 人、2271 人、2298 人、4540 人、1092 人。

2014 年—2019 年，谢家镇农民合作社分别有 10 个、12 个、12 个、12 个、17 个、17 个，农民合作社成员分别有 1670 人、4685 人、4986 人、5016 人、371 人、384 人。义和乡农民合作社分别有 12 个、17 个、17 个、17 个、15 个、10 个，农民合作社成员分别有 1110 人、1730 人、130 人、230 人、898 人、995 人。

2020 年，谢家街道农业技术服务机构 8 个，从业人员 22 人，农业专业合作社 27 个，成员数 1346 人。

【科技示范镇建设】

1999 年，谢家镇被列为"省级科技示范镇"。邓庙乡树立科技示范户 12 户。

2000 年，谢家镇被列入四川省三个科技示范重点镇之一。

2001 年，谢家镇、义和乡组织科技副乡镇长、科技站长到成都市第一农科所（蔬

菜研究所）参观学习，引进黄秋葵、七彩椒新品种进行试种。

2002年4月4日，省科技厅组织省农业科学院、农业厅、林业厅有关专家对谢家科技示范镇建设工作进行验收，经专家组实地考察、听取汇报、查阅资料，认真评议，一致同意通过验收。

彭山县谢家镇科技示范镇工作的验收意见

（2002年4月4日）

推广应用农业先进增产增收技术，三年来，年均示范推广优良农畜新品种及农业新技术30项。基本建成集中成片水稻制种基地、优质蔬菜（苗）生产基地、泽泻基地、优质畜禽生产基地、优质稻基地5大优质特色农产品生产基地。其中泽泻生产基地已被列为四川省中药材规范化种植泽泻科技示范区。通过示范，科技致富成了多数农民的自觉行动，农民人均纯收入年均增收200元以上。

抓住建设重点科技示范镇的机遇，科学规划推进了集镇建设快速发展，谢家镇由原来的0.8平方千米发展到现在的1.8平方千米。已发展成为彭山县城西部的商业贸易区。建成了科技信息网络中心，实现了村村通水泥路、广播电视村通工程，使集镇功能进一步完善，为农业产业结构调整、农村劳动力转移创造了良好的环境和条件。

该镇科技示范工作，领导重视，措施得力，成效显著，符合省"科技示范镇"的条件，专家一致同意通过验收。

2008年，义和乡树立科技示范户100户，利用科技示范户和村农技员的包产田作为试验示范阵地。

2015年，义和乡联系科技示范户25户，辐射带动农户252户。

2017年，谢家镇完成基层农业技术推广体系改革，做好了建设项目科技示范主体示范大户34户的联系工作。

【四川省第三届迎新春科技大场】

2003年1月20日，省委宣传部、省文明办、省科技厅等14个部门，会同眉山市、彭山县有关部门联合在谢家镇举办"四川省第三届迎新春科技大场"活动，四川省委常委、宣传部部长王少雄出席活动。为谢家镇及西山片区5万名群众送来了医疗药品设备、文化书籍、万村书库、农业科技书籍、种子，使2万名群众受益。王少雄宣布"四川省第三届迎新春科技大场"开幕。

省级部门向谢家镇赠送物资汇总表

序号	单位	赠送物资
1	省委宣传部、文明办	"万村书库"书籍
2	省科技厅	计算机1台、农村实用技术光盘系统5套，科技图书100册，科普挂图一套，优质农药3件，水稻良种130斤

序号	单位	赠送物资
3	省农业厅	植保机械 2 台
4	省文化厅	农业科技图书 1000 册、农业养殖技术光盘 50 盘
5	省卫生厅	2.5 万元现金支票；3.5 万元医院药品和器械
6	省司法厅	《公民行为十万个为什么》50 套，其他书籍 1800 册
7	省计生委	B 超 1 台，电脑 1 台，医疗设备、1 万元避孕药具、1 万元音像文图宣传品
8	省广电局	音像制品、广播电视报
9	省新闻出版局	《农村文库》5 套、科普读物、文化图书 2000 册
10	团省委	书籍 1000 册，年画 300 张，优质种子
11	省妇联	书籍 1000 册，年画 3000 张，长虹电视机 1 台，VCD 机 1 台
12	省科协	科普录像带 5 套，科普录像光盘 3 套，农村科技书 54 套，少年科普读物 20 套，科普挂图 12 套
13	省文联	字画作品
14	四川新华书店集团	价值 5 万元图书

教育

【办学条件】

1996 年—1998 年，谢家镇投入 150 万元完成了中小学广厦工程建设和中学校园建设，平整了中学操场。

1996 年，邓庙乡投资 32 万元，新建中学教学楼 900 平方米，完善硬件设施，充实教学设备。

1997 年，邓庙乡投资 20 万元，对中学校园进行绿化，添置教学设备，更新学生桌凳。

1998 年，义和乡投资 35 万元，修建义和中学教师宿舍楼 887 平方米，改善了办学条件。

1999 年，义和乡中、小学分别建了微机室，装机 42 台。邓庙乡投资 26 万元新建了小学教学楼，投资 2 万元建中学体育场。岐山乡投资 1.3 万元，建设中心小学校园绿化和教学区道路。

2000 年，义和乡投入 9.2 万元，用于中小学维修，添置课桌凳 420 套，安装计算机 10 台。

2001 年，谢家镇投入 100 万元改善办学、教学条件和提高教师待遇。岐山乡补助中心校 3000 元，新购置微机 9 台。

2003 年，彭山县引进社会力量对谢家曾红小学、义和小学、岐山小学学校校舍进行改造和修建，总投资 120 万元的曾红小学动工建设。义和乡投入 66.3 万元，新建小学综合教学楼 880 平方米、伙食团 150 平方米，对中学伙食团、厕所、沟渠、操场等进行了改造整治。邓庙乡争取上级资金 6 万元，改造了中学和小学的危房。岐山乡投入 90 万元，完成对岐山中心校危房的全面改造。

2004 年，谢家曾红小学教学楼主体工程竣工。义和乡投资 72.35 万元新建小学综合楼及配套设施。

2005 年，谢家曾红小学建设竣工并交付使用。

2008 年，谢家镇投资 500 万元，改造留守儿童寄宿制学校 1 所（谢家一中）。义和乡筹资 5 万元改造了义和中学教学楼。

2012 年，义和乡完成 400 万元的中小学布局调整项目，重新打造义和中学新校区 27.8 亩，完成旧教学楼翻新、新教学楼、学生食堂、厕所等建设工程，满足全乡所有适龄中小学生的就读需求。

2013 年，义和乡投资 20 万元，完成义和学校附属幼儿园改建工程。

【教学质量】

1996 年—1998 年，谢家镇 3 年输送中专、中师、高中、职高生 678 人，"普九"工作全面达标。

1996 年，义和乡中心小学"四率"（适龄人口入学率、毕业率、巩固率、15 周岁少年小学教育完成率）除巩固率为 99.7%外，其余均为 100%。毕业统考，数学、语文平均成绩分别名列全县农村小学第 1 名和第 2 名。为此，乡小学连续 6 年被县教育局评为"先进集体"。

1997 年，邓庙乡中学升入中专（中师）4 人、普高 2 人、职高 26 人。岐山乡"普九"通过复查验收，应届初中毕业生升入中专 2 人、升入普高 8 人。

1998 年，岐山乡应届初中生，升入中专 7 人、升入高中（普高、职高）4 人。

1999 年，谢家镇小学升学考试成绩列全县第 3 名，谢家镇中学升学考试成绩列全县第 6 名。义和乡小学毕业会考，语文、数学、常识总分居全县农村小学第 4 名，义和乡中学输送到中专、中师、高中等学生共 99 名。

2000 年，谢家镇巩固了小学"五率"（适龄人口入学率、小学生毕业率、小学生年辍学率、15 周岁少年小学教育完成率、小学教师学历合格率）和中学"四率"（适龄儿童少年入学率、在校生辍学率、毕业率、17 周岁人口初中教育完成率）达标成果，谢家镇中学获县综合评估、校园"三化"（绿化、美化、净化）建设、教育装备 3 个第一和教学质量二等奖，谢家镇小学获县综合评估、校园"三化"建设 2 个第一，教育装备三等奖和教学质量一等奖。义和乡输送中专、中师、普高和技校学生 73 名，升学率为 94.7%。邓庙乡初中升高中、中专上线 8 人，全乡普及了九年制义务教育。

2001 年，谢家镇向各级学校输送新生 507 人，入学率达 100%，普及九年制义务教育。

2002 年，谢家镇向各级学校输送中专、高中、职中生 76 人。邓庙乡按照"新课标"进行课程改革，为各级学校输送新生 12 名；岐山乡适龄儿童入学率达 100%。

2003 年，谢家镇中学升学率获全县乡镇第 1 名，谢家镇小学毕业成绩获全县第三名。义和乡中学向各级学校输送中专、中师、高中、技校生 85 名，升学率达 80%，获县农村中学综合评估二等奖，义和乡小学教学继续保持农村小学的领先地位，六年级毕业考试，语、数人均总分列农村小学第四位，合格率、优生率列农村小学第二位，课改实验工作获县二等奖。邓庙乡中学有 13 名同学升入高中。

2004 年，义和乡向各级学校输送中专、中师、高中、技校新生 65 名。普高录取前 100 名 3 人，前 300 名 12 人，获县农村中学教学质量综合评估一等奖，小学获县课改实验综合评估二等奖。邓庙乡考上高中 15 人。

2005 年，谢家镇普高上线 55 人。义和乡中学毕业 89 人，升学 42 人，获县农村中学教学质量综合评估一等奖，小学获县教学质量综合评估一等奖。

2006 年，谢家镇尝试新的教育方式，谢家一小语文、数学公开课形式在全县推广。义和乡中学毕业 145 人，升学 75 人，升入高中 24 人，进入全县前 100 名人数为 5 人，进入全县前 300 名人数为 8 人；义和乡中学获得县政府普通教学成果一等奖，获得教育局综合评估二等奖，获得全国英语竞赛三等奖，其中 2006 级 1 班被评为"眉山市先进班集体"。

2007 年，谢家镇入学率、九年制义务教育普及率达 100%。义和乡小学升学率 100%，中学获全县综合评估一等奖、教育教学质量优秀奖。

2009 年—2010 年，义和乡中小学入学率保持 100%，中学教育教学质量保持全县乡镇中学第一。

2020 年，谢家中学被创建为市级"绿色示范学校"。

【教育助学】

2004 年，邓庙乡争取县委统战部、县阳光救助中心的支持，资助失学儿童和贫困生 32 人。

2007 年，谢家镇关爱留守儿童 175 人，免除 2465 名中小学生学杂费，免费向 300 名学生提供教科书，资助困难学生 98 人，资助农村困难独生子女就读 22 人。

2008 年，谢家镇实施教育助学工程，在谢家一中建成"留守儿童之家"，关爱留守儿童 60 人。开展"两免一补"（免费教科书、免杂费、补助贫困寄宿生生活费）工作，免除 2258 名中小学生学杂费，免费向 2258 名学生提供教科书，补助寄宿生生活费 120 人，资助困难独生子女就读 2 人，资助贫困中小学生 50 人。义和乡义务开展"两免一补"工作，免除 992 名中小学生学杂费，免费向 992 名中小学生提供教科书，补助寄宿

生生活费 20 人，补助特殊教育义务教育阶段在校残疾学生 20 人，"关爱女孩行动"资助困难独生女就学 3 人，资助贫困中小学生 46 人。

2009 年，谢家中学、谢家一小与派出所建立了留守学生监管体系。关爱留守学生 50 人，动员社会力量帮助困难学生 20 人，补助寄宿制贫困生 120 人，资助农村独生子女就学 2 人。

2010 年，谢家镇关爱留守学生 80 人，帮助困难学生 3 人，帮助义务教育阶段在校残疾学生 7 人，资助农村困难独生女就学 2 人。

2011 年，谢家镇城乡义务教育均衡发展，中小学"两免一补"工作做到应免尽免、应助尽助。

2014 年，义和乡慈善助学 6 名，金额 2.2 万元。

2016 年，义和乡慈善助学 5 名，金额 1.7 万元。2017 年，义和乡慈善助学 2 名，金额 4000 元。

2018 年，谢家镇为 63 名贫困户学生申请教育救助基金、"雨露计划"资金等 5 万元。

【学校概况】

1996 年，谢家镇有中学 1 所，教职工 44 人，在校学生 600 人；小学有中心小学和 8 所村小，教职工 86 人，在校学生 1500 人；入学幼儿 600 人，有教养员 22 人。义和乡有中心小学 1 所，辖村小 7 所，共有 39 个班，教师 60 人，学生 1032 人；幼儿园 8 所，15 个班，414 名幼儿，教师 15 人。

2000 年，谢家镇有中心小学 1 所，村小 8 所，在校学生 1500 人；初级中学 1 所，在校学生 660 人。岐山乡有小学至初中九年义务教育一体式学校 1 所，建筑面积为 1392 平方米，共 10 个教学班，在校学生 266 人。

2001 年，谢家镇有初级中学 1 所，教学班 16 个，教师 57 人，其中获得中级职称的有 23 人；小学 6 所，教师 92 人，获得中级以上职称的有 30 人，教师队伍中取得高级专业技术职称的有 47 人。

2002 年，邓庙乡撤并村小 2 所，分流裁减人员 9 人。

2007 年，谢家镇有初级中学 1 所，在校学生 956 人，教职工 52 人；有中心小学、村小 3 所，在校学生 1252 人，教职工 87 人。

2009 年 9 月，谢家镇第二小学合并到谢家镇第一小学，更名为谢家镇中心小学。

2008 年—2012 年学校、幼儿园统计表

年份	镇乡	小学			初中			幼儿园、托儿所（所）
		总数（所）	在校生（人）	教师（人）	总数（所）	在校生（人）	教师（人）	
2008	谢家镇	3	1176	74	1	850	53	4
	义和乡	1	488	47	1	360	28	2

年份	镇乡	小学			初中			幼儿园、托儿所（所）
		总数（所）	在校生（人）	教师（人）	总数（所）	在校生（人）	教师（人）	
2009	谢家镇	3	1048	71	1	713	52	4
	义和乡	1	436	45	1	270	26	2
2010	谢家镇	3	967	73	1	580	53	4
	义和乡	1	407	45	1	204	26	2
2011	谢家镇	3	954	73	1	583	53	4
	义和乡	1	337	44	1	180	26	2
2012	谢家镇	3	903	71	1	540	47	4
	义和乡	1	305	39	1	163	25	1

2013年—2019年小学、幼儿园情况统计表

年份	谢家镇				义和乡			
	小学			幼儿园、托儿所（个）	小学			幼儿园、托儿所（所）
	总数（所）	在校生（人）	教师（人）		总数（所）	在校生（人）	教师（人）	
2013	3	826	72	3	1	314	39	1
2014	1	786	72	3	1	240	33	1
2015	1	870	70	3	1	222	33	1
2016	2	913	72	3	1	128	33	2
2017	1	876	70	4	1	220	33	2
2018	1	840	66	3	1	167	25	2
2019	1	852	66	3	1	166	22	2

2020年，谢家街道有中学1所，小学2所，幼儿园3所。

2020年谢家街道学校、幼儿园情况统计表

名称	办学地址	教学班	在校学生（人）			教职工（人）	占地面积（平方米）
			合计	男	女		
彭山区谢家中学	正义街	10	447	242	205	55	14408
谢家镇中心小学	石山村	18	817	411	406	66	14994
彭山区义和学校	悦园村	6	138	75	63	28	16220
谢家中益幼儿园	和平街	6	207	90	117	24	2100
谢家中心街幼儿园	引凤街	5	136	74	62	16	1520
谢家和庆幼儿园	红石村	8	242	121	121	27	1920

学校介绍

【彭山区谢家中学】

创办于 20 世纪 70 年代，服务半径 15 千米，覆盖人口 4 万人，是一所全日制农村初级中学，位于彭山区谢家街道正义街 53 号。校园占地面积 1.44 万平方米。2003 年，固定资产 113.8 万元，教室 2100 平方米，住房 1800 平米，教学设备 42 件套，教职工人数 59 人（教师 52 人，中级 16 人，初级 36 人，职工 7 人），学生人数 756 人（一年级 4 个班 229 人，二年级 5 个班 250 人，三年级 6 个班 277 人）。2006 年有 62 人升入普高，升学率为 37.3%，位列全县第 3 名，进入全县前 100 名人数为 11 人。2007 年有 67 人升入普高，升学率突破 40%，进入全县前 100 名人数 7 人。2006 年—2008 年，连续 3 年获得教学质量综合评估一等奖。在 "5·12" 地震中，谢家中学的教学楼、综合楼、学生宿舍、教师办公室等校舍成为危房。在 "侨爱工程万侨助万村活动" 中，法国法华工商联合会捐资 87 万元修建教学楼。2009 年 8 月 16 日，谢家中学重建正式动工，2010 年 5 月，谢家中学投入使用，新修了拥有 16 间教室的教学楼一幢、能容纳 500 名学生的男女生宿舍楼各一幢和食堂一个。2009 年，学校更新设备设施，教学仪器设备达到国家三类标准，有 200 米跑道的体育场，宽敞明亮的图书室、阅览室，设备先进的计算机教室、多媒体教室。2020 年，学校有教职工 55 人，其中达到本科、双专科毕业学历的教师有 34 人，中学高级教师 10 人，中学一级教师 14 人，市级骨干教师 6 人，区级骨干教师 12 人。结合谢家街道的区域文化，重点打造 "谢" 文化，培养学生的感恩意识，树立学生的家国情怀。相继获得 "全国家长示范校" "市级阳光体育示范校" "市级文明单位" "市级抗震减灾科普示范校" "市级绿色示范校" "市级先进党组织" "创先争优先进基层党组织" "基层依法治理市级示范单位" "内保先进单位" "校园环境十佳学校" 等荣誉称号。

【彭山区谢家镇中心小学】

地处谢家街道石山村 2 组。前身是普育国民小学，创办于 1905 年，学校占地面积 1.5 万平方米，建筑面积 4000 平方米。2020 年，有教职工 66 名。学校有 200 米环形塑胶操场、计算机室、图书阅览室、科学实验室、音乐室、美术室、体育器材室、数字化教室，彰显了学校的现代化办学气息。百年校史，厚重积淀。逐渐形成了 "立德树人，传承创新" 的办学理念和 "团结、求实、开拓、创新" 的校风。学校先后被授予 "四川省绿化示范学校" "眉山市交通安全示范学校" "眉山市文明单位" "眉山市卫生先进单位" 等荣誉称号。

【彭山区义和学校】

位于彭山区谢家街道悦园村，学校占地面积 1.62 万平方米，建筑面积 5700 平方米，运动场面积 5600 平方米。2020 年，有教职工 28 名。下辖附属幼儿园，教师 3 人，保育员 3 人。学校拥有 200 米塑胶跑道的田径场、羽毛球场 1 个、标准化篮球场 3 个、乒乓球台 14 个、标准化五人制足球场 1 个，配备了学生微机室、音乐室、美术室，物理、化学、生物实验室和仪器室，学生图书阅览室，多媒体教学设备实现班班通。校园内绿树成荫，教学区、运动区、生活区布局合理，环境优美，是学习生活的理想场所。学校相继获得"彭山县教育质量特等奖""彭山县精神文明先进单位""彭山县先进教工之家""彭山县绿色学校"等荣誉称号。2020 年，学校男子足球队荣获彭山区中小学足球联赛小学男子组第 1 名。

幼儿园介绍

【谢家中益幼儿园】

地处谢家街道和平街 162 号，创办于 1997 年 3 月，属民办幼儿园，占地面积 2100 平方米，其中建筑面积 1800 平方米。2008 年，改建 A 区教学点，修建教学综合楼 1000 平方米，铺垫户外活动草坪 400 平方米；2015 年，改建 B 区教学点，修建教学综合楼 800 平方米，铺垫户外活动草坪 400 平方米，塑胶篮球场 80 平方米。园内阳光充足，有绿化面积 120 平方米。2020 年，有教职员工 24 人，设有大、中、小、托班共 6 个班。2003 年，被评为彭山县"文明单位"；2014 年，被评为县级"普惠性民办园"；2017 年，被评为眉山市"市级示范园"。

【谢家和庆幼儿园】

地处谢家街道红石村，创建于 2008 年 3 月，属民办幼儿园，占地面积 1900 平方米，建筑面积 1200 平方米，绿化面积 690 平方米，拥有 3000 平方米集幼儿活动室、午休室、舞蹈室于一体的综合教学大楼。2020 年，有教职员工 27 人，设有大、中、小、托班 8 个班，共 242 名幼儿。2008 年，荣获学前教育综合评估二等奖；2011 年，被评为彭山县二级幼儿园；2012 年，荣获学前教育综合评估二等奖；2014 年，被评为彭山县一级幼儿园；2015 年，被评为眉山市"普惠性幼儿园"；2016 年，被评为眉山市市级示范园。

【谢家镇中心街幼儿园】

位于引凤街 66 号，创建于 2008 年 9 月，属民办幼儿园，占地面积 1520 平方米。2020 年，有教职工 16 人，5 个班共 136 名幼儿。

《《《 文化 体育 》》》

　　谢家镇（街道）群众性文化体育活动丰富多彩。是四川省"特色文化之乡""群众文化活动先进镇"，是省级非物质文化遗产竹琴的故乡，竹琴表演曾多次走上中央电视台，是彭山区民俗文化气息和文化氛围最浓的乡镇之一，是"全国亿万农民健身活动先进乡镇"。在谢家街道，农民、居民健身意识强，学校体育、群众体育、竞技体育气氛活跃。

文化

【文化宣传】

　　1998 年，谢家镇开展大型文艺表演，节目有街道游行、舞蹈、独唱、川剧、小品、方言、腰鼓、莲箫、龙灯、狮灯等，参演人员 80 人，观众达 1000 人次。《四川日报》于 7 月、10 月先后进行宣传报道。在"119"宣传活动中，文化中心业余剧团排演了 4 个节目到彭山县政府、水电七局、谢家街头进行消防文艺宣传演出，《国防时报》《彭山报》先后进行宣传报道。书写宣传标语、会议标语 60 幅，放映电影 3 场。

　　1999 年，谢家镇举办新中国成立 50 周年成就展，业余川剧团的表演被中央电视台等媒体采访报道。

　　2000 年 4 月，眉山电视台以《乡村文化的领头雁》宣传报道了谢家镇文体专干王明祥的先进事迹；12 月，举办第一届谢家狗肉美食文化研讨会。

　　2001 年，谢家镇举办第二届谢家狗肉美食文化研讨会；3 月，眉山市委组织部在谢家镇拍摄制作电视宣教片《田野的回声》；4 月，四川电视台在谢家镇拍摄了以学习"三个代表"为内容的文艺节目，并在《今晚 10 分》栏目中播出；8 月 30 日，《眉山日报》在头版头条登载了长篇通讯《踩乐踏歌走谢家》；9 月，眉山电视台以《先进文化的魅力》、眉山广播电台以《先进文化的典范》专题报道了谢家镇的群众文艺演出活动。

　　2006 年，谢家镇宣传文化服务中心组织体育赛事 9 场次，布置会场 13 次，书写会标、宣传标语 80 幅。

　　2008 年，农村公益电影放映 90 场次，设置农村地名标志牌 7500 户。

　　2016 年，义和乡文化站开展 5 次科普知识、健康知识、法律知识、安全知识、猕猴桃种植、生猪养殖、舞蹈培训与讲座，完成 25 场电影固定放映任务。

　　2019 年 12 月，四川省文联组织"我的中国梦——文化进万家"走进毛河院子活动，协助拍摄活动的摄影作品在学习强国、中摄网、省摄影网上展播。

【文化阵地建设】

1997 年 6 月，谢家镇经省文化厅检查，被命名为"特色文化之乡"，投资 40 万元新建 1 座文化中心。

1998 年，谢家镇建成多功能文化活动中心，被省文化厅评为"全省群众文化活动先进镇"；强化文化市场管理，积极配合公安、工商等部门召开文化经营户会议 4 次，每月 2 次检查电子游戏室、录像茶座、书摊、音像出租等文化市场。

1999 年，谢家镇耗资 63 万元建成占地 10 亩的"谢家文化中心"，集图书阅览、茶园、娱乐等多功能于一体。

2000 年，谢家镇有录像室、电影队、广播电视站，有文化中心 1 个，影剧院 1 个，综合性文化娱乐场所 20 家，各村建有文化活动室。岐山乡建有 500 座位的影剧院、200 座位的电视室，还有 321 平方米的文化茶园和藏书 1000 册的书报阅览室及 76 平方米的录像室。

2001 年，谢家镇有村级文化室 13 个，文艺骨干队伍 3 支共 127 人。

2002 年，谢家文化站有文体专干 2 人；有电影院 1 个，面积为 600 平方米，座位 700 个；茶园 1 个，面积为 70 平方米。岐山乡 3 个村全部建有文化站。

2006 年，义和乡文化站有专职工作人员 2 名，办公室 2 个。

2008 年，谢家镇建成农家书屋 7 个，落实农民体育健身场地 1 个。

2009 年，谢家镇建成农家书屋 10 个。

2012 年，谢家镇以创建文化特色社区为目标，新建谢家场社区文化活动场所，整修谢家镇电影院，谢家场社区党支部组建固定的文艺宣传队。义和乡投资 7 万元，建成悦园村文化活动室。

2013 年，义和乡创作全县首支反映乡镇产业发展和风土人情的原创歌曲《天宫山的小辣椒》。争取省级资金 30 万元，修建乡综合文化站。

2016 年，义和乡有综合性室外广场 800 平方米，设有文化活动用房，即图书阅览室、广播室、电子阅览室等，建立宣传橱窗 1 个。投入资金 90 万元，修建猕猴桃文化广场。投入资金 17 万元，新建岐山村文化阵地，为岐山村送新书籍 2000 册，农家书屋实行专人管理，年接待读者 5000 人次。

2008 年—2018 年，谢家镇、义和乡分别有文化站 1 个。

2019 年，谢家镇、义和乡分别有文化站 2 个、1 个。

2014 年—2019 年，谢家镇有体育场馆 2 个。

2015 年—2019 年，谢家镇有公园及休闲健身广场 4 个。

2016 年—2019 年，义和乡分别有公园及休闲健身广场 1 个、1 个、3 个、7 个。

2020 年，谢家街道有文化站 2 个，休闲健身场所 2 个。打造了毛河院子、石山学堂

等文化阵地，开展了春节民俗文化、"石山春晚"等文化活动。

【毛河院子】

位于谢家场社区胜利桥街，毛河流域以北，占地面积 3800 平方米，建筑面积 1500 平方米，建成于 2019 年 9 月，是谢家街道整合文化、民政、环保等项目资金 300 万元对原屠宰场进行适当改造，致力于打造集思想引领、道德教化、文化传承、休闲娱乐、志愿服务、日间照料等多功能于一体的综合性实践平台和乡村聚集点。有文化茶馆、阅览室、餐厅、大舞台、休息室、理发室等。院子保留着 20 世纪 80 年代的灰瓦、白墙、大方桌建筑风貌，有接地气的文化舞台、盖碗茶和竹椅，是喝茶看书、下棋聊天、表演节目、分享生活等的休闲场所。2019 年，毛河院子成为谢家街道乡村文化振兴重要点位。

【文体活动】

1997 年，邓庙乡春节期间文艺宣传队到 8 个乡镇慰问演出，送戏下乡。

1998 年，谢家镇文化中心举办了"98 迎春文体活动"，400 人参加，观众 2000 人次。组织狮灯、龙灯、船灯，舞蹈队在村、场镇及眉山多悦、义和、邓庙巡回演出。组织"春节大拜年"文体队伍，到县城为城区人民表演。

2000 年，谢家镇组建的彩龙队参加第三届彭祖寿星节文艺会演，被县委、县政府授予"民俗文化活动特等奖"。岐山乡文化站成立了电影队。

2002 年，谢家镇有业余文体骨干 1125 人。文体骨干分布广泛，来自全镇各村社、街道、学校和场镇机关单位，老、中、青相结合，尤以青年人居多，占总人数的 76%。

2002 年，邓庙乡完成节假日调演任务，小学首次在县举办的"六一"儿童舞蹈大赛中获奖。

2005 年，彭山县进行长寿形象大使和孝子评选，并将之作为第四届长寿文化节的重要活动内容。经过村组推荐、乡镇单位和新闻媒体公示、公众投票、组委会调查核实、审查批准等程序，义和乡杨庙村 1 组万忠华被评为"彭山县十佳孝子"。

2006 年 5 月 21 日，谢家镇组织文艺骨干参加"一定要消灭血吸虫病"大型文艺表演。7 月 1 日，谢家镇举行庆祝中国共产党成立 85 周年"党在我心中"大型文艺表演。12 月 5 日，组织群众文艺骨干参加"12·4"法制宣传日街头文艺表演。

2007 年，谢家镇拥有以龙灯、川剧为龙头的业余文化宣传队 8 支，成立舞蹈队、秧歌队、老年骑游队。谢家场社区艺术团参加学习贯彻党的十七大精神文艺会演获得二等奖。

2009 年，谢家镇组织党建工作文艺宣传队，举办多场次大型民间文艺演出，省、市宣传部门领导到谢家调研后，给予肯定。

2012 年，谢家镇组织"创先争优""中共十八大"文艺宣传队，把党的十八大会议精神以老百姓喜闻乐见的形式，通过文艺大餐传达给党员群众。

2016 年，义和乡开展庆端午、中秋、国庆、春节、元宵等文体活动，喻沟村编排的舞蹈《东方红》在"滨江翡翠城杯"广场健身舞大赛中取得优秀成绩。

2020 年 1 月 14 日，彭山区图书馆在谢家街道义和场社区开展"文化暖冬"活动，组织留守儿童诵读经典书籍；参与"道德模范""彭山榜样"的评选，首创悦园村猕猴桃品鉴会，开展乡村卡拉 OK、集体广场舞等活动；持续做好文明村镇的创建和复查，成功创建义和场社区、悦园村、邓庙村 3 个市级文明村，创建石山村为区级文明村。

【创文工作】

2019 年，谢家街道全覆盖开展全国文明城市创建工作（以下简称"创文工作"），制作公益广告 2000 幅，创建文明村镇 10 个，建成新时代文明实践所。2020 年 9 月，谢家街道开展"创文工作"进校园，街道组织工作人员、志愿者、各村网格员前往谢家中学进行"创文"宣传。志愿者向学生们发放了创建全国文明城市宣传手册，教导学生在学校要讲文明、懂礼貌、勤奋学习，在家中孝敬父母，将文明好习惯带回家中。同时养成文明好习惯，争做文明劝导员。

【乡贤文化】

"弘扬乡贤文化，助推乡村振兴"，谢家街道悦园村成立新乡贤联谊会，旨在弘扬新乡贤文化，提高农民思想道德素质，推进乡风文明建设，传承发展农村优秀传统文化；深化村民自治实践，提升乡村德治和法治水平，全面推动乡村振兴。

乡贤不闲，当好八员。八员，即重点事务的监督员、社情民意的信息员、助人为乐的慈善员、基层矛盾的调解员、国策乡情的宣传员、助推发展的智囊员、文明乡风的传播员、乡村治理的勤务员。

承诺誓词。我是新乡贤，我承诺：我志愿当好新乡贤，坚持党的领导，密切联系群众，宣讲方针政策，及时反映民意，积极参议村务，加强村务监督，公正调解矛盾，树立好形象，传承好家风，传递正能量。

【家风文化】

传承中华文化，弘扬家庭美德。立家规，善待他人，重礼谦让，尊老爱幼，宽容博爱。传家训，谨言慎行，洁身自好，和待乡邻，宽厚谦虚。树家风，清白做人，爱岗敬业，诚实守信，见义勇为。

【新时代文明实践所】

2020 年，在毛河院子（谢家街道实践所）、石山村开展新时代文明实践所"一村一案"试点建设工作。下设 8 个（2 个社区 6 个村）新时代文明实践站，61 支志愿者服务队，统筹开展理论宣讲、科普宣传、文化活动等新时代文明实践活动，打造集思想引领、道德教化、文化传承等多功能于一体的综合服务平台，打通宣传群众、教育群众、引领群众、服务群众、凝聚群众的"最后一公里"。开展"六传六习"（传思想，习理论；传政策，习富路；传道德，习品行；传文化，习新风；传法律，习法治；传科技，习兴业）新时代文明实践活动。

【非物质文化遗产】

谢家竹琴。省级保护名录。传承人有周爱平、才中全、向东升、张国权。

谢家板凳龙。县级保护名录。传承人胡木成。

【非物质文化遗产——谢家竹琴】

竹琴，又称道琴，意为能打击出响亮的声音，由发音体和共鸣体两部分组成，发音体一端用坚硬而干燥的南茨竹制成（南茨竹去节掏空），另一端用羊皮或猪油皮绷成鼓面状，呈长圆形，长约1.1米，直径6~8厘米，源于商朝，清光绪三十四年《叙永永宁县合志》中就有"又有一对云车扶，竹琴羌笛声调粗"的描绘。作为一门古老的民间曲艺，彭山竹琴表演主要在谢家街道。谢家竹琴的演艺最早由谢家人汪向家于1890年在外学成带入谢家，并常在谢家的茶馆客栈演唱。1934年，谢家人杨部清在竹琴艺术的感染下拜师于汪向家学习竹琴演唱艺术。谢家竹琴的表演道具非常简单，一根竹筒、两块竹片。以说唱为主，以历史故事、歌颂英雄好汉为题材。表演时，演员一手将竹琴斜抱，用指尖拍击竹筒下端，另一手持两块竹制的筒板，筒板上端系有小铜铃，筒板相碰时铃响板响，音韵铿锵。1994年，中央新闻电影制片厂到谢家镇采访录播。2009年，登上中央电视台四套"走遍中国"栏目。2011年，谢家竹琴被列入省级非物质文化遗产名录。2013年，通过"一校一品"计划，竹琴进入彭山二小。2014年，由彭山二小28名小学生编排的少儿竹琴表演唱《我的家乡美》，在北京举行的第十届全国"校园时代"青少年才艺电视会演中获得金奖。2021年7月，谢家街道被命名为2021—2023年度"四川省民间文化艺术之乡"（竹琴）。

【文物保护单位】

谢家街道文物保护单位名录一览表

名称	类别	时代	地址	级别	备注
法王寺（原天皇寺）	古建筑	清	毛河村	市级文物保护单位	第一批眉府发〔2001〕30号（2001年9月）
胡尚德夫妇墓	古墓葬	清同治九年（1870年）	邓庙村	县级文物保护单位	第三批彭府发〔2014〕23号（2014年12月）
骆氏墓群	古墓葬	清	岐山村	县级文物保护单位	第三批彭府发〔2014〕23号（2014年12月）

民约（公约）

民约（公约）是实现村（居）民自我管理、自我教育、自我服务和自我监督的重要形式，是实施依法治理、加强基层普法教育和"法律七进"的重要途径，是推行村（居）民自治、依法治村（社区）的有效载体。

【企地共建安全文明社区公约】

2001 年，谢家镇与四川蓉兴化工有限公司共同制定企地共建安全文明社区公约。

积极参与企地共建安全文明社区活动；讲社会公德，职业道德和家庭美德；学法、知法、懂法、守法，学习党的路线、方针、政策，严格依法、依政策办事；与"黄、赌、毒"等各种社会丑恶行为做斗争；要讲文明、树新风，开展丰富健康的文体活动；不得做损害彼此利益的事；企地要共同研究，及时依法妥善调处企地纠纷；企地要加强防盗、防火、防破坏工作，预防各类案件和治安灾害事故的发生，共同维护正常的生产、生活秩序。

【居民（住户）公约】

2001 年 8 月 20 日，谢家镇和平街党支部、居委会召集住户及居民就卫生、环保、公用设施等问题举行座谈，商得一致，形成公约。

谢家镇和平街居民（住户）公约（2001 年）

一、禁止往河中倾倒垃圾和一切废弃物，垃圾由垃圾车定时（上午 7—8 点，下午 4 点）上门装运拖走。

二、每月每户 3 元（一天 1 角），于每月 30 日交由垃圾人员作为服务费，一户少拖一日，即扣收 1 角，从而形成相应的权利义务关系。

三、遵照《居民委员会组织法》"自我管理、自我教育、自我服务"的原则，由该居住区住户自筹资金，民主推举领导成员，组织实施下水道、街面、公厕等建设事宜，凡属基建，应分步集中力量进行，即先米巷，再河坝街和烟巷子。

四、此公约凡和平街住户应予信守，若有违反，按有关法律法规惩处。

五、此公约自送达之日起施行。

【拥军优属公约】

2001 年，谢家镇为做好拥军优属工作，制定了拥军优属公约。

谢家镇拥军优属公约（2001 年）

爱国拥军，人人有责；支援军队，搞好建设；优待军烈，落实政策；孤老伤残，扶助体贴；扶持生产，输血造血；退伍安置，尽职尽责；排忧解难，情真意切；军民团结，富国强民。

【村民卫生公约】

2009 年，谢家镇为增强村民文明卫生习惯和自我保健能力，制定了村民卫生公约。

谢家镇村民卫生公约（2009 年）

努力提高环境质量，增强自我保健能力；不随地吐痰，不乱扔瓜皮果壳；注意公共

卫生，做到文明用厕；注意个人卫生，勤晒被、勤换衣；注意饮食卫生，防止病从口入；搞好绿化工作，人人爱护花木；不随地便溺，不说粗话、脏话；不破坏绿化，不损坏公物；讲社会公德，讲职业道德，讲家庭美德；人人自觉遵守文明卫生守则。

【村规民约（居民公约）】

2014年，谢家镇成立村规民约（居民公约）领导小组，制定、规范和完善村规民约（居民公约）。

2016年，下发《关于印发谢家镇村规民约工作方案的通知》。规定村民的行为，应该怎么做，规定村民违反和破坏规章制度的处罚条款，主要有进行教育、给予批评、作出书面检查等内容。

2018年2月，义和乡岐山村的13户贫困户集体搬进了福苑新小区，在村干部的帮助下，13户共同制定并签署了"幸福公约"。

2019年，谢家街道岐山村的"幸福公约"入选四川省"100条最佳乡规民约"名单，上榜"四川省庆祝建国70周年成果展"。

岐山村福苑小区"幸福公约"

感恩共产党，爱国又爱家；儿女尽孝道，长辈爱娃娃；夫妻永不弃，真情本无价；邻里要和睦，不许打和骂；不要挑是非，不要传闲话；一家有困难，大家来帮他；努力奔小康，勤快莫贪耍；持家应节俭，钱财莫糟蹋；小区公用地，房屋不乱搭；垃圾要分类，不可乱抛撒；晾晒都定点，人人护绿化；共建宜居地，共育幸福花。

村规民约（有删减）

讲法治。热爱祖国、热爱社会主义，拥护中国共产党的领导，树立正确的社会主义核心价值观，崇尚真善美；遵法纪，守规则；扬正气，担道义；有问题，讲程序。

爱集体。爱祖国，爱家乡；爱集体，惜公物；去私情，持公道。

促和谐。敬长者，孝父母；爱子女，教有方；夫妻和，爱相牵；邻里睦，相照顾。

居家要安全。简装修，四周洁；犬拴养，打疫苗；租房屋，要报告；用水、用电、用气要安全；防电信诈骗、防金融诈骗。

出行要安全。上牌照，拿驾照；行靠右，不酒驾；禁止骑行超标电瓶车。

工作要安全。爱岗位，尽职守；惜生命，身心安。

食品要安全。有毒品，不乱用；重质量，保安全；办群宴，要申报；谨慎食用野生菌类，禁止捕杀、食用野生动物。

讲政策。学政策，要全面；谋发展，共商量；亲人故，不土葬；地有限，不侵占；优生育，促发展。

讲科学。讲文明，树新风；尚科学，除迷信；重文化，惜人才；知荣辱，明善恶；提倡鲜花祭祖。

讲团结。善协作，求共赢；勤管理，界限清。

设立红榜。围绕遵守社会公德、职业道德、家庭美德、个人品德等方面激励先进，开展脱贫致富、家居整洁、子女成才、勤俭持家、孝老爱亲、明礼诚信、崇尚科学、热心公益等示范户评选，宣传自强感恩、勤劳致富、诚信守法、移风易俗等文明风尚并公示。

社区居民公约（有删减）

第一条　热爱祖国，拥护中国共产党的领导，积极传递正能量，履行公民义务。

第二条　爱护公共设施，自觉维护环境卫生。

第三条　进一步做好社会治安综合治理，维护社区社会和谐、稳定，群防、防治的意识，自觉做好守楼护院。

第四条　自觉做好用水、用电、用气、用火等安全防范。

第五条　遵守交通法规，自觉做到不超载、不超速、不得无证驾驶和酒后驾驶，严禁非法运营电动车拉人。

第六条　积极参与法治文明建设，按照社区安排，积极参加志愿服务和义务巡逻等公益事业。

第七条　提倡社会主义核心价值观，争创文明户、五好家庭户、遵纪守法户。

第八条　积极配合社区乡村振兴各项工作事宜，支持辖区内重点项目的实施和城市建设。

第九条　自觉遵守动物管理防疫管理法，配合社区防疫工作，做到犬只必须拴养。

第十条　自觉遵守信访条例，不得非法上访。

第十一条　大力倡导"移风易俗"，自觉抵制大操大办。初婚、丧事、老人70周岁以上满十寿宴，需操办宴席的，5桌以上应向社区居民委员会申报备案，宴席控制在20桌以内，禁止占用公共场所搭棚办席，禁止借机敛财。自觉遵守国家的殡改条例，推动殡葬改革，实行火葬，禁止乱埋乱葬。

第十二条　社区内的环境整治，社区居民必须自觉爱护和遵守，凡居住谢家场镇居民实行门前三包，积极缴纳卫生费和群防群治服务费。

第十三条　大力加大对毛河流域整治力度，不向毛河排污水和倒垃圾，坚决打击毒鱼和电鱼现象，努力促进社区安全、和谐、健康的文明生活，平安快乐居住。

第十四条　各居民积极参与乡村振兴、脱贫攻坚、扫黑除恶、防范电信网络诈骗、城乡社区治理等工作，大力配合相关部门将谢家场社区打造成产业兴旺、生态宜居、乡风文明、生活富裕的人居环境。

体育

【群众体育】

1998年，谢家镇开展新春"联谊杯"篮球赛、台球赛、乒乓球及象棋比赛，"三·

八"女子乒乓球赛，"五·四"拔河、乒乓球赛，"八·一"武装泅渡比赛，"九·九"重阳麻将赛，"国庆杯"篮球和拔河比赛等群众性体育活动。1999年，谢家镇为谢家小学在职员工进行健康体质测定，对石山村农民进行义务测定和健身咨询服务。2001年，谢家镇有农民业余男子篮球队1支，乒乓球队1支，舞龙队1支。2002年，谢家镇有篮球队150人，乒乓球队26人，羽毛球队20人，田径队30人；篮球场2个，羽毛球场2个，乒乓台3个，露天舞场1个，面积200平方米，配备了各类活动器材。2004年，谢家镇文体工作独具特色，被国家农业部、国家体育总局、中国农民体育协会授予"全国亿万农民健身活动先进乡镇"荣誉称号。成立机关男子篮球队，新购置乒乓球台、篮球、羽毛球等体育设备和器材，积极开展各类文体活动。国家体育总局授予谢家镇"全国群众体育先进单位"荣誉称号。2008年，谢家镇体育事业蓬勃发展，小学有田径和"萌芽杯"男女篮球代表队，中学有田径和"三好杯"篮球、乒乓球代表队。2009年—2020年，随着时代进步、社会发展，坝坝舞、健身跑、爬山、游泳健身等群众性体育运动在广大农村兴起。

【竞技体育】

1996年2月，谢家镇举办第二届农民运动会，有17支代表队共320名运动员参加了羽毛球、田径、篮球、乒乓球、象棋5大项目的比赛，观众人数达1.5万人次。9月，谢家镇参加县农民运动会，获团体总分第1名。

1999年9月，谢家镇文化中心组建体育运动队训练参加县"峨眉山"杯健身运动会。参赛项目篮球获体育道德风尚奖，乒乓球获男女第5名，象棋获团体第5名，自行车10千米越野赛获男子个人第5名。

2000年5月和2001年4月，谢家镇文化站组织乡镇代表队参加了彭山县"彭祖杯""体彩杯"篮球赛，获得第5名及"体育道德风尚奖"。

2006年5月9日，谢家镇参加"彭湖湾杯"彭山县第三届体育运动会，获得金牌第7，团体总分乡镇第2名成绩，彩龙队参加开幕式表演，荣获"体育道德风尚奖"；6月15日，谢家镇彩龙队参加眉山市第一届运动会开幕式表演；10月17日，参加眉山市第一届老年人运动会开幕式及街头表演，被眉山电视台、《眉山日报》宣传报道。

2016年6月16日，眉山市彭山区第二届职工篮球运动会闭幕。谢家镇获得男子组二等奖，义和乡获得男子组三等奖和体育道德风尚奖。

2020年，谢家街道参加彭山区第六届职工篮球运动会，获得乡镇组二等奖。谢家小学参加眉山市篮球比赛获得小学男子组冠军。

医疗卫生

自 1996 年起，谢家镇（街道）加大医疗卫生投入，加强基础设施建设，实施新型农村合作医疗制度，群众参保范围逐步扩大，住院报销比例逐年提高。农村、城市卫生服务体系、公共卫生服务体系基本成型。计划生育事业、地方病防治、动植物疫病防控等均取得可喜成绩。

计划生育

1996 年—2020 年，谢家镇（街道）始终围绕"控制人口数量，提高人口素质"总目标，严格执行《四川省计划生育条例》，有效实现了人口的计划性增长和人口素质的提高。

【机构】

成立计划生育工作领导小组，负责开展计划生育工作，下设计划生育办公室、计划生育服务中心；成立计划生育协会，各村成立计划生育工作委员会，组织建立计划生育妇女代表小组。2020 年，谢家街道社会事务办公室（社区建设办公室）具体负责计划生育工作。

【政策演变】

20 世纪 70 年代初开始推行计划生育，1978 年以后计划生育成为基本国策，生育政策推行一对夫妻生育一个子女，提倡晚婚、晚育、少生、优生，从而有计划地控制人口。2014 年 1 月—6 月，全国各省陆续实施单独二孩政策。2015 年 10 月，党的十八届五中全会提出"全面实施一对夫妇可以生育两个子女的政策"，全面放开二孩政策。2021 年 8 月 20 日，全国人大常委会会议表决通过了关于修改《人口与计划生育法》的决定，修改后的《人口与计划生育法》规定，国家提倡适龄婚育、优生优育，一对夫妻可以生育三个子女。

【方针政策】

"三不变"。即坚持现行的计划生育政策不变，人口控制目标不变，党政"一把手"抓总负责不变。

"三为主"。即以宣传教育为主，以避孕为主，以经常性工作为主。

"三到位"。即责任到位，措施到位，投入到位。

"三结合"。即与经济发展相结合，与勤劳致富相结合，与建设精神文明幸福家庭

相结合。

"三服务"。即查环、查孕、查病服务。

独生子女"两全"保险。即一种为独生子女提供多方面经济保障并兼有保险与储蓄双重作用，为独生子女的生存与身故"两全"好处的保险。

"两奖励一扶助"。即独生子女父母奖、农村部分计划生育家庭奖、计划生育家庭特别扶持。2005 年，独生子女父母奖励金从 0~14 周岁扩展至 0~18 周岁。2007 年，对农村独生子女家庭（含有计划的双女户），男性年满 60 周岁、女性年满 58 周岁的农民每年领取奖励扶助金 600 元，2012 年调至 960 元。对独生子女死亡不再生育的父母，年满 49 周岁享受计划生育特别扶助金；对独生子女伤残不再生育的父母，女方年满 49 周岁享受计划生育特别扶助金。2016 年，对独生子女失独家庭，母亲年满 40 周岁或父亲年满 45 周岁享受眉山市农村部分独生子女特殊家庭困难扶助金。

再生育政策。申请再生育情况主要有第一子女为病残儿，不能成长为正常劳动力，但医学上认为可再生育的；独生子女与独生子女结婚的；在农村人口中，男到独女家结婚落户的，夫妻一方为烈士的独生子女的，夫妻一方为二等甲级以上伤残军人的，夫妻一方为因公致残，相当于二等甲级以上的伤残军人的，几个亲兄弟，只有一个有生育能力的，夫妻一方两代以上是独生子女的，盆周山区和经设区的市批准的盆地内的山区乡的农村人口中，缺乏劳动力的独生子女户，婚后患不育症，依照《收养法》收养一个子女后怀孕的。另外，以下两种情况可申请再生育：因丧偶而再婚的，在婚前一方子女不超过 2 个，另一方无子女的；因离婚而再婚的，而再婚前一方只有一个子女，另一方无子女的。

【政策实施效果】

1996 年—2020 年，谢家镇（街道）始终围绕"控制人口数量，提高人口素质"总目标，严格执行《四川省计划生育条例》，不断强化计划生育管理，层层分解人口目标，扎实推行计划生育管理目标责任制，有效地实现了人口的计划性增长和人口素质的提高，计划生育成效显著。

1996 年—2005 年出生人口统计表

年份	谢家镇		义和乡		邓庙乡		岐山乡	
	出生人数（人）	计划生育率（%）	出生人数（人）	计划生育率（%）	出生人数（人）	计划生育率（%）	出生人数（人）	计划生育率（%）
1996	196	97.9	107	97.21	35	97	15	100
1997	185	98.9	96	96.8	—	96	—	100
1998	160	97.2	118	97.46	36	94.4	—	—
1999	—	96	104	100	27	93	15	100
2000	165	97.6	115	95.65	25	96	13	100
2001	157	98	106	94.34	24	95.8	8	100

年份	谢家镇		义和乡		邓庙乡		岐山乡	
	出生人数（人）	计划生育率（%）	出生人数（人）	计划生育率（%）	出生人数（人）	计划生育率（%）	出生人数（人）	计划生育率（%）
2002	163	96.32	—	—	21	95.5	—	100
2003	—	97.15	—	94.59	26	96	—	100
2004	—	97	103	97.06	21	95	—	100
2005	150	96	106	96.22	—	—	—	—

2006 年，谢家镇计划生育率为 92.85%。义和乡出生 105 人，计划生育率为 97.14%。

2007 年，谢家镇计划生育率为 93.06%。义和乡出生 139 人，计划生育率为 92.08%。

2008 年—2018 年人口自然增长情况统计表

年度	镇乡（街道）	出生人数（人）	出生率（‰）	死亡人数（人）	死亡率（‰）	自然增长人数（人）	自然增长率（‰）	计划生育率（%）
2008	谢家镇	234	9.78	193	6.89	41	2.89	91.88
	义和乡	168	10.1	125	7.47	44	2.63	91.12
2009	谢家镇	226	8.04	207	7.37	19	0.68	90.7
	义和乡	184	10.95	125	7.44	59	3.51	89.13
2010	谢家镇	255	9.15	231	8.29	24	0.86	89.02
	义和乡	182	11	137	8.28	45	2.72	89.01
2011	谢家镇	259	9.31	251	9.02	8	0.29	88.03
	义和乡	219	13.3	138	8.38	81	4.92	88.12
2012	谢家镇	271	9.02	220	7.89	51	1.83	87.45
	义和乡	222	13.38	113	6.81	109	6.57	87.39
2013	谢家镇	252	9.13	229	8.3	23	0.83	87.3
	义和乡	218	12.99	117	6.97	101	6.02	88.99
2014	谢家镇	292	11.61	227	9.03	65	2.58	84.59
	义和乡	200	12.39	119	7.37	81	5.02	85.5
2015	谢家镇	318	12.41	259	10.11	59	2.3	87.11
	义和乡	208	12.9	117	7.26	91	5.64	87.98
2016	谢家镇	319	12.12	235	9.08	84	3.24	93.1
	义和乡	200	12.25	112	6.86	88	5.39	99
2017	谢家镇	341	13.32	233	8.96	108	4.15	99.71
	义和乡	217	13.18	115	6.99	102	6.2	99.54
2018	谢家镇	265	10.14	260	9.95	5	0.19	99.62
	义和乡	206	12.39	138	8.3	68	4.09	99.51

2019 年，谢家街道出生 419 人，计划生育率为 99.34%。

2020 年，谢家街道出生 304 人，计划生育率为 100%。

【管理与服务】

每年党委、政府与乡、村、社及驻村干部层层签订目标责任书，把工作实绩与报酬挂钩，奖惩逗硬，强化对暂住人口和流动人口的管理，严格控制和减少非婚生育、计划外生育，并实行计划生育一票否决权。

1996 年，谢家镇对流动人口进行了清理，办证 73 户，对帮扶对象培训 3 次，参训人数 673 人次，通过培训和帮扶，人均增收 387 元。义和乡对 242 人外流人口进行了登记、造册，"三结合""三服务" 275 户。邓庙乡 "三结合" "三服务" 85 人，印发计划生育宣传资料 1500 份，书写张贴标语 65 幅，召开计划生育广播会议 12 次、村社干部计划生育工作会 6 次。谢家镇、义和乡、邓庙乡、岐山乡完成独生子女 "两全" 保险金分别为 9.2 万元、6.12 万元、4.5 万元、1 万元。

1997 年，谢家镇对帮扶对象培训 4 次，参训 450 人次。义和乡流动人口登记、造册 44 人，"三结合""三服务" 53 户。邓庙乡建成计划生育合格村 5 个，发放计划生育宣传资料 2000 份、办专栏 12 期。谢家镇、义和乡、邓庙乡、岐山乡完成独生子女 "两全" 保险金分别为 10 万元、6.15 万元、0.5 万元、1 万元。

1998 年，谢家镇流动人口办证 80 户，对帮扶对象培训 3 次，参训人员 650 人次，人均增收 450 元。义和乡联系帮扶对象 53 户，户平增收 300 元以上。谢家镇、义和乡完成独生子女 "两全" 保险金分别为 8.17 万元、5.5 万元。

1999 年，谢家镇完成独生子女 "两全" 保险金 18 万元。义和乡、岐山乡婚前培训率分别为 95%、100%。

2000 年，谢家镇计划生育工作连续 5 年被县委、县政府评为一等奖。义和乡、邓庙乡婚前培训率 100%。

2002 年 8 月，谢家镇在街头宣传《人口与计划生育法》，发放宣传资料 1000 张，发放避孕药具，向前来咨询的群众宣传避孕节育知识。

2007 年，义和乡对计生专干进行培训 12 次。

2007 年 12 月、2008 年 2 月，谢家镇在中兴街举办 "计生三下乡" 宣传活动。

2008 年，谢家镇育龄妇女在家三查（凡已婚 49 岁以下的，每季度到乡镇计生服务站 "查环、查孕、查病"）率达 100%。

2017 年，谢家镇党委、政府同各村主要两职干部签订了《二〇一七年度计划生育单项目标责任书》《国家免费孕前优生健康检查综合目标责任书》，考核纳入对村的年终目标考核；与村计生专干签订《计生工作责任书》。召开妇女主任培训会 12 次，计生办人员参加市、区培训 3 次，邀请区卫计局业务骨干讲课培训 2 次。举办 3 次 "计生三下乡" 宣传活动，发放计生宣传资料 1 万份，发放避孕药具 1000 盒。

2008 年—2020 年计划生育情况统计表

年份	镇乡（街道）	已婚育龄妇女人数（人）	女性初婚人数（人）	现孕人数（人）	节育率（%）	独生子女领证人数（人）
2008	谢家镇	6214	225	45	84.62	5223
	义和乡	2716	128	25	91.66	3121
2009	谢家镇	6323	218	149	90.72	5204
	义和乡	3799	122	84	93.45	3140
2010	谢家镇	6733	204	118	93.06	5274
	义和乡	3944	192	92	92.95	3241
2011	谢家镇	6641	193	131	92.52	5198
	义和乡	4013	163	105	96.16	3213
2012	谢家镇	6705	184	142	89.4	5184
	义和乡	4027	185	116	89.8	3239
2013	谢家镇	6270	309	130	86.2	4985
	义和乡	3997	210	108	86.9	3207
2014	谢家镇	5651	159	115	83.8	4932
	义和乡	3782	154	105	82.9	3179
2015	谢家镇	5499	112	111	80.9	4888
	义和乡	3704	161	101	81.2	3143
2016	谢家镇	5462	143	43	75.7	5180
	义和乡	3613	121	88	77.4	3079
2017	谢家镇	5313	158	44	70.2	5100
	义和乡	3547	167	84	75.9	3048
2018	谢家镇	5069	237	49	64	5040
	义和乡	3446	120	108	68.8	3022
2019	谢家镇	3343	218	—	—	2335
	义和乡	2565	42	214	—	1756
2020	谢家街道	7536	112	—	—	—

【奖励扶助】

2004 年，谢家镇完成农村计划生育家庭奖励扶助金发放。义和乡落实独生子女父母奖励扶助政策 18 人，发放扶助金 1.08 万元。

2005 年，谢家镇兑现独生子女奖励金和独生子女父母扶助金。义和乡落实独生子女父母奖励扶助政策 49 人，发放扶助金 2.94 万元。

2006 年，谢家镇兑现农村独生子女家庭奖励扶助金 30.69 万元。

2007 年，谢家镇兑现 0~18 周岁独生子女奖励 7094 人、21.28 万元，独生子女及双女户、独生子女残疾户的奖励扶助基金足额发放。义和乡兑现 18 岁以下独生子女奖励 4800 人、14.32 万元，60 岁以上独生子女父母奖励扶助金 84 人、5.04 万元，独生子女特殊困难家庭扶助 7 人、6600 元。

2008 年，谢家镇有 306 人符合享受农村计划生育家庭奖励扶助条件，兑现奖励扶助资金 21 万元。

2009 年，义和乡有 218 人符合享受计划生育奖励扶助政策。

2010 年，谢家镇有 500 人享受计划生育奖励扶助政策，发放扶助资金 36 万元。

2011 年，谢家镇有 607 人享受计划生育奖励扶助政策，发放扶助资金 56 万元。义和乡落实奖励扶助对象 78 人，独生子女奖励 4500 人。

2016 年，义和乡发放独生子女奖励金 12.8 万元，计划生育奖励扶助金 103.47 万元。

2017 年，谢家镇完成 0~18 周岁独生子女父母奖励金登记、打卡、发放，共计 20.64 万元。义和乡对扶助对象进行集体审核，经审核国家奖励扶助对象 855 名、省奖励扶助对象 56 名、国家特别扶助对象 42 名、市特别扶助对象 8 名符合继续享受条件。

2017 年 12 月，谢家镇对 2018 年度扶助对象进行集体审核，经审核国家奖励扶助对象 1624 名、省奖励扶助对象 84 名、省特别扶助对象 84 名、市特别扶助对象 4 名符合继续享受条件。

2019 年 2 月，谢家镇对扶助对象进行集体审核，经审核国家奖励扶助对象 1700 名、省奖励扶助对象 101 名、省特别扶助对象 91 名、市特别扶助对象 6 名符合继续享受条件。

2020 年 1 月，谢家街道对扶助对象进行集体审核，经审核国家奖励扶助对象 2817 名（原谢家镇 1770 名，原义和乡 1047 名）、省奖励扶助对象 302 名（原谢家镇 179 名，原义和乡 123 名）、省特别扶助对象 153 名（原谢家镇 97 名，原义和乡 56 名）、市特别扶助对象 7 名（原谢家镇 5 名，原义和乡 2 名）符合继续享受条件。

卫生工作

25 年来，谢家镇（街道）突出"农村卫生"和"预防保健"两大重点，不断巩固健全三级卫生网络，防病治病质量显著提高，危害人民健康的重大疾病和地方病、常见病得到有效控制。

【"创卫"工作】

2018 年，谢家镇开展国家卫生乡镇创建工作（以下简称"创卫"工作），并将其列入谢家镇 2018 年度惠民实事。年内开展为期 9 个月的专项宣传和治理，召开"创卫"工作干部群众会 20 次，利用广播、标语、横幅、宣传栏等多种载体强化宣传，制发宣传版面 36 幅，张贴标语 2500 张，推送"搬不空的谢家场"微信公众号、智慧党建

App、短信等 123 条，开展现场集中宣传、逐户讲解，发放创卫宣传材料 1.3 万份，签订门前五包责任书 1000 份，设立文明劝导员和控烟劝导员 100 名，成立一支由保洁员、镇村干部、志愿者等 100 人组成的保洁队伍，发动干部群众开展卫生大清理、除"四害"消杀活动。

2019 年，谢家街道利用赶集日在集镇组织创建国家卫生乡镇大型宣传咨询活动 3 次，发出宣传资料 8000 份，出动宣传车 20 次，制作大型宣传标语 10 幅，悬挂宣传标语 100 条。中小学把健康教育纳入教学计划，健康教育开课率达 100%，做到有教师、有教案、有课时、有考评，培养学生良好的卫生习惯和卫生行为，学生健康知识知晓率 90%，学生健康生活方式与行为形成率 80%，14 岁以下儿童蛔虫感染率低于 5%。

2020 年，谢家街道成功创建全国卫生乡镇。7 月，全国爱卫会命名谢家街道为"2017—2019 周期国家卫生乡镇（县城）"。

【健康保健】

1997 年，岐山乡小儿"四苗"接种和新法接生率达 100%。

1998 年，谢家镇开展农村卫生和预防保健，三级卫生网络健全。

1999 年，谢家镇巩固农村初级卫生保健成果；岐山乡对 0~7 岁儿童开展体检工作。

2000 年，义和乡甲肝疫苗防治 800 人。

2001 年，谢家镇创建县级文明卫生集镇，制定了创建规划，落实了人员职责。

2002 年，谢家镇重大疾病和地方病、常见病得到有效控制，被评为"县级卫生先进镇"。

2003 年 8 月 20 日，谢家镇机关通过"市级卫生先进单位"复查验收。

2008 年，义和乡开展 80 学时学校健康教育，中小学生健康教育知识普及率达 100%。

2010 年，谢家镇补种 15 岁以下人群乙肝疫苗 1500 人，农村居民健康建档 8800 人，城镇居民健康建档 836 人。

2014 年，义和乡医疗救助对象及时、准确，全年农村门诊、大病 40 人，医疗救助金额 19.28 万元。

2016 年，义和乡加强公共医疗卫生工作，成立领导小组。通过改房、改栏、改水、改厕、改路、改环境，大力防治地方病；在"3·24"结核病防治日（肿瘤宣传周）、"4·25"全国儿童预防接种宣传日、"4·26"疟疾宣传日、"5·31"世界无烟日、"12·1"艾滋病宣传日等开展健康教育宣传活动；农村大病医疗救助 56 人，救助金额 25.26 万元。

2019 年，谢家街道贯彻落实《传染病防治法》，配备公共卫生检查人员 2 人；食品卫生抽检合格率 100%，食具卫生抽检合格率 95%，从业人员体检合格率 100%；预防接种规范，免费实行国家免疫预防接种，儿童免疫疫苗接种率 95%，临床用血 100% 来自无偿献血。街道卫生院、村级卫生服务室逐步建立，建立符合国家要求的村卫生室，配置医疗

用房、设备和医疗资格从业人员，岳油村、邓庙村建成"省级卫生村"。

2020年，谢家街道要求按照属地管理原则，由各村支部书记负总责，计生干部、妇女干部、村社其他干部、网格员共同参与艾滋病防治工作，严格将防艾工作落实到位。

【合作医疗保险】

1998年，邓庙乡开展农村合作医疗试点（入保者人平集资10元，其中，县财政补助0.5元，乡、村集体经济补助2~5元，入保者住院，其药费可在合作医疗按一定比例报销，在乡镇卫生院就医报销5%，在县级医疗单位就医报销40%），合作医疗参保农户779户、2665人，占总户数和总人口的41%、42%。

1999年，邓庙乡农村合作医疗入保1502户4962人。

2000年，农村合作医疗在谢家镇试点，入保3131户10636人，收到总经费10.64万元，入保率52%；组织体格检查和义诊，检查人数6969人。邓庙乡农村合作医疗参保3674人。

2001年，谢家镇合作医疗保险参保率为77%，建立起抵御疾病风险的制度。

2003年，谢家镇新型农村合作医疗试点参保率为82.3%，农民参保人数15549人。义和乡新型农村合作医疗参保率为83.09%，参保人数10995人。

2004年，谢家镇新型农村合作医疗参保18025人，农民参保率为94.62%。

2003年4月—2004年4月，谢家镇中心卫生院农民住院报账人数1505人次，报销金额18万元。义和乡新型农村合作医疗参保1.18万人，参保资金11.79万元，参保率为86.5%；享受大病统筹、住院治疗报账744人，医疗费11.24万元；门诊治疗3442人，医疗费9.8万元。邓庙乡新型农村合作医疗参保4788人，报销医疗费10.04万元，受益人数1699人。岐山乡新型农村合作医疗参保1561人，占总人口的95.4%。

2005年，义和乡新型农村合作医疗参保14165人，参保资金14.17万元，参保率为91%。

2008年，谢家镇资助农村参加合作医疗保险800人，落实参加合作医疗金8000元。

2009年，谢家镇城镇居民基本医疗保险入保309人。

2011年，谢家镇为群众健康建档10226人，参保率为98%。

2008年—2015年，谢家镇农村新型合作医疗参保人数分别为25276人、25700人、25703人、25723人、25725人、23034人、25057人、25059人；义和乡农村新型合作医疗参保人数分别为15004人、15397人、15070人、15100人、15215人、14739人、15171人、14838人。

2015年，农村新型合作医疗保险和城镇居民医疗保险合并为城乡居民医疗保险。

2016年—2019年，谢家镇城乡居民基本医疗保险参保人数分别为23417人、22005人、25258人、23728人；义和乡城乡居民基本医疗保险参保人数分别为10325人、10993人、13116人、13408人。

2020 年，谢家街道城乡居民基本医疗保险参保 36943 人。

【医疗卫生机构】

1996 年，谢家镇有镇卫生院和中心卫生院，有医务人员 56 人，病床 55 张；有村卫生室 11 个，医生、助产员 25 人，简易病床 9 张。镇卫生院与县级卫生单位、村医疗站共同组成三级医疗卫生网，担负着预防、防疫、医疗、爱国卫生、计划生育及卫生行政等任务。义和乡卫生院有医务人员 5 人，其中，中医师和中医士各 1 人，西医士 2 人；开设中医内科、西医内科、西医外科、骨伤科、妇产科、儿科和五官科，有病床 12 张。邓庙乡投资 22 万元，新建乡卫生院门诊部和宿舍 600 平方米。岐山乡投资 17 万元完成卫生院住院部的修建工程，修建综合门诊大楼 450 平方米，村有医疗站。

1999 年，义和乡完成杨庙村卫生站的规划和资金筹集。

2000 年，谢家镇有中心卫生院 1 所，卫生院 1 所，村医疗站 11 个。岐山乡 3 个村均有医疗站。

2001 年，谢家镇有中心医院 1 所，村甲级医疗站 5 个，医疗点 8 个。

2002 年，岐山乡投入资金 3.5 万元，完成乡卫生院危房改造。

2003 年，谢家镇有中心卫生院 1 所，村卫生站（所）13 个，医护人员 71 人，业务用房 2200 平方米，病床 55 张，救护车 2 台。

2005 年，谢家镇启动谢家中心卫生院住院部大楼建设。

2007 年，谢家镇有卫生院 2 所。

2008 年—2019 年医疗卫生机构统计表

年份	谢家镇			义和乡		
	医疗卫生机构（个）	执业（助理）医师（人）	病床数（张）	医疗卫生机构（个）	执业（助理）医师（人）	病床数（张）
2008	2	54	70	2	8	11
2009	2	65	70	1	12	20
2010	2	66	70	1	18	30
2011	2	66	70	1	21	30
2012	2	66	70	1	18	30
2013	2	63	68	1	18	30
2014	2	63	68	1	18	30
2015	2	60	68	1	13	40
2016	2	60	68	1	8	26
2017	2	62	68	1	8	26
2018	2	62	68	3	7	24
2019	20	62	68	5	7	34

2018 年—2019 年，谢家镇、义和乡分别有兽医（防疫）技术人员 8 人、4 人。

2020 年，谢家街道有医疗机构 25 个，床位 109 张，执业（助理）医师 35 人，兽医（防疫）技术人员 14 人。

【谢家街道社区卫生服务中心】

前身为彭山县谢家区医院，创建于 1969 年。1979 年，根据四川省卫生厅指示更名为乐山市彭山县谢家中心卫生院。2000 年，眉山县设立市后更名为眉山市彭山县谢家中心卫生院，建筑面积 2890 平方米，其中业务用房 1434 平方米；设有内科、外科、妇产科、中医科、检验科、放射科、B 超室、皮肤科、急诊室、口腔科、中西医药房；全院职工 45 人，其中，主治医师 5 人，医师 16 人，医士 15 人，卫生员 5 人，其他卫技人员 2 人，助理会计师和工勤各 1 人，设病床 40 张。2002 年，谢家中心卫生院合并谢家镇卫生院，2021 年 12 月，合并了义和乡卫生院并更名为眉山市彭山区谢家街道社区卫生服务中心，位于谢家场社区中兴街 199 号，占地面积 4570 平方米，建筑面积 5820 平方米，业务用房建筑面积 3455 平方米，其中门诊用房 1538.8 平方米，住院部用房 1071 平方米，辅助用房 845.5 平方米，绿化面积 1200 平方米。下设义和分院、岐山分院、邓庙分院。社区卫生服务中心已成为集社区预防、社区保健、社区医疗、社区康复、社区健康教育、社区计划生育于一体的社区卫生服务中心，是彭山区西山片区唯一的医疗卫生服务中心，肩负全区西山片区 10 万人民群众的疾病诊疗和健康保健工作。社区卫生服务中心有编制床位 100 张，实际开放 100 张。社区卫生服务中心有在岗职工 89 人，其中正式在编在岗职工 38 人，退休返聘人员 4 人，聘用人员 40 人，临时工 7 人。卫生专业技术人员 67 人，其中副高级职称 2 人，中级职称 7 人，初级职称 58 人，县级名医 3 人。科室设置齐全，其中一级临床科室 15 个，二级临床专业组 24 个。拥有全自动生化仪、全自动血球分析仪、进口彩超、B 超、DR 摄片诊断系统等医疗设备 40 台，固定资产 520 万元。

【药房诊所】

2020 年，谢家街道主要药房诊所有彭山区谢家张玉新富林堂中医诊所，位于正义街 43、45 号；彭山区谢家马氏诊所，位于引凤街 201 号；彭山康贝大药房惠明加盟店，位于政府街 1 号；彭山区康平保和堂大药房，位于中兴街；彭山区四川圣丹大药房谢家彭祖药堂，位于中兴街 6~8 号；彭山区康迪药房连锁谢家正义加盟店，位于正义街 130 号；康贝大药房眉山连锁彭山永康店，位于中和东街 20 号；彭山区广源大药房连锁谢家彭涛药堂，位于中兴街。

血防工作

血吸虫病，俗称"腹胀病""大肚子病"。1924 年，仁寿县发现血吸虫病人记载。

1949 年，中华人民共和国成立后多次开展消灭钉螺活动。自 1956 年起，彭山县建立专业防治机构，开展病人查治、查螺灭螺。1995 年以后，通过山、水、林、田、路、螺、气、病综合治理，结合农田水利基本建设，消除钉螺滋生环境，血吸虫病得到有效控制。

【血防宣传】

1996 年—2020 年，谢家街道通过张贴宣传画、制作宣传栏、发放宣传资料等形式开展血防宣传。2005 年，义和乡张贴宣传画 40 张、发放宣传资料 2.05 万份，办橱窗 6 期，在易感地带、血防重点区域设置标牌、张贴标语进行警示。2008 年，谢家镇召开血防工作会议 4 次，发放宣传画册 23 套、血防知识小册 300 册、宣传资料 1.08 万份，办橱窗 8 期，进行广播宣传 7 期，办黑板报 40 期，悬挂布标 8 幅。2010 年，谢家镇发放宣传材料 500 份，制作流动宣传栏 5 个，刷制宣传标语 5 条。2014 年，谢家镇制作流动宣传栏 6 个，粉刷墙体标语 22 幅（条）。2016 年，谢家镇制作墙体标语 6 幅（条）。2018 年，谢家镇发放宣传材料 1600 份。2020 年，谢家街道制作墙体标语 20 幅（条）。

【血防健康教育】

2005 年，义和乡将血防教育工作纳入中小学教学计划，健康教育学时达到 24 学时/学期。2006 年，义和乡参加血防健康教育 1.5 万人次。2008 年，谢家镇上血防课 56 学时，参加血防健康教育 5 万人次；义和乡完成中小学血防知识师资培训 8 班次 960 人次。2009 年，谢家镇开展对学生进行血吸虫病防护意识培训工作。2013 年，义和乡参与健康教育活动 2 万人次。2014 年，谢家镇参加血防健康教育 3 万人次。2016 年，谢家镇对辖区村干部、村民、流动人群及中小学生实施血吸虫病健康教育，参加血吸虫病健康教育 2.5 万人次。2018 年，谢家镇参加血防健康教育 2.5 万人次；2020 年，谢家街道参加血防健康教育 4.5 万人次。

预防血吸虫病健康教育内容

一、定义：血吸虫病是由于人或牛、羊、猪等哺乳动物感染了血吸虫引起的一种人、畜共患的传染病和寄生虫病。

二、流行情况：全球患病人数达 2 亿，我国有血吸虫病人 84 万，已有 2100 多年历史。

三、危害：人得了血吸虫病可引起发热、腹泻，晚期血吸虫病还会引起肝硬化、"大肚子"（腹水）、上消化道出血、结肠癌等，严重损害身体健康，影响青少年生长发育，甚至危及生命。

四、易感季节：每年的 4 月—10 月。

五、感染途径：只要接触含有血吸虫幼虫——尾蚴的疫水，尾蚴 10 秒即可侵入皮肤及黏膜而感染。疫水溅到或是滴在人身上，都可能被感染。

六、唯一能切断血吸虫传播途径的是消灭钉螺。

七、预防方法和措施：不到湖水、河塘、水渠里游泳、戏水；严格管理人畜粪便，控制传染源；接触疫水后要及时到当地血防部门进行检查和治疗。

【查病治病】

2000 年，义和乡血吸虫病防治服药 4000 人。

2002 年，岐山乡血吸虫病普治 1241 人。

2003 年，邓庙乡药物治疗 1500 人。

2004 年，谢家镇为谢家中、小学 702 名学生及 1850 名群众进行了血吸虫病普治，查血 233 人，治病 235 人。义和乡血检 218 人次，普治 4800 人。邓庙乡血检 500 人次，普服吡喹酮 1000 人。

2005 年，谢家镇血吸虫病防治 1.1 万人，治疗晚期血吸虫病人 11 人次；为谢家中小学 1080 名学生及 1850 名群众进行了血吸虫病普治，查血 1304 人，阳性 93 人，学生体检 1100 人。

2006 年，谢家镇血吸虫病血检 1.58 万人次，阳性率 6.12%；耕牛血检 1250 头，对中小学生进行 100%服药普治，对群众送药服药 3.04 万人，治疗晚期血吸虫病人 34 人次。义和乡血吸虫病血检 5165 人次，粪检 1038 人次，家畜查病 400 头，处置耕牛 402 头。

2007 年，谢家镇血吸虫病血检 5000 人次，普治 5200 人，治疗晚期血吸虫病人 34 人次。

2008 年，谢家镇血吸虫病血检 8000 人次，治病 8000 人，治疗晚期血吸虫病人 38 人次，耕牛血检和治疗耕牛 128 头，肉牛 378 头，中小学生普治率达 100%，服药人数 9500 人。义和乡人群查病 7124 人，其中血吸虫病血检 6100 人次，阳性 547 人，粪检 1024 人次，查出病人 90 人，感染率为 0.79%。

2009 年，谢家镇血吸虫病血检 6000 人次，血检阳性病人 200 人次，粪检 300 人次，扩大化治疗 6000 人次。

2010 年，谢家镇血吸虫病血检 1.39 万人次，血检阳性病人 500 人次，粪检 1500 人次，扩大化治疗 1616 人次。

2011 年，谢家镇血吸虫病血检 9300 人次，血检阳性病人 200 人次，粪检 2000 人次，治疗晚期血吸虫病人 596 人次，扩大化治疗 572 人次，健康建档 1.02 万人。

2012 年，谢家镇血吸虫病血检 9500 人次，粪检 2000 人次，治疗晚期血吸虫病人 250 人次，扩大化治疗 6200 人次。

2013 年，谢家镇血吸虫病血检 9300 人次，粪检 1200 人次，治疗晚期血吸虫病人 305 人次，扩大化治疗 8500 人次；财政下拨 5 万元，用于螺点改造；成立由镇纪委牵头的血防督查小组，形成督查通报 7 期次。

2014 年，谢家镇血吸虫病血检 1.02 万人次，血检阳性病人 405 人次，粪检 1500 人次，扩大化治疗 6800 人次。

2016 年，谢家镇血吸虫病血检 8000 人次，粪检 800 人次，扩大化疗 6000 人次，治疗晚期血吸虫病人 55 人次；完成家畜查病 242 头。

2018 年，谢家镇血吸虫病血检 7200 人次，血检阳性病人 281 人，粪检 410 人次，扩大化治疗 2200 人次。

2020 年，谢家街道完成血吸虫病询检 7000 人次、血检 5000 人次、粪检 450 人次、扩大化治疗 2000 人次、治疗晚期血吸虫病人 50 人次，对发热病人全部实行假定性治疗。

【查螺灭螺】

1996 年，谢家镇秋季统一农田灭螺 1.4 万亩。

1997 年，邓庙乡环改灭螺工程投入 40 万元，控制 12 万平方米钉螺蔓延。

2002 年，岐山乡灭螺 28.17 万平方米。

2003 年，义和乡查螺灭螺 15 万平方米，普查中小学生 800 人。邓乡灭螺 2 万平方米。

2004 年，义和乡查螺灭螺 15 万平方米。邓庙乡灭螺 30 万平方米。

2005 年，谢家镇查螺 129 万平方米，灭螺 84 万平方米。义和乡查螺 80.11 万平方米，有螺面积 67.99 万平方米。

2006 年，谢家镇投入资金 17.5 万元，灭螺 164.84 万平方米。义和乡进行药物喷洒 146 万平方米，泥糊 54.3 万平方米，环改（防渗沟渠）2.2 千米。

2007 年，谢家镇查螺 110 万平方米，灭螺 82.9 万平方米。

2008 年，谢家镇组织村、社干部，防疫医生和群众 3900 人参加查螺、灭螺，查螺 150 万平方米，灭螺 150 万平方米。义和乡投工投劳 1.07 万个，投资 34 万元，查螺 135.8 平方米，查出有螺 17 万平方米，灭螺 79.5 万平方米。

2009 年，谢家镇查螺 96 万平方米，灭螺 96 万平方米。

2010 年，谢家镇查螺 170 万平方米，灭螺 150 万平方米。

2011 年，谢家镇查螺 186.2 万平方米，灭螺 112.724 万平方米。

2012 年，谢家镇查螺 180.23 万平方米，查出有螺 100 万平方米，灭螺 100 万平方米。

2013 年，谢家镇查螺 188.22 万平方米，查出有螺为 100 万平方米，灭螺 100 万平方米。义和乡查螺 118.25 万平方米，灭螺 62.36 万平方米。

2014 年，义和乡查螺 200 万平方米，灭螺 140 万平方米，硬化、掏淤、整治沟渠 10 千米，山坪塘 80 口。

2016 年，谢家镇查螺 180 万平方米，灭螺 100 万平方米。

2018 年，谢家镇查螺 183.1 万平方米，灭螺 159.5 万平方米。

2020 年，谢家街道查螺 180 万平方米，灭螺 120 万平方米。

【灭螺方法】

主要有药物泥糊法、药物浸泡法、药物喷洒法等。

药物泥糊法。适宜沟渠、稻田、房前屋后等环境，铲除地表杂草 3 厘米后，用 50% 的氯硝柳胺乙醇胺盐可湿性粉剂兑水，按 2 克/平方米的量和入稀泥，再覆盖于有螺环境上。

药物浸泡法。适宜硬化沟渠，沿边铲草后用 50% 的氯硝柳胺乙醇胺盐可湿性粉剂兑水，用 2 克/平方米的量进行浸泡，保证浸泡水位 3 天以上。

药物喷洒法。适宜荒地、荒山、荒坪，铲除地表杂草后，用氯硝柳胺乙醇胺盐可湿性粉剂兑水，用 2 克/平方米的量进行喷洒，一个月内间隔 2 周连续喷洒 3 次，做到喷洒均匀，不留死角。

疫情防控

【“非典”防控】

2003 年，在突如其来的非典型肺炎（以下简称“非典”）疫情面前，按照中央、省、市、县的统一部署安排，谢家镇人民奋起抗击“非典”。谢家镇成立“非典”防治工作领导小组，下设统计、调查核实、宣传、后勤、留验站值班、预防回访 6 个工作组。4 月下旬，机关、学校、农村、社区、单位共同抗击“非典”，留验 141 人，无一人漏登、漏报、漏验。义和乡建立乡、村、社、户四级联动应急防控体系，与村、社、农户签订目标责任书，印发宣传资料 6300 份，书写标语 46 幅，办墙板报 25 期；对外出务工人员逐一登记造册，对外出人员发书信或打电话劝告暂不返乡 1319 人次；建立留验站，留验 123 人，医学随访体检 3745 人次，投入“非典”防控资金 6.8 万元，组织乡、村、社干部，医务人员 154 人，战斗“非典”防控第一线，做到了早发现、早报告、早隔离、早治疗；义和乡悦园村被县委、县政府评为“防非工作先进集体”，1 人受到市委、市政府表彰，5 人受到县委、县政府表彰。

【甲流防控】

2009 年，谢家镇为了更好地防控甲型 H1N1 流感（以下简称“甲流”），成立了以镇长为组长的防控领导小组。谢家中心卫生院印制防控“甲流”知识宣传单，利用学校和赶集时间，向广大群众发放宣传资料 1200 份，在人群聚集地、财务公开栏张贴宣传单，让居民知晓“甲流”的相关知识。对中学、小学、幼儿园、车站、社区等人群聚集地，以及外出务工返乡农民工等进行登记跟踪随访。在谢家中学、小学、幼儿园建立晨检制度，及时报告发热人员。卫生院开设发热门诊，发现疑似病例立即报上级主管部门和镇防控领导小组。

【新冠疫情防控】

2020 年，新冠疫情暴发后，谢家街道认真贯彻落实中央、省、市、区部署要求，坚决克服松懈、麻痹思想，外防输入、内防反弹，常态化抓好疫情防控工作。1 月 22 日，成立领导小组，制订工作方案，所有工作人员从大年三十开始全员到岗到位。发挥党组织及党员干部在疫情防控中的先锋模范作用，成立 4 个临时党支部，15 支志愿者服务队，参与疫情防控卡点设置、巡逻宣传等工作。发动宣传车宣传防疫知识，每天 30 次，发放宣传手册及海报 5 万份，制作横幅 2000 条，发布防疫短视频 60 个。排查人口 8 万人，对 231 人进行了隔离，办理健康证 5000 张，居家隔离 600 人。向谢家卫生院拨付 5.28 万元、义和卫生院拨付 6.3 万元防疫物资经费。12 月 25 日，谢家街道召开党委会布置元旦、春节期间疫情防控工作，安排各村、社区提前摸排节前外出务工人员返乡信息，引导错峰出行，做好旅途个人防护措施；强化宣传和排查，及时报告中高风险地区返乡人员，并做好管控；加强农贸市场等公共场所的疫情防控，减少人员聚集，做好节日期间应急值班值守。

动植物病防治

【除"四害"】

每年 3 月至 9 月开展除"四害"（苍蝇、蚊子、老鼠、蟑螂）工作。成立由镇长担任组长的除"四害"工作领导小组。中小学利用健康教育课，进行除"四害"、讲卫生教育；医院为开展除"四害"活动做好技术指导，并提供宣传资料；各村（社区）、各单位采取专栏、板报、标语等形式宣传除"四害"工作。城管负责场镇公共地带的除"四害"工作，工商负责农贸市场以灭鼠为重点的除"四害"工作。

【动物防疫】

强化动物及其产品防疫，对动物及其产品严格实行检疫申报制度，全面实施"放心肉"工程，保障畜产品质量安全。贯彻《家禽家畜防疫条例》，推广杂交化、科学化、节粮型畜禽养殖。

2004 年，谢家镇强化动物疫病防治发放免疫耳标 3.4 万枚，注射猪瘟疫苗 3.8 万头次，猪三联苗 1.5 万头次，禽苗 25 万只次。

2005 年，谢家镇开展牲畜五号病防控工作。发放免疫耳标 4 万枚，注射猪瘟疫苗 4.5 万头次，猪三联苗 2 万头次，防疫猪链球菌病苗 1.54 万头，牲畜口蹄疫 6.5 万头次，禽流感免疫 26 万只次。

2008 年，谢家镇开展动物防疫工作，注射猪瘟疫苗 5 万头次，蓝耳疫苗 3 万头次，猪三联苗 2.9 万头次，禽苗 150 万只次，兔苗 35 万只次，发放消毒药 280 公斤，草种子 120 公斤；免疫猪瘟、猪口蹄疫 1.8 万头，牛、羊口蹄疫 8000 头，蓝耳病 1.8 万头，

禽流感 15.6 万只，消毒面积 16 万平方米。

2011 年，谢家镇开展动物防疫工作，注射猪瘟疫苗 5 万头次，蓝耳疫苗 5 万头次，口蹄疫苗 6.6 万头次，禽苗 190 万只次。

2012 年，谢家镇开展动物防疫工作，注射猪瘟疫苗 6 万头次，蓝耳疫苗 6 万头次，口蹄疫苗 7.6 万头次，禽苗 190 万只次；举办养殖培训班 500 人次，发放培训资料 800 份，发放消毒药 450 公斤。

2018 年，谢家镇开展非洲猪瘟疫情防控工作，印发《谢家镇非洲猪瘟疫情应急预案实施方案》，按照属地管理原则，联防联控，形成防控合力。坚持预防为主，及早发现，快速反应，严格处理，减少损失。开展春季动物疫病防控工作，从 3 月 12 日开始，于 4 月 25 日结束。

2019 年，谢家街道开展非洲猪瘟防控，落实经费，实施联防联控，因地制宜设置卡点和流动巡查点，实现清洁无疫。

【狂犬病防治】

1996 年—2020 年，每年春秋两季开展狂犬病专项整治，制订和印发整治方案，召开狂犬病防治工作会议和动员会。2006 年，谢家镇召开狂犬病防治工作会议，层层召开动员会 20 余次，出动防控人员 216 次。开展狂犬病防治宣传工作，悬挂宣传标语 16 幅，发放宣传资料 3000 余份。有存栏犬 4500 只，共派出专（兼）职兽医 22 人，对 4300 只犬进行了强制免疫，街道免疫密度达 96%，农村免疫密度达 75%；在做好强制免疫工作的基础上，利用 18 天时间对少数没有实行强制免疫的犬只实行了集中捕杀和防疫处理。2008 年，谢家镇有存栏犬 5500 只；开展狂犬病的集中整治工作，要求狂犬病防疫密度 100%、拴养率 100%、伤者接种 100%；犬免疫 4650 只，打死散养犬 95 只，犬只登记率和免疫率达 100%。2009 年—2010 年，谢家镇开展春秋两季狂犬病专项整治，犬只登记率和免疫率达 100%。2011 年，谢家镇启动狂犬病专项整治活动，镇财政划拨 5000 元经费作为狂犬病防治工作经费，与各村签订了目标责任书。开展狂犬病防治宣传，印发了 5000 余份宣传资料，在主要路段、路口悬挂标语 11 幅；组建狂犬病整治专业队，出动防疫人员 235 人次，村社干部 360 人次，免疫犬只 4256 只，捕杀流浪狗 15 只，犬只拴养率达 96%，防疫率达 96%。

【植物病虫害防治】

水稻病虫害防治。谢家镇水稻病虫害主要有三化螟、二化螟、大螺、稻苞虫、卷叶螟、飞虱、叶蝉等。病害主要有稻瘟病、赤枯病、纹枯病等。虫害防治方面，改过去的大田防治为秧田防治。水稻苗期生长时把螟虫扑灭在秧母田内，提供"三带"（带土、带肥、带药）移栽。5 月上旬，用"杀虫脒"或"杀虫双"兑水，在移栽前 7~10 天喷施于秧苗叶上，杀灭螟幼虫，减轻螟虫对水稻苗期生产的危害。7 月上旬施于叶面，杀灭螟幼虫，减少水稻白穗。病害防治方面，主要是稻瘟病，从苗稻瘟病到叶稻瘟病，再到穗茎瘟病，一般发病田亩减产 30%~50%，个别田块减产 80% 以上。采用烧毁感病稻苗、更换品种、用"多菌灵"浸泡谷种等方法，再加之五月上中旬结合防螟虫加"富士 1 号"或"稻瘟净"兑水喷雾，有效控制了稻瘟病的发生。

玉米病虫害防治。谢家镇玉米虫害主要有地老虎、玉米螟、大螟、红蜘蛛等，病害有大、小斑病、纹枯病等。地老虎的防治，谢家镇农民在移栽前穴内采用呋喃丹，可有效减轻地老虎危害。玉米螟的防治，当玉米长至喇叭口时采用呋喃丹颗粒施于喇叭口内或采用 90% 的敌百虫喷于叶鞘内，达到防治效果。玉米大、小斑病的防治，当发生时采用 50% 的多菌灵或代森锌喷于植株，在发病期开始喷药，7~10 天 1 次，连续 2~3 次达到防治效果。

小麦病虫害防治。谢家镇小麦病虫害主要有锈病、纹枯病、赤霉病。针对锈病主要采用多酮兑水进行喷洒。纹枯病主要采用井冈霉素、多菌灵、退菌特兑水喷洒。赤霉病多在小麦抽穗扬花期的高温高湿条件下发生，主要采用托布津、灭菌丹、克菌丹、代森锌、多菌灵等药剂进行防治。

【柑橘溃疡病防控处置】

2019 年，谢家街道开展柑橘溃疡病防控处置工作。定植一年以内的果园发生柑橘溃疡病，全园销毁；定植一年以上的果园（包括成年果园）零星发生柑橘溃疡病，以病株为中心半径 5 米范围内全部果树挖除并销毁，其余果树须及时施药保护；柑橘溃疡病发病于发病轻、病点多的成年果园，采取重剪的方式处理，修剪病叶以下 10 厘米处大枝并集中烧毁；苗圃及果园行间育苗发生柑橘溃疡病，无论发病程度轻重，一律进行销毁处理；所有挖除的病株、修剪下来的病叶、病枝不得带出果园，必须就地集中销毁。

≪≪≪ 社会事业 ≫≫≫

1996 年—2020 年，谢家镇（街道）高度重视社会事业，出台多项政策措施，解决农村居民生活中的现实问题。建立关爱老弱病残工作制度和社会保障体系，弘扬社会主义新风尚，促使人民生活水平日益提高。

脱贫攻坚

党的十八大召开后不久，党中央就突出强调，"小康不小康，关键看老乡，关键在贫困的老乡能不能脱贫"，承诺"绝不能落下一个贫困地区、一个贫困群众"，由此拉开了新时代脱贫攻坚的序幕。2013 年，党中央提出精准扶贫理念，谢家人民抓住机遇，团结奋斗，使脱贫攻坚取得全面胜利。

【精准扶贫】

2013 年，谢家镇、义和乡贫困人口主要分布在丘区。长丘山脉市级贫困村谢家镇有岳油村、邓庙村、李山村；义和乡有喻沟村、悦园村、活桥村。插花市级贫困村有义和乡岐山村；县级贫困村有谢家镇石山村。

2014 年，谢家镇有建档立卡贫困户 403 户 1104 人，义和乡有建档立卡贫困户 372 户 1091 人。

2015 年，谢家镇建立扶贫党总支、扶贫党支部扶贫工作组织架构体系，实行机关干部全部驻村，为村（社区）选派第一书记主抓脱贫攻坚工作。

2017 年，谢家镇及时更新维护"全国扶贫开发信息系统"数据 1500 条，邓庙村获得"脱贫示范村"荣誉称号，代表全区迎省检。义和乡开展个体帮扶"三个一"（办一件实事、解一项疑难、落实一个帮扶项目）活动，深化"四支队伍"（党员先锋服务队、基层便民专业化服务队、社会志愿者服务队、网格员服务队）服务群众，引领绿色发展助推脱贫攻坚；开展百企联百村、村企结对帮扶专项行动，四川宁氏牧业设备有限公司帮扶喻沟村，四川源亨印刷包装有限公司帮扶悦园村，彭山港华燃气有限公司帮扶活桥村，四川科威电工有限责任公司、青龙镇商会帮扶岐山村。

2018 年，谢家镇聚焦"两不愁、三保障"（不愁吃、不愁穿，义务教育有保障、基本医疗有保障和住房安全有保障）目标，按季度打响脱贫攻坚"春季攻势""夏季战役""秋季攻坚""冬季冲刺"，实行"清单制＋责任制"工作法，签订年度脱贫攻坚

《目标责任书》；坚持扶贫与扶智、扶智与立志相结合，每季度分村召开贫困户大会，对建档立卡贫困户开展全覆盖慰问送温暖活动，对 18 项指标按人群、类别逐项打分，对于分值较低的贫困户进行专人帮扶、专人转变。

2019 年，谢家街道开展以改水、改厕为主的人居环境整治工作，通过以种植养殖补贴贫困户 208 人，争取项目到户资金 5 万元，设置公益性岗位 207 个，投入 70 万元，享受资产收益扶持 36 人。印发《眉山市彭山区谢家镇脱贫攻坚工作考核办法》，开展脱贫攻坚考核。区人武部重点帮扶杨庙村，共联系 32 户贫困户，拨付扶贫资金 10 万元。

【易地扶贫搬迁】

2016 年，谢家镇开始实施易地扶贫搬迁工作，成立易地扶贫搬迁工作小组，组织村建所、扶贫办、督查办对搬迁贫困户的宅基地、住房面积、搬迁建房选址进行丈量、登记造册，严格按照每人 25 平方米的建房标准划定新宅基地。

2017 年，谢家镇完成 55 户、166 人易地扶贫搬迁户的建房及入住，顺利通过省、市、区检查。义和乡巩固提升脱贫攻坚成果，按时完成易地扶贫搬迁 37 户、105 人。

2018 年，谢家镇坚持"政府主导、群众自愿"原则和"搬得出、稳得住、能脱贫"的易地扶贫搬迁目标，确保所有搬迁户在精准搬迁、住房面积达标不超面积、群众自筹不超 1 万元、资金管理规范等方面均符合政策，完成 120 户易地扶贫搬迁。

集中安置情况。邓庙村和岐山村集中安置点分别安置 8 户、18 人和 13 户、49 人。

分散安置情况。分散安置主要有投亲靠友、自建房、购买政府统规统建房、闲置房或商品房等安置方式，其中投亲靠友 24 户、47 人，自建房 37 户、104 人，回购住房 38 户、125 人，总建（购）房面积 5300 平方米，人均住房面积不超过 25 平方米，自筹资金总金额 25.9 万元，户均不超过 1 万元。

脱贫目标完成情况。搬迁入住率达 100%，建档立卡搬迁人口全部脱贫。

【财政专项扶贫验收】

2015 年 10 月 1 日—2016 年 6 月 30 日，谢家镇财政专项扶贫项目建设总投资 87.76 万元（省财政 47.88 万元，区财政补助 8 万元，群众自筹 31.88 万元）。其中投入 37.72 万元（省财政 18.4 万元，区财政补助 8 万元，农户自筹 11.32 万元），硬化李山村道路 1.2 千米；投入 27.77 万元（省财政 16.54 万元，农户自筹 11.23 万元），补贴种植户 126 户，种植川芎 83.3 亩、泽泻 100.7 亩、水稻 49.3 亩、果树 33.9 亩、油菜 16.7 亩、花木苗圃 11.75 亩、其他 8.5 亩；投入 21.92 万元（省财政 12.75 万元，农户自筹 9.17 万元），补贴养殖户 107 户，养殖鸡 3800 只、兔 240 只、鸭 50 只、羊 87 只、猪 69 头、牛 4 头；投入 3500 元（省财政 1900 元，农户自筹 1600 元），补贴服务业就业贫困户 3 户。专项扶贫项目均验收合格。

2015 年 11 月 20 日—2016 年 3 月 31 日，义和乡财政专项扶贫项目建设总投资 23.92 万元（省财政资金 15 万元，群众自筹 8.92 元）。其中投入资金 15 万元（省级财

政扶贫资金补助 9 万元，群众自筹资金 6 万元），改建住房 3 户；投入资金 8.92 万元（省财政扶贫补助 6 万元，农户自筹 2.92 万元）补贴贫困户，养鸡 1900 只、养羊 29 头、养猪 17 头、种果树 22 亩。专项扶贫项目均验收合格。

2017 年 3 月—7 月，谢家镇第一批省财政资金总投资 30 万元。其中投入 21.7 万元补贴种植户 295 户，种植川芎 97.5 亩，泽泻 35.5 亩，水稻 267 亩，果树 16.5 亩（柑橘 12.5 亩、李子 3 亩、葡萄 1 亩），油菜 3.5 亩，蔬菜 9 亩，玉米 4 亩；投入 8.2 万元补贴养殖户 80 户，养殖鸡 1400 只，兔 40 只，鸭 80 只，羊 9 只，猪 34 头，鱼塘 30.5 亩；投入 1000 元补贴手工业就业贫困户 1 户。9 月—12 月，谢家镇第二批省财政资金总投资 16.93 万元（省财政 10.5 万元，群众自筹 6.43 万元），项目涉及 8 个村。补贴养殖户 27 户，养殖鸡鸭 15 户、547 只，养殖猪牛羊 22 户、62 头；补贴种植户 81 户，农作物种植 122.62 亩。义和乡对 2 月—7 月建设的第一批财政专项扶贫项目进行验收，建设项目总投资 26 万元（省财政 18 万元，群众自筹 8 万元），项目涉及喻沟村、杨庙村、岐山村、悦园村、活桥村；补贴家禽家畜养殖 82 户、893 只、养鱼 4 户、4 亩、农作物种植 149 户、348 亩。对 8 月—11 月建设的第二批财政专项扶贫项目进行验收，建设项目总投资 13.58 万元（省财政 9.5 万元，群众自筹 4.08 万元）；补贴家禽家畜养殖 30 户、319 只、农作物种植 83 户、143.6 亩。专项扶贫项目均验收合格。

2018 年 8 月 12 日—20 日，谢家镇财政专项扶贫项目建设总投资 20.69 万元（省级财政 20 万元，村组自筹 6900 元），建设地点岳油村，扩宽水泥路 700 米，新建水泥路 320 米。专项扶贫项目验收合格。

【脱贫成效】

2015 年，义和乡投入资金 100 万元，从人居环境改善、贫困助学、民政兜底、产业带动等方面入手，区级联系部门、第一书记助力脱贫攻坚，多方合力对 2015 年预脱贫建档立卡贫困户进行精准滴灌，实现贫困户 129 户 380 人脱贫。2016 年，谢家镇全镇 163 户、433 人实现全部脱贫，3 个市级贫困村和 1 个区级贫困村成功摘帽。2017 年，谢家镇实现贫困村摘帽和贫困户脱贫持续巩固。义和乡通过"回头看""回头帮"，366 户、1059 人建档立卡贫困户全部达标，贫困户人均收入均超过 3500 元。2018 年，义和乡贫困户稳定脱贫 354 户、1020 人，实际贫困户村稳定退出 4 个。谢家街道通过抓思想扶贫、项目扶贫、产业扶贫、民生政策落实等举措，实现脱贫攻坚目标。

抓思想扶贫。率先在全区开展"养成好习惯、形成好风气"脱贫奔康文明示范户创建活动，分"文明之星"和"进步之星"两类，每季度最后一个月下旬开展贫困户创建评选。

抓项目扶贫。针对贫困村集体经济较弱问题，整合上级资金 70 余万元，为岐山、邓庙、李山、喻沟 4 个市级贫困村新建 4 座村级光伏电站，壮大村集体经济收入。针对贫困村基础设施薄弱问题，争取各类资金 3000 万元，建成连接 4 个贫困村的 10 千米街道产业发展小环线、维修街道至贫困村的主干道 8 千米，实施农业综合开发、扶贫、移民等项目，让最美的黑化路率先进入贫困村，沟渠、山坪塘有效覆盖，解决了群众出行不便、农业业主不好引等问题。

抓产业扶贫。谢家街道原有 8 个市级贫困村（邓庙、岳油、李山、悦园、活桥、喻沟、岐山、杨庙），1 个区级贫困村（石山），涉及贫困户共 712 户，共计 1979 人。通过流转土地大力实施"一村一品"，帮助 200 多户贫困户流转土地，带动贫困户发展特色产业，增加贫困户造血功能；引导 200 多名贫困户在就近园区务工，拓宽致富渠道；同时，对有劳动力的贫困户实施种植养殖帮扶，并提供养殖技术培训，帮助贫困户走上致富道路。

抓民生政策落实。全面落实新型农村社会养老保险和城乡居民新型合作医疗保险制度，参保率达 100%；义务教育实现全覆盖，无一人因贫辍学；低保兜底政策能享尽享；大力实施各类技能培训，增强了贫困户自主脱贫的能力；先后为贫困户争取扶贫小额贴息贷款 100 万元以上；实施危房改造 49 户，投入 1460 万元实施易地扶贫搬迁 120 户，全街道贫困户住房、饮用水均达到安全标准。

【督导检查】

2018 年，谢家镇接受省级脱贫攻坚督导检查 1 次、省级脱贫攻坚交叉检查 1 次，均按照要求，制订方案、建立台账、对账销号，整改完成并通过区级验收。

2019 年，谢家镇连续 3 年接受省级脱贫攻坚交叉考核，督导考核 1 次、省级易地搬迁专项验收 1 次、市级专项考核 3 次。6 月 20 日—7 月 20 日，开展"两不愁、三保障"回头看大排查，排查建档立卡贫困户、易地扶贫搬迁户、非建档立卡特殊困难户是否愁吃、是否愁穿、是否有比较稳定的收入；排查"义务教育有保障""基本医疗有保障""住房安全有保障"等情况。实行"七步排查法"（一进、二看、三算、四核、五填、六评、七签），排查出问题 236 个，及时整改问题 192 个。

2020 年 7 月 10 日—20 日，谢家街道组织扶贫办工作人员及各村"第一书记"，采取入户走访、资料核查等方式，对街道所属 2 个安置点 21 户 67 人和分散安置的 99 户 276 人开展了易地搬迁评估自查验收。开展驻村帮扶、"两不愁、三保障"大排查、"五员扶贫"公益性岗位安置等行动，排查整改问题 252 个。

【清零行动】

2016 年—2019 年，谢家镇开展脱贫攻坚清零行动，成效考核反馈问题 19 个，其中 2016 年反馈问题 5 个，2017 年反馈问题 4 个，2018 年反馈问题 5 个，2019 年反馈问题 5 个；2019 年"两不愁、三保障"大排查反馈问题 62 个，全部整改到位。

2020 年，谢家街道开展易地扶贫搬迁问题整改清零行动，发现问题 13 个，其中邓庙村 2 个，李山村 2 个，石山村 3 个，岳油村 6 个，问题类型均为住房面积超标。街道自查发现问题 9 个，其中旧址未复垦 6 个，资料不全 3 个。对存在的问题均建立台账，落实责任人，制定整改措施，全部整改到位。

乡村振兴战略

【乡村振兴】

2018年，义和乡悦园村被列为全区重点打造的"乡村振兴十个示范村"之一。

2019年，谢家街道实施乡村振兴战略，聚焦"六个有"（有产业、有颜值、有底蕴、有秩序、有保障、有活力），实现乡村全面振兴。开展以"净化、绿化、硬化、美化"为内容的"四化"整治；按照"修旧如旧"的设计理念，建设集小流域治理中心、乡村振兴文化中心、社会主义精神文明实践中心、日间照料中心等功能于一体的毛河院子。对岐山村文化室、图书室等公共文化设施、文化用品、农家书屋图书进行补充更新和加强。

2020年，谢家街道打造杨庙村绿地广场、工业大道与新彭谢路交叉口、毛河院子、石山学堂等重要示范节点；开展村庄绿化行动，实施绿荫项目，推广"绿色基地+绿色村庄+绿色庭院"建设模式，积极植树建园，保护和修复湿地。投入资金4000万元，启动实施交通道路、脱贫攻坚、生态环境、产业发展等工程项目，完成产业发展、扶贫等6条道路建设，新建30千米，拓宽10千米，完成绿化道路10千米，修复毛河生态湿地1.3平方千米。

2021年，彭山区全力做好省级乡村振兴先进县创建工作，争取上级资金850万元，围绕区级乡村振兴环线实施了谢家湿地公园、石山学堂、毛河院子养老服务等乡村振兴项目23个。打造谢家湿地公园、石山学堂、毛河院子、悦园村猕猴桃文化广场、老杨庙村综合文化站5个区级环线点位，完成实施项目16个。

【乡村旅游】

2016年，义和乡建成苌町轩、绿色甜源、商氏活跃农庄等乡村旅游景点，猕猴桃观光产业园区初具规模。2018年，谢家镇完成丘区乡村旅游发展策划方案，走品质、品牌、品味抱团发展之路，投入4000万元项目资金改善农业基础设施，奠定"大农业、大旅游"发展基础。以刘山水库的自然环境和地理地貌，推进乡村旅游基础设施建设和周边农户发展农家乐。2020年，谢家街道推进乡村旅游基础设施建设，重点做好人居环境整治、全域安全饮水、乡村振兴示范村的打造。彭山区开辟了"乐活之城、休闲之旅"（凤鸣花谷—岷江农业园区—石山学堂—观音葡萄园—古堰新桥）旅游线路。

【农民夜校】

"农民夜校"是新时期党校教育的重要延伸，是脱贫攻坚的现实需要，是贯彻落实习近平总书记提出的"治贫先治愚，扶贫先扶智"、变"输血式"扶贫为"造血式"扶贫的有效手段。2016年，谢家镇、义和乡印发《全面开办"农民夜校"实施方案》；镇（乡）党委负责"农民夜校"的领导、统筹、规划和管理，各行政村（社区）党组织具体承办。贫困村夜校负责人由驻村工作组组长或"第一书记"担任；非贫困村（社区）

由村党组织书记担任。开展"五项教育"（实用技能、道德法治、基层治理、文明新风、知恩感恩）；实施"五个结合"（固定课堂与流动课堂相结合、与党群集中活动日相结合、与党员干部远程教育相结合、与乡村群众文化活动相结合、与道德大讲堂相结合）。建设有场地设备（不少于90平方米的教学活动场地，不少于50人的桌椅）、有标识标牌、有机构人员、有师资力量、有教材资源（纸质教材不少于50种，音像教材不少于20小时）、有规章制度、有活动载体、有经费保障的"农民夜校"。2017年，谢家镇确定石山村为"农民夜校"中心校，负责指导全镇夜校活动，举行了一次120人参加的"农民夜校"现场观摩活动。

【石山学堂】

2019年，谢家镇石山村被彭山区确立为乡村事业振兴村，由此成立了乡村振兴大学堂——石山学堂。位于谢家街道石山村村委会，为石山村核心区域，占地30亩。

2020年，谢家街道申请挂牌成立彭山区乡村振兴学院石山分院，主要开展茶艺、花艺、竹编、酿酒、陶瓷艺术、书法、农业技术等培训，可同时容纳150人，能配合各部门完成大批量的培训任务。有特色展厅、精品民宿及特色餐饮，是国内首家以村委会为代表的乡村智库。

民政工作

【优抚】

2004年，谢家镇为退伍和老复员军人按月定额发放优抚金。义和乡为13户义务兵家属发放优待金7800元。

2005年，谢家镇为老复员军人64人每月发放90元的优抚金。义和乡对全乡79名优抚对象发放优待金1.16万元。

2006年，谢家镇新增11户重点优抚对象。

2007年，谢家镇按时发放复员退伍军人、农村、城镇低保户、五保户款项。义和乡对复员退伍军人发放优待金17.6万元，兑现义务兵优待金2.64万元。

2009年，谢家镇学习贯彻《军人优待抚恤条例》，对自谋职业的城镇退役士兵进行职业技能培训；按时足额发放抚恤补助经费，参战参试人员39人，每月发放5100元，带病回乡军人51人，每月发放8200元，6名伤残军人、65名复员军人资金由谢家信用联社代发。义和乡足额发放各类优抚救济金67万元。

2010年，义和乡发放优抚救济金71万元。

2014年，义和乡发放优待金15.6万元。

2015年，谢家镇对优抚对象做好动态管理，妥善解决优抚对象医疗、生活等问题；及时更新优抚政务公开栏，协助做好退役士兵职业技能培训工作。

2017 年，义和乡召开建军 90 周年座谈会，慰问困难优抚对象 15 户，发放慰问金 7500 元，为 13 名应征入伍士兵家属发放优抚金 20.03 万元。

【低保】

2000 年 6 月，县民政局在谢家镇开展低保试点，有 6 户特困户享受最低生活保障金。11 月，在谢家镇、邓庙乡开展建立农村特困户最低生活保障制度试点工作，对年老体弱、常年患病、年人均消费低于 600 元或家庭成员残疾、缺劳力、缺资金、无其他副业收入来源，人均收入低于农村最低生活标准者进行扶持，每人每月补助 10 元，年补助 120 元。

2004 年，谢家镇有农村低保户 100 人，有社区低保户 164 人。义和乡为 3 户低保户发放低保金 2700 元。

2005 年，谢家镇有农村低保户 1380 人，有城镇低保户 234 人，每月发放低保金 1.55 万元。义和乡发放低保金、百岁老人津贴等 9900 元。

2006 年，义和乡发放低保金、百岁老人津贴等 1.02 万元。

2007 年，义和乡发放农村低保金 7.34 万元。

2009 年，谢家镇每月发放低保金 3.64 万元。

2010 年，谢家镇每月发放城镇低保金 4.88 万元和农村低保金 3.88 万元。

2011 年，谢家镇每月发放城镇低保金 4.51 万元和农村低保金 4.51 万元。

2012 年，谢家镇发放低保金 190 万元。

2013 年，谢家镇发放城镇低保金 68.27 万元和农村低保金 134.56 万元。

2014 年，谢家镇发放城镇低保金 66 万元和农村低保金 150 万元。义和乡新增农村低保户 94 户，实行低保动态管理 42 户。

2016 年，谢家镇清退不符合条件的低保户 466 户、545 人。义和乡新增农村低保户 54 户。

2017 年，谢家镇新增低保户 93 人。义和乡新增农村低保户 31 户。

2008 年—2019 年享受最低生活保障人数统计表

单位：人

年份	谢家镇			义和乡		
	总数	农村	城镇	总数	农村	城镇
2008	849	561	288	281	275	6
2009	1082	770	312	688	682	6
2010	1082	770	312	738	712	26
2011	1082	770	312	761	735	26
2012	1317	1068	249	892	884	8
2013	1382	1130	252	958	951	7

年份	谢家镇			义和乡		
	总数	农村	城镇	总数	农村	城镇
2014	1480	1237	243	931	924	7
2015	1438	1219	219	940	931	9
2016	739	—	—	435	—	—
2017	705	—	—	557	—	—
2018	630	—	—	515	—	—
2019	772	—	—	546	—	—

2020 年，谢家街道城乡居民最低生活保障人数 1312 人。

【"五保"供养】

2004 年，义和乡为 46 名五保户发放五保金 3.13 万元。2005 年，谢家镇和邓庙乡合并后，有五保老人 203 人。2006 年，义和乡为 50 位五保户发放五保金 3.9 万元。2007 年，义和乡为五保户发放五保金 6 万元。2009 年，"五保"财政月供养标准由 100 元提高到 150 元。2010 年—2011 年，谢家镇五保户入住敬老院分别为 122 人、107 人。2012 年，谢家镇实现"五保"应保尽保。2015 年，谢家镇将符合条件的农村五保对象纳入供养范围。

2010 年—2019 年五保户统计表

单位：人

	2010 年	2011 年	2012 年	2013 年	2014 年	2015 年	2016 年	2017 年	2018 年	2019 年
谢家镇	122	122	146	186	135	189	143	130	131	127
义和乡	62	61	63	70	65	68	82	82	79	91

2020 年，谢家街道有五保户 268 人。

【老龄工作】

彭山区素以"忠孝之地""长寿之乡"而著称，尊老敬老是传统，每年均要开展重阳节尊老敬老主题活动。

1998 年，邓庙乡老年人协会文艺宣传队利用节假日为群众演出节目。

2008 年，谢家镇把原邓庙中学（占地面积 6000 平方米，建筑面积 2700 平方米）闲置资产改建成谢家一级敬老院，利用闲置的谢家二中教学楼等资产改造敬老院 1 所。

2009 年，谢家镇组织签订《家庭赡养协议书》和《家庭敬老保证书》；老年协会选送的快板《科学发展观就是好》在县老龄委举办的第二届老年人文体会演活动中获得二等奖。邓庙村中心敬老院建设工程竣工，新增床位 120 个。

2015 年，义和乡投入 56 万元，在活桥村、杨庙村、喻沟村建立幸福养老院和日间

照料中心，率先开展农村老人日间照料工作，重阳节慰问 43 人。

2017 年，谢家镇贯彻落实《老年人合法权益保障法》；创建养老服务中心、养老示范社区，达到市级标准，并验收合格；足额发放 80 岁以上老人高龄津贴，在重阳节期间，各村（社区）老年组织以文艺演出的形式为全镇 3000 名老年人发放慰问品。义和乡将 80 岁以上高龄老人数据录入老龄数据平台，建立老年人档案。

2018 年，眉山市彭山区老龄工作委员会办公室开展命名表彰"寿星""孝子"活动。谢家镇邓庙村 4 组李福安（男）获得"孝子"称号，义和乡悦园村 6 组刘志成（男）获得"寿星"称号。

2020 年，谢家街道完成谢家敬老院公建民营改革，有养老机构 1 个，即眉山市彭山区谢家敬老院，位于邓庙村 7 组。为高龄老人发放高龄补贴，80~89 岁 30 元/"人·月"，90~99 岁 100 元/"人·月"，100~105 岁 1500 元/"人·月"，106~109 岁 2500 元/"人·月"，110 岁以上 3500 元/"人·月"。

【残疾人工作】

2002 年，市残联授予谢家镇"残疾人工作先进集体"。

2003 年 5 月 18 日，是第十三个法定"全国助残日"，谢家镇开展残疾人扶贫工作、白内障患者筛查工作、走访慰问和助残宣传工作。谢家镇、义和乡、邓庙乡残联工作在全县考核中获得二等奖。

2005 年，谢家镇有残疾人 312 人，为残疾人办证 65 本；投入资金 3.5 万元，为特困残疾人建房 7 户，建筑面积为 460 平方米；白内障复明手术者 2 例，帮助 6 名残疾儿童重新入学，帮助 16 户残疾人贷款 5 万元，为 8 名残疾人就近安排了工作，为 4 名残疾人领取了轮椅车，救济特困残疾人资金 5500 元。义和乡扶持残疾人 15 户共计 6 万元，其中县政府列项的残疾人危房改造 7 户，建房 45 间，改造资金 4.5 万元；为 7 位白内障患者做了复明手术，为全乡 10 名残疾人办了证，其中 3 人为免费，免费安装假肢 1 人，赠送轮椅 1 人。

2006 年，谢家镇新、改建 19 户残疾人和特困户住房，建成残疾人扶贫基地 1 个，落实扶贫项目 3 个，帮助 8 名白内障患者实施复明手术。

2007 年，谢家镇开展残疾人实用技术培训，资助残疾人建房 4 户，资助残疾儿童 11 人。

2008 年，谢家镇帮助残疾人 3 人新建住房，新增城镇残疾人就业 8 人，资助白内障患者实施手术 11 人，资助残疾学生 20 人。义和乡资助贫困白内障患者实施手术 8 人。

2009 年，谢家镇发放救济特困残疾人资金 6900 元，资助在校残疾学生 18 人，贫困白内障患者免费手术 6 人，免费为精神病患者提供服药 29 例，推荐残疾人就业 88 人，为肢残人员赠送轮椅车 6 辆，为残疾人办证 53 本，帮助 7 名残疾儿童重新入学，帮助残疾人贷款 6 万元。

2012 年，谢家镇帮助 1 名残疾儿童重新入学，帮助残疾人贷款 5.9 万元，贫困精神病患者免费服药 60 人，免费为 11 名贫困白内障患者手术。义和乡扶持残疾人 15 户，扶持资金 6 万元，其中完成县政府列项的残疾人危房改造 8 户，建房 51 间；为 10 位白内障患者做了复明手术，为全乡 25 名残疾人办了证。

2013 年，谢家镇为残疾人办证 65 本，为特困残疾人投入 1.2 万元建房，为贫困精神病患者免费服药 60 人，为贫困白内障患者免费手术 5 人。

2014 年，谢家镇为残疾人办证 47 本；贫困精神病患者免费服药 60 人，免费为 15 名贫困人员实施白内障患者手术。

2018 年，义和乡实现残疾人居家灵活就业 212 人。

【帮扶救济】

1997 年，邓庙乡有 63 户困难户、特困户，脱贫 39 户，发放救灾扶贫金 1.5 万元。

2002 年，谢家镇开展送温暖活动，慰问贫困户 93 户，慰问老干部 39 人、老党员 164 人、百岁老人 1 名、困难职工 6 户，捐送衣物 108 件，捐款 2.3 万元。

2003 年，义和乡为 300 户救灾扶贫户解决资金 3.48 万元，为 59 人发放定补资金 6.44 万元。邓庙乡发放救灾救济款 2 万元，免费送贫困户化肥 3500 公斤，送衣物 1000 件。岐山乡发放救灾救济款物 8500 元，走访慰问贫困户 88 户。

2004 年，谢家镇对 7 户特困户、危房户房屋进行了维修重建。义和乡为 418 户救灾扶贫户解决资金 3.32 万元，为 63 人发放定补资金 7.96 万元，为 31 名 90 岁以上老人每人发慰问金 300 元，为 3 名百岁老人每人每月发放民政补助 100 元。邓庙乡解决贫困生学费、发放低保、定补、生活困难补助等救济金共 3.63 万元，施助农户 233 户。岐山乡发放救济款 7200 元、衣物 300 件。

2005 年，谢家镇共计救助 3600 人次 65.96 万元，发放救灾救济款 8.2 万元；帮助建房 18 户，帮助 8 名失学儿童返校，党员捐款 1.17 万元。义和乡对 145 户贫困户进行救济和医疗救助，救济资金 5.76 万元。

2006 年，义和乡对 206 户贫困户进行救济和医疗救助，救济资金 11.55 万元。

2007 年，谢家镇帮助 93 户建卡贫困户脱贫，解决 7 名农村绝对贫困人口温饱问题，帮助 9 户农村低收入户改善生活条件，完成 3 户避险搬迁安置任务，完成危房户改造和无房户新修住房 26 户；救助困难母亲 7 人，资助 979 人参加合作医疗保险，为村组干部扶助基金捐款 2900 元，为贫困学生捐款 1800 元。义和乡为 12 户特困户申请医疗救助 1.55 万元，给 36 户贫困户发放医疗补助 4600 元。

2008 年，谢家镇帮助 71 户建卡贫困户脱贫，解决绝对贫困人口温饱 3 人，改善低收入贫困人口生产生活 8 人；帮扶养殖户 14 户，农民实现人均增收 146 元；筹资 12 万元，慰问贫困户 586 户；资助困难学生 50 人，资助农村困难独生子女就读 2 人，关爱留守儿童 60 人，救助贫困母亲 4 人，帮扶困难职工 5 人。义和乡发放五保金、低保金、

定补金、优待金、慰问金等各类资金 30 万元；新修房屋 28 间，修建资金 2.5 万元。

2009 年，谢家镇完成扶贫新村项目建设 1 个（岳油村），扶贫农村贫困人员 14 人，建立扶贫基地 3 处，兑现符合计划生育家庭技能扶助 22 人，发放救灾救济资金 10 万元；实施法律援助，办理援助案件 4 件；帮助建房 10 户，帮助 7 名儿童重回学校；关爱留守学生 400 人，动用社会力量帮助困难学生 38 人，资助贫困中小学生 17 人，资助农村困难独生女就学 2 人，救助贫困母亲 4 人，帮扶困难职工 4 人。

2010 年，国家投资 100 万元，在谢家镇建立扶助基金合作社。

2012 年，谢家镇发放救灾救济资金 56 万元，为 11 户困难户建房。

2013 年，谢家镇雨灾帮助建房 17 户，发放救灾救济金 30.8 万元；加固维修 208 户，发放救灾救济金 44.5 万元；帮扶 33 名困难职工，发放生活救助金、医疗救助金 1.85 万元。

2014 年，谢家镇帮扶 9 名困难职工，发放生活救助金、医疗救助金 9000 元。

2015 年，谢家镇开展门诊救助和大病救助，落实孤儿救助政策，足额发放孤儿养育费。义和乡临时困难救助 62 人，医疗救助 23 人。

2016 年，义和乡慰问 66 人，居家养老服务 131 人。

2017 年，谢家镇完成临时生活救助 238 户，救助资金 16.98 万元，医疗救助 43 户，完成小额贷款 30 人；冬春救助受灾人员 331 户 770 人，根据生活困难群众实际情况，确定了 100~800 元不等的发放标准。义和乡农村大病医疗救助 34 人，救助金额 10.59 万元；临时生活救助 286 人次，救助金额 13.3 万元；冬春救助对象 528 户（低保户 214 户，其他户 314 户），发放救助资金 8.5 万元。

2018 年，谢家镇实施大病救助 26 人，救助资金 9 万元。义和乡临时生活救助 210 人次，救助金额 10.37 万元；农村大病医疗救助 24 人次，救助金额 9.35 万元。

【救灾】

2003 年，谢家镇境内发生旱灾和暴风雨灾害，做到了查、报、救三快，及时将捐款捐物发放到受灾群众手中。2008 年 "5·12" 汶川地震后，立即启动《谢家镇地震灾害应急预案》，成立抗震救灾指挥部，由包片领导负责，临时组建 5 支应急小分队，立即赶赴学校、医院、村社、企业等各条战线，紧急疏散人员，转移学生 2000 名，安置群众 850 人，为 56 户倒房户和特困受灾户搭建帐篷，为 112 户重点受灾户送去救助金 2.26 万元。2013 年 "4·20" 芦山地震发生后，谢家镇党委、政府立即组织机关干部和村社干部投入抢险救灾工作中，通宵排查核实受灾情况，紧急安置转移群众 19 人。

【灾后重建】

2008 年 "5·12" 地震后，谢家镇发动受灾户不等、不靠，做好 "双抢" 和灾后重建工作。至 5 月 29 日，6800 户群众完成受损房屋的加固和修复，水稻栽插完成 2.34 万亩。排查全部倒塌房屋 2 户，全部损毁房屋 49 户，部分倒塌和部分损毁房屋 371 户，纳入灾后重建政府补助 330 户，其中低保户和建卡绝对贫困户 21 户，发放农房灾后重建政府补助资金 483.71 万元。因地制宜，拟定《谢家镇灾后重建实施方案》，发放救灾资金 29.15 万元，发放救济米面 2.52 万公斤。开展向灾区献爱心活动，个人捐款 2.69 万元，政府捐款 2.3 万元，企业捐款 1.32 万元，县联系部门捐款 2.77 万元，收缴特殊党费 1.1 万元。义和乡开展"5·12"地震灾后重建，及时做好查灾、报灾、核灾及各种赈灾数据的上报工作，按照灾后重建国家补助每户农户 1.6 万~2.2 万元标准，争取重建资金 661.5 万元，为 297 户受灾严重户重建了房屋，减免农房建设收费 25 万元，发动干部群众积极向灾区捐款 6 万元。

2009 年，谢家镇认定"5·12"汶川地震中经户报、组议、村评、镇审通过的 330 户重建户为"特殊党费"补助对象，发放抗震救灾"特殊党费"补助资金 111.6 万元；完成灾后城镇住房 59 户（重建 6 户，维修 53 户）恢复重建工作，330 户农户灾后重建全部完工。义和乡兑现灾后重建户补助资金 497.7 万元，无差错、无上访发放 510.3 万元一般灾后重建资金和 108 万元特殊党费。

2010 年，义和乡兑现"8·19"灾后重建户补助资金 47.5 万元。

2011 年，义和乡向上争取 12 户雨灾户建房指标，兑现补助资金 20.4 万元；落实安居工程困难群众建房 12 户，兑现建房资金 7.2 万元。

2013 年，"4·20"芦山地震后，谢家镇按照户报、组议、村评、镇审、镇村两级张榜公示无异议后，确定重建户 66 户，重建补助资金 188.9 万元（其中 1~3 人低保户 14 户，享受金额 42 万元，4~5 人低保户 6 户，享受金额 19.8 万元，1~3 人一般户 22 户，享受金额 57.2 万元，4~5 人一般户 23 户，享受金额 66.7 万元，6 人及以上一般户 1 户，享受金额 3.2 万元）；地震维修加固户 269 户，维修加固补助资金 72.1 万元。义和乡争取灾后重建资金 1000 万元，完成 334 户重建和 432 户维修加固，C 级危房改造 90 户。

【惠民实事】

2001 年，谢家镇接待群众 591 人次，解决群众问题 151 个。

2003 年，谢家镇为群众办好事、实事 36 件。

2006 年，谢家镇解决群众问题 36 个，收集群众意见 12 条。

2008 年，谢家镇开展"民生工程"，解决群众热点难点问题 12 个，为群众办实事 175 件次。

2009 年~2011 年，谢家镇农村家电、汽车下乡补助分别为 544 台、201 台、252 台，补助金额分别为 23 万元、29.12 万元、33.27 万元。

2014 年，谢家镇坚持党政联席会制度，围绕保障和改善民生，解决群众困难问题 60 件。落实 90 户联系群众的具体任务，入户走访 352 次，收集意见、建议 412 条，制定帮扶措施 138 条，解释政策 5000 项。投入帮扶物资、资金 7.8 万元，帮助 75 户办理

小额贴息贷款 426 万元。

2015 年，谢家镇开展低保人员清理、贫困人口比对，把不符合条件的人员清理出去，把真正困难的群众纳入帮扶。

2020 年，谢家街道落实各项惠民政策，发放计生、独生子女、低保、残疾人补助等惠民资金 1330 万元。

【殡葬】

2005 年，谢家镇深化殡葬改革，认真宣传《四川省殡葬管理条例》，建立死亡报告登记制度，各村设殡葬信息员，火化尸体 42 具；义和乡死亡 99 人，火化尸体 18 具。2006 年，谢家镇火化率较上年同期提高 30%；义和乡死亡 110 人，火化尸体 54 具。2007 年，谢家镇火化率为 89%；义和乡火化尸体 68 具，土葬处罚 56 具。2008 年，谢家镇火化尸体 118 具；义和乡死亡 115 人，其中火化尸体 62 具。2009 年，谢家镇配合县民政局流动宣传 4 次，书写标语 19 幅，火化尸体 100 具。2012 年，谢家镇政府与镇民政办、各村（社区）签订目标责任书，要求村火化率达 85% 以上、社区火化率达 100%。2015 年，谢家镇加强辖区内批准设立的公益性墓地管理，为困难群众免除基本丧葬费，规范殡葬执法行为，有效治理乱葬乱埋。2017 年，义和乡强化殡葬宣传，提高火化率，全年火化率达 88%。

劳动与社会保障

【劳务】

2001 年，在谢家镇内企业打工 150 人，工资总额 70 万元，外出广州、海南等地的务工人员 1700 人，收入总额为 400 万元。

2003 年，谢家镇转移农村劳动力 5112 人，向外输出 3102 人，实现劳务收入 1800 万元。邓庙乡富余劳动力外出务工 986 人。

2004 年，谢家镇转移农村劳动力 7150 人，向县外输出 4375 人，实现劳务收入 2100 万元。义和乡引导外出务工 3636 人，劳务收入 2181.6 万元。邓庙乡转移富余劳动力 1114 人，实现劳务收入 80 万元。岐山乡有序组织劳务输出 505 人。

2005 年，谢家镇转移农村劳动力 7800 人，劳务收入 6100 万元。义和乡转移农村剩余劳动力 4724 人，其中县外 2815 人。

2006 年，谢家镇转移农村劳动力 9115 人，其中县外输出 4898 人，实现劳务收入 5700 万元。

2007 年，谢家镇转移农村劳动力 9005 人（县外 5002 人，县内 4003 人）。义和乡转移农村劳动力 6525 人，其中县外输出 3605 人。

2008 年，谢家镇转移农村劳动力 9050 人，其中县外输出 5600 人，实现劳务收入

5700 万元。

2009 年，义和乡转移输出农村劳动力 8025 人。

2010 年谢家镇外出务工人员输出情况统计表

单位：人

	红石村	汉安村	吴堰村	毛河村	李山村	石山村	岳油村	邓庙村	谢家场社区	合计
务工总数	1293	1035	1130	1063	680	1522	1188	886	580	9377
省外	283	214	283	317	124	355	283	143	230	2232
县外省内	420	352	405	300	369	512	320	323	220	3221
乡外县内	590	469	442	446	187	655	585	420	130	3924

2014 年，义和乡转移农村剩余劳动力 4800 人，其中区外转移 2700 人。

2015 年，义和乡转移农村剩余劳动力 5800 人，其中区外转移 2300 人。

2016 年，义和乡转移农村剩余劳动力 5700 人。

【就业创业】

2004 年，谢家镇办理失业证、再就业优惠证 20 人，"4050" 人员自谋职业 20 人。

2005 年，谢家镇新开发公益性岗位 4 个，救助失业人员 4 人，办理再就业优惠证 10 人。

2007 年，谢家镇新增城镇就业 152 人，帮助 80 名下岗失业人员和失地无业农民实现再就业，其中，帮助 "4050" 等困难对象实现再就业 30 人。

2008 年，谢家镇新增城镇就业 90 人，下岗和失地农民再就业 30 人；完成 "全民创业行动"，公职人员小额贷款担保和反担保 6 户。

2009 年，谢家镇城镇新增就业 40 人，下岗失业人员和失地无业农民就业 40 人，就业困难对象就业 22 人，外出务工人员回乡创业 12 人。义和乡城镇新增就业 6 人，下岗失业人员和失地无业农民再就业 3 人。

2015 年，义和乡城镇新增就业 84 人，失业人员再就业 6 人，就业困难人员再就业 12 人，安置公益性岗位 4 人。2016 年，义和乡城镇新增就业 65 人，失业人员再就业 4 人，就业困难对象实现再就业 3 人；全面完成 "4050" 灵活就业人员社保补贴及公益性岗位安置工作，安置公益性岗位 15 人，争取补助金额 20 万元。

2017 年，谢家镇城镇新增就业 628 人。

2018 年，谢家镇完成城镇新增就业 400 人，新增贫困人口转移就业创业 3000 人，"4050" 灵活就业社保补贴 15 人。

【就业培训】

2004 年，谢家镇开展农民工培训两期，共培训 206 人。义和乡建立了劳动和社会保障所，开展农村技能培训，组织清退农保资金 21.48 万元。

2005 年，谢家镇培训农民工 120 人。2006 年 11 月 13 日—12 月 23 日，谢家镇开展在岗农民工技能提升培训，培训内容包括电工、焊工等。围绕狗肉美食文化，组织 180 名进城务工人员参加狗肉美食培训班。

2007 年，谢家镇完成农民工培训 1060 人，240 人完成了劳动力提升培训。举办美容美发、衣帽鞋袜制作、家政服务和服装加工 4 期就业培训，共计培训 198 人。

2008 年，谢家镇用工企业农民工在岗培训 600 人，农村劳动力转移就业培训 140 人，劳务扶贫工程培训 20 人，农村劳动力职业技能培训获证 800 人。培育新型农民 120 人，实用技术培训 1.26 万人次。

2009 年，谢家镇举办农村劳动力技能培训 250 人，农民工在岗培训 200 人，下岗和失地农民再就业培训 44 人，在岳油、李山、石山、红石等村开展蚕桑、畜牧、泽泻、制种等农民实用技术培训 1.58 万人，现代畜牧业培训 105 人，品牌培训 100 人。

2010 年，谢家镇劳保所开展农村劳动力技能培训 201 人，扶贫培训 18 人，进城务工人员培训 280 人，其中获证 180 人次。

【社会保障】

2001 年，谢家镇参加农民养老保险人数占应保人数的 26%，母婴"双全"保险、儿童教育保险人数占应保人数的 70% 以上。

2007 年，谢家镇 300 名城镇居民享受养老保险。

2008 年，谢家镇 1900 名城镇居民享受养老保险。

2012 年，义和乡 60 周岁以上养老保险参保人数为 2800 人，参保率达 98%。

2014 年，义和乡新农保参保率为 98%，低保、五保参保率为 100%。

2016 年，义和乡按照区政府批文办理失地农民参保工作，办理失地农民养老保险 103 人；完成退休人员养老金资格验证工作，全年验证 396 人。

2017 年，义和乡完成 2011 年—2014 年应保未保失地人员共 146 人养老保险参保工作和天寿园、石化五路、十路等重点项目共 247 人失地农民养老保险参保工作。

2018 年，谢家镇完成 15 人"4050"灵活就业人员社保补贴，完成新农保验证 5000 人，新参保 123 人，做好档案的收集、整理、归档、保管等工作。

2008 年—2018 年，谢家镇有社会福利收养单位 1 个，义和乡 1 个。2008 年—2017 年，谢家镇社会福利收养单位收养人数分别为 32 人、34 人、55 人、94 人、94 人、91 人、95 人、61 人、113 人、71 人；2008 年—2015 年，义和乡社会福利收养单位收养人数分别为 20 人、20 人、37 人、38 人、37 人、55 人、36 人、36 人。2013 年—2018 年，谢家镇社会福利收养单位有收养床位数分别为 104 张、104 张、102 张、122 张、102 张、102 张；2013 年—2015 年，义和乡社会福利收养单位有收养床位数 55 张。2019 年，谢家街道有养老机构 1 个，床位 102 张。2020 年，谢家街道有提供住宿的社会工作机构床位 122 张。

　　2008 年—2015 年，谢家镇农村社会养老保险参保人数分别为 270 人、270 人、275 人、315 人、15827 人、15554 人、15809 人、15635 人，义和乡农村社会养老保险参保人数分别为 330 人、380 人、405 人、515 人、10707 人、10731 人、10672 人、10713 人。

　　2016 年—2019 年，谢家镇城乡居民基本养老保险参保人数分别为 16932 人、16817 人、20077 人、14347 人，义和乡城乡居民基本养老保险参保人数分别为 13285 人、14846 人、11125 人、11213 人。

　　2020 年，谢家街道城乡居民基本养老保险参保人数为 23362 人。

民情风俗

    谢家镇（街道）境内民情风俗的形成受物质条件和生产生活方式的影响和制约。境内反映农业生产、工业生产、社会生活等相适应的习俗，随着物质条件和时代的变化，有的逐渐消失，有的得以保留。

风土

【奇闻轶事】

    1997 年夏季，每到傍晚时分，总有上万只燕子栖息在谢家场中心街、正义街和场头场尾的电线上，形成一道奇观。它们或在低空盘旋，或嬉戏追逐，叽叽喳喳，似在互相问好。谢家场的居民说，这是家庭和睦幸福、吉祥如意的象征。

【特色饮食】

    主要有谢家狗肉、石磨豆花、九大碗等特色饮食。

    谢家狗肉。每年冬至寒风袭人之际，"煮狗赋诗，烫煮而食"，品狗人络绎不绝，流连忘返，成为一年一度招商洽谈、物资交流和群众性文化活动的综合性节日。2000 年—2001 年，谢家镇抓住狗肉美食这一特色经济，本着媒体牵线，政府搭台，企业、私营业户唱戏的思路，成功举办了两届狗肉美食文化研讨会，得到了省、县领导和省上 20 家新闻媒体的参与和关注。2003 年，谢家狗肉成为餐饮业中的新亮点。2004 年，谢家狗肉美食品牌形象进一步提升，一批上规模、上档次的狗肉餐馆相继推出狗肉美食系列新品种，为做大做强狗肉美食产业奠定了坚实的基础。随着人们饮食观的变化，谢家狗肉的繁荣已成为过去。

谢家狗肉美食城

    谢家狗肉历史悠久，风味独特，经久不衰，素有"要吃狗肉到谢家"之说，其主要是以汤清、味美、肉鲜为特色。

    据《本草纲目》记载，狗肉可安五脏、补绝伤、轻身益气；宜养肾、补骨气壮阳；暖腰膝、益气力。另据《普济方》称，"大病大虚者，食之最宜"，民间流传"今冬狗肉补，明春打老虎"的说法。

    2001 年，"谢家狗肉美食城"共有狗肉餐馆 20 家，家家都生意红火，个个都顾客满座。特别是"老字号沈家狗肉""张老五砂锅狗肉""毛老三烫皮狗肉""怡尔砂锅烫皮狗肉”"谢家狗肉馆""李老三烫皮狗肉""曹兴烫皮狗肉""七里香狗肉王"8家狗肉餐馆原汁原味，风味独特，数年不败，狗肉香肠清香可口。共推出腌腊狗肉、红汤狗肉、麻辣狗肉、清汤狗肉、东坡狗肉、彭祖滋补汤、彭祖养生汤、彭祖长寿汤等狗肉品牌。

石磨豆花。谢家保留着石磨豆花的传统。石磨磨出的豆粉均匀细腻，带着自然的芬芳，口感甚好。选好的豆子要在水中均匀浸泡后再入石磨碾磨，磨出的豆浆只是半成品，过滤掉豆渣，豆浆中加入卤水或石膏，豆浆就会凝固成豆花，豆花经过挤压之后就成了豆腐，配上鲜辣的"二荆条辣椒"蘸水，吃了心里才舒服。

九大碗。九大碗在谢家农村非常盛行。家里有婚丧嫁娶、过年、搬迁、重要节日、祝寿等，往往要办"九大碗"来庆祝。九大碗先上凉菜，一般是猪的心舌腰之类的，薄片匀称，上面淋着红艳艳的辣椒油。之后是九大碗传统必不可少的几道菜，软炸蒸肉、清蒸排骨、粉蒸牛肉、蒸甲鱼、蒸鸡、蒸鸭、蒸肘子、夹沙肉、咸烧白。咸烧白刀刀痕迹可见，入口即化，满嘴流油，不过下面的梅菜嚼着，滋味绵长。肘子软糯柔烂，肥而不腻，最适宜老年人。炖的鸡、烧的鱼等接连不断，全是大盘大碗，"九大碗"远远不止九碗，桌上碗重碗，几乎全是荤菜。宴请的宾客多，一般都在自家院落举行，故又称"坝坝宴"。有民谣唱道："有钱人办九大碗，富豪吃得盘重盘。穷人巾巾吊钵钵，舔嘴勒舌干瞪眼。"随着时代的变化，农村办酒席基本到镇上或县上举办，办"九大碗"的也越来越少了。

【土特产】

主要有猕猴桃、辣椒、彭祖寿柑、岐山米枣等土特产。

谢家猕猴桃。被四川省农业厅认证为"无公害农产品"，拥有优质猕猴桃产业园6000万亩，创建了"丹薁""悦园"等品牌，建立产销一体化模式，年销售量达750万公斤。

天宫椒。产于义和乡天宫村，具有椒长、椒大、肉厚、籽少、产量高和色彩红亮、鲜艳等特点。

彭祖牌"二荆条辣椒"。义和乡是四川省首批辣椒标准化生产示范乡，规模种植达6000亩，特别适宜做豆瓣、泡椒。

彭祖寿柑。树势树姿，果实形状，果色基本与红橘相似，该品种具有果实大（横径85~120毫米，一般果重250克）、色彩鲜红、有光泽、肉质佳、味纯甜、无核或少核、不发泡、耐储运等特点。

岐山米枣。属南枣小枣类，形饱满，色光泽，质细嫩，味甘甜，汁丰沛，富含果糖、蔗糖、低聚糖等糖类物质，富含维C、核黄素、胡萝卜素等多种维生素。

【衣食住行】

衣。过去人们以中山装、列宁服、青年服、工人服、棉袄，打底布鞋、棉鞋、对门襟、牌子衣服、大衣裤传统穿着。随着社会经济的发展，男士以牛仔衣裤、T恤衫、休

闲服、羽绒服、皮夹克、皮鞋、西装、领带为主。女士以羽绒服、长短裙、腿袜、高跟鞋、露脐装、紧身衣、紧身裤、牛仔衣裤、旗袍为主。偶有个别复古穿着唐装及民族服装。中国特色社会主义进入新时代，衣着样式增多，国外品牌服装进入普通百姓家，人们根据自己的经济状况和爱好，选择各自的服装。

食。一日三餐主食大米。过去人们以填饱肚子为基本要求，随着收入的增加和生活的改善，现在已提高到营养丰富价格适中的配餐。其主要以大米、猪肉、鸡、鸭、鱼、牛肉、禽蛋，配以各种蔬菜、水果、面食、牛奶等。喝酒以过去的白酒、米酒变为现在的滋补酒、瓶装酒、啤酒。喝茶由过去的老鹰茶、素茶变为现在的花茶、毛峰、毛尖、铁观音、竹叶青等。

住。过去以土坯房为主，随着生活条件的好转，土坯瓦房变为现在的砖木结构、混凝土结构的楼房。房内铺上了地砖、墙砖、吊顶，安装了电视机、空调、饮水机、电脑、热水器等。大多数家庭在镇上和县城买了商品房，过上了城里人的生活。

行。随着道路设施的改善，人们的出行交通工具也发生了变化。过去出行主要靠徒步、骑自行车、坐公交车等。2000年以后，公路村村通，交通网发达，小轿车进入普通农家。的士车、私家车、摩托车、电瓶车、网约车成为交通出行的主要工具，极大地方便了人们出行。

【赶场】

谢家镇（街道）保持了赶场习俗，逢单赶场。农家出行，频率最高的是赶场（赶集），世代相传，约定俗成。旧时赶场多为以物易物，挑担蔬菜，买回鸭崽，如此等等。也有"赶要要场"的，经济条件好的人家，茶馆约友聊天、酒馆喝二两烧酒。赶场出门时，无论男女，都要换件干净衣服，收拾打扮一下。赶场天，大都以街为市，沿街摆地摊，赶场农民，场上打听一下自己拿来的同类农产品售价，便在街边空位摆下待价而沽。东西卖出去以后，再到杂货铺购买在家预计要买的东西。

赶场的另一项重要活动是"看人"，就是相亲。青年男女，经媒人说合，男女方家庭成员及近亲，在双方预约的茶馆和场期，如约而至，经媒人介绍互相认识，进而说合对象之间、对象家长之间喝茶聊天，自我介绍，了解彼此。赶场看人后，经双方家庭及亲友综合评估，做出是否结为亲家的决定。新时代，自由恋爱风兴起，"看人"习俗逐渐成为过去。

时代变化，现在赶场的人越来越少，今境内赶场主要是相约议事的，或者农民将自家的农产品带到集镇出售和采购自己的生产生活用品。

【喝"跟斗酒"】

苏东坡描述农事结束时"作乐饮食，醉饱而去，岁以为常"。凤鸣街道境内农家栽秧、打谷少不了喝酒解乏，一般人家多买散装白酒或自制泡酒，俗称喝"跟斗酒"，意指不奢侈、不讲究。有的农家，以花生、干胡豆佐酒，常自斟自饮，有烧酒即使是"寡酒"也能"慢醮"。

【杀过年猪】

杀过年猪在谢家农村较为普遍。俗语说："有钱无钱，杀猪过年。"临近春节，谢家人有杀猪过年的习俗。

【庙会】

境内有飞来寺和法王寺，每年都会举行庙会。

天宫山庙会。远近闻名的天宫山上自古建有"天宫庙"，于清康熙八年（1669年）更名为飞来寺。每年的农历六月二十四朝天宫山这一风俗始于明嘉靖年间，到了这一天，远近群众到天宫山烧香祈福，祈求身体健康、六畜兴旺。每年天宫山庙会，周边数千群众头顶烈日，冒着酷暑，自发聚集到天宫山飞来寺观光、朝拜、祈福。当地有"天宫山庙会，稀饭卖得贵"的说法。

法王寺庙会。2001年，依《法华经》经义，天皇寺更名为法王寺。"法王"是佛教对释迦牟尼的尊称，亦借指高僧。《法华经·譬喻品》："我为法王，于法自在。"每年农历二月十六、六月十六、冬月十六均为庙会时段，附近以及周边人民均到该寺庙祈求平安；每年参观旅游人数达1万人。

习俗

【称呼习俗】

谢家街道对亲属称呼习俗，和书面用语有较大差异。

谢家街道亲属称呼用语表

亲属名	呼唤用语	亲属名	呼唤用语
曾祖父	祖祖、老祖	曾祖母	祖祖、老祖
祖父	爷爷、老爷、老老、阿公	祖母	奶奶、姥姥、婆婆、阿婆
外祖父	外公、家公、家家、公公、外爷	外祖母	外婆、家婆、家家、婆婆
父亲	爸爸、爹、阿爸、伯伯、大爹、大大	母亲	妈妈、妈、娘、大大
姑父	姑爷	姑母	嬢嬢、老子
伯父	伯伯、大伯、大爷	伯母	姆姆、大姆、大娘
叔父	幺爸、×叔、×爸	幺叔母	幺姆、幺娘、×姆
舅父	舅舅、母舅	舅母	舅娘、舅母
姨父	姨父、姑爷	姨母	嬢嬢、姨妈
表兄弟	老表、宝宝	外甥	侄儿

【礼仪礼节习俗】

经过 25 年的发展，农村礼仪礼节习俗也在随时代发生变化。

礼节。婚嫁、修房造屋、寿宴、家族聚会、丧事等人情世故，改变过去送布、提蛋、提鸡、提肉、提面为送现钞、送红包、送生日蛋糕，通常喜事赶双数，丧事赶单数。

拜师学艺。过去拜师学艺由学徒父母找好师傅，选定好日子，提上鸡肉、蛋、面给师傅拜师，当天中午师傅坐在堂屋中央，学徒给师傅行上三个大礼，共进午餐，餐桌上师傅要给徒弟讲一些学艺的规矩，一般学 3 年出师。出师时，学徒提上同样的礼物外，另给师傅从头到脚置一身穿着，给师娘置鞋袜。师傅给学徒行使手艺的工具一套。学徒在出师后几天请上师傅、师兄、师弟，办上酒席以示请大家多多关照。随着经济的发展，现代技术水平的提高，老式传统的拜师学艺已经不适应现代化的要求，学技术由过去单一的拜师学艺变为现在的专业技术培训。

过年。辞旧迎新从腊月十五至正月十五，外出的务工人员都会回家团聚，每家人都会停下手中繁忙的工作，工地、店铺都会停工一段时间，在春节期间好好休息调整一番。街上张灯结彩，灯笼高挂，装扮得分外漂亮。在此期间，家家户户整理房屋，清除灰尘，打扫好周围环境卫生，挂红灯笼、贴对联，家人团聚吃年饭，放迎春炮，给儿童压岁钱，走亲访友，相互请吃和道节日的问候，直到正月十五过年结束。

【时令习俗】

正月里来正月正，家家户户挂红灯，贴对联，放鞭炮。举行文艺活动表演，走亲访友；正月十五偷青，表明一年四季平安，不出任何杂症。春分吃蒿蒿粑，清明节扫墓祭奠故人；五月端午吃粽子；七月十五烧袱子（由烧纸钱演化而来，民间在祭祖或平常祭奠亡灵时，都要烧袱子，意在寄钱给祖先亡灵，好让他们在阴间有钱用，更好地庇佑子孙），祭奠已故的先辈；八月十五吃月饼，九月九庆祝老年人节日，同时举办文艺活动。

【节日习俗】

2009 年起，国家对法定节假日进行了调整，元旦节放假 3 天，春节放假 7 天，清明节放假 3 天，劳动节放假 3 天，端午节放假 3 天，中秋节放假 3 天，国庆节放假 7 天。

元旦。即世界多数国家通称的"新年"，是公历新年的第一天。"元旦"一词最早出现于《晋书》："颛帝以孟夏正月为元，其时正朔元旦之春。"中国古代曾以腊月、十月等的月首为元旦，汉武帝起为农历一月一日，"中华民国"起为公历 1 月 1 日。1949 年中华人民共和国成立后，以公历 1 月 1 日为元旦，因此，元旦在中国也被称为"阳历年"。

春节。是中国民间最隆重盛大的传统节日，以除旧布新、迎禧接福、拜神祭祖、祈求丰年等活动形式展开，凝聚着中华文明的传统文化精华，在传承发展中已形成了一些较为固定的习俗，办年货、扫灰尘、贴春联、挂灯笼、团年饭、压岁钱、拜新年、舞龙舞狮、拜神祭祖、祈福攘灾、放鞭炮、燃烟花、逛庙会、巡游队、赏花灯、看春晚等习俗，承载着丰富多彩的节日文化内涵。

元宵节。正月是农历的元月，古人称夜为"宵"，所以称正月十五为元宵节。正月十五日是一年中第一个月圆之夜，也是一元复始，大地回春的夜晚。按中国民间的传统，人们要出门赏月、燃灯放焰、喜猜灯谜、共吃元宵、合家团聚、同庆佳节、其乐融融。

清明节。是中华民族最隆重盛大的祭祖大节。清明节俗丰富，归纳起来是两大节令传统：一是礼敬祖先，慎终追远；二是踏青郊游、亲近自然。清明节兼具自然与人文两大内涵，既是节气又是节日，清明节不仅有祭扫、缅怀、追思的主题，也有踏青郊游、愉悦身心的主题。

劳动节。五一劳动节又称国际劳动节，是世界上大多数国家的劳动节。节日源于美国芝加哥城的工人大罢工，为纪念这次伟大的工人运动，1889 年的第二国际成立大会上宣布将每年的 5 月 1 日定为国际劳动节。1949 年 12 月，中央人民政府政务院做出决定，将 5 月 1 日确定为劳动节。

端午节。为每年农历五月初五。端午节起源于中国，最初为古代百越地区（长江中下游及以南一带）崇拜龙图腾的部族举行图腾祭祀的节日，百越之地春秋之前有在农历五月初五以龙舟竞渡形式举行部落图腾祭祀的习俗。后因战国时期的楚国（今湖北）诗人屈原在该日抱石跳汨罗江自尽，统治者为树立忠君爱国标签将端午作为纪念屈原的节日。端午节有划龙舟、吃粽子、咸蛋、喝雄黄酒、挂菖蒲、挂陈艾等习俗。

中元节。农历七月十五（七月半），俗称鬼节，道教称为"中元节"，佛教称为"盂兰节"。人们写袱子，并在堂屋神台前摆上酒食、祭品、燃香、焚纸祭拜缅怀祖先。

中秋节。农历八月十五，是我国仅次于春节的第二大传统节日。传说是为了纪念嫦娥。在外的人尽量赶回家与家人团聚，备上丰盛酒菜，边吃边话家常，并准备好月饼、糍粑、瓜果等庆祝。人们把酒问月，庆贺美好的生活，或祝远方的亲人健康快乐。

重阳节。农历九月初九，二九相重，称为"重九"。民间在该日有登高的风俗，所以重阳节又称"登高节"。还有重九节、茱萸节、菊花节等说法。除此之外，九月初九"九九"谐音是"久久"，有长久之意，所以常在此日祭祖与推行敬老活动。重阳节与除、清、盂三节是中国传统节日里祭祖的四大节日。近年来，人们对老人的尊崇，故此节日又被称为老人节。节日当天都会举办丰富老年人的文化活动。

国庆节。"国庆"一词，本指国家喜庆之事。我国封建时代、国家喜庆的大事，莫过于帝王的登基、诞辰（清朝称皇帝的生日为万岁节）等，因而我国古代把皇帝即位、诞辰称为"国庆"，今天称国家建立的纪念日为国庆节。1949 年 10 月 1 日，是新中国成立的纪念日，天安门装饰得特别庄严漂亮，各地都要悬挂标语、横幅等，热烈庆祝这个美好幸福的日子。

【建房习俗】

土地到户，促进了经济的发展。民间建房选址，考虑交通、用水方便、地势避风、干燥向阳等因素。房屋讲究样式新潮，装饰装修，铺地砖，吊顶。不管哪个年代都有上

梁以表喜庆。主人有能力，一般房屋坐北朝南，上梁的日子，待青瓦封尖时留上一个缺口，待偷梁棒的人把梁棒偷回时，木工将其取直成弓字形，下面凹形处打一个孔，装上盐、茶、米、豆、硬币等用红布封好。上方凸形中鸡公站立中央，金粉和汽油混制而成写在纸上面的"紫微高照"贴在梁上，日子一到，搭好云梯，一步一步往上撑，直接放入缺口，匠人在此期间说些奉承主人的吉利话，预制板的房屋，预留一个预制板的位置，与青瓦房同样方法，同时堂屋门、过道门贴上对联，如堂屋对联"竖柱欣逢黄道日，上梁恰遇紫微星"。主人也给工匠丢些红包以示感谢。第二天中午主人办起宴席，请亲朋好友表示房屋竣工，感谢大家的帮忙。

【婚嫁习俗】

过去的婚姻由媒妁之言，男女双方八字吻合即可完婚，完婚当日新郎到新娘家接人，告别父母后，女子在媒人和新郎的引领下到男方家，拜天地、拜高堂、相互对拜后进入洞房，晚间还要闹洞房。现代婚姻讲究自由恋爱、网恋、媒体征婚、婚姻介绍所。接媳妇、打发女由过去的徒步变为车辆接送，坝坝宴走向酒楼宾馆，花夜酒放烟花，示意新郎明天要完婚了，四邻亲朋好友前去祝贺。成亲当日主家人大宴宾客，新郎新娘穿着时髦服装、婚纱，在婚庆公司主持下完成拜天地、拜高堂、夫妻承诺、交换钻戒、感谢乡亲们的整个过程，利用宴席间向大家敬酒、送花枕头。

【寿礼习俗】

以前亲朋好友给年长的过生日，通常提一些简单的食物，如肉类 2 斤、蛋 10 颗、面两把；给年幼的过生日买些小的蛋糕，三尺六寸的红布。现在亲朋好友给年长的过生日，首先是备寿礼红包，其次是生日蛋糕、长寿面、寿桃，内容和形式上非常讲究。在外工作的子女也要赶回家为老人准备寿礼、寿席和祝寿，亲朋邻里则自发地封红包，备礼物前来吃寿酒。有的主人还邀请寿宴主持，演出队表演文艺节目、放电影、放烟花等通过多种形式祝贺寿星健康长寿、开心愉快、寿比南山、福如东海。席后大家同坐在蛋糕周围唱生日歌，分享蛋糕。

【丧葬习俗】

根据中国传统理念，父母百年丧葬打点各方面均力求周全。"死者为大，死者为先。"一切事情都要等死者入土后再说。以前人死后，都采用棺木，阴阳先生看好风水，再择日子，安葬的前一天阴阳先生为死者开路，属下子孙跪拜已故老人，念老人在生前为儿女们所做的一切。儿孙们头戴孝帕、腰系麻丝、手臂戴孝套为老人送葬，直到把老人安葬结束。20 世纪 90 年代后，人死火化，改过去棺木为骨灰盒。出葬前日亲朋好友、四邻送花圈、送冥钱、送礼金，围着死者听吹打、看表演到零时。出葬当日阴阳先生作法事，然后抬匠拿大红鸡公祭龙杠、金盒。给后人说些发财话，讨主人喜钱。送葬人改头戴孝帕、腰系麻丝为戴孝花、孝章到入土地点，时辰一到，阴阳先生看好坐向，然后向后撒粮米，儿孙、孝子们捧上三抔土就算死者入土为安了。中午主人在酒楼或宾馆摆上宴席，感谢所有长辈、亲朋好友的帮忙，向大家叩上三个大礼。过去，丧葬习俗烦琐而隆重，一方面与几千年来"慎终追远"的儒家思想有关，另一方面通过这种"恭敬"的仪式寄托对亲人的哀思和歉疚，现在死者多为火葬，程序仪式等均有简化。

【陋习】

赌博。1992 年以来，赌风日盛，屡禁不止。赌博的方式繁多，主要有扯贰柒拾、打乱戳、焖金花（又叫捉鸡）、搓麻将、升级、拱猪、争上游、斗十四等。城乡到处以开茶馆为名，办起了以"消遣型"为主的闲耍场所。

封建迷信。烧香、还愿、敬神、看风水、找巫婆、觅神汉、跳端公、做道场等封建迷信活动在城乡依然存在，因封建迷信造成的人间悲剧也时有发生。

做道场。部分老人死后，因老人的儿女多，生儿育女一生劳苦，一生奔波，积劳成疾，未安享好晚年生活，儿女们为体现孝心，为后人做榜样，请道士来给老人做道场。一是开占礼仪，所有后生跪拜在台前纪念已故老人；二是清水参灶，请死去的老人保佑后人丰衣足食；三是念经拜神，有的老人罪恶大、做了很多亏心事，希望给老人化解；四是过奈何桥，专指男性欺软怕硬、使他在阴间多做善事；五是过血河，专指女性儿女多，子女们从娘肚子里开始到落地完婚自立，娘所受之苦，化解母亲的苦难，整个过程需要 12 小时以上。

算命看相。场镇的街头街尾、农村，常有算命、测字、看手相者出没。

土葬。土葬作为有几千年历史的风俗，在农村依然存在。其原因主要有三点：一是长期的习俗在人们心目中根深蒂固；二是对土葬的危害认识不足；三是殡葬改革机制不够健全。

拜干爹。小孩因金木水火土缺行，找个补行人。具体情况有三种：一是选个好日子，父母带上小孩，提上酒肉和为干爹干娘准备的鞋、袜、帽、皮带上门拜干爹干娘（一般都是提前找好了干爹干娘），干爹干娘同样在礼仪结束的时候给干儿干女红包、碗、筷；二是小孩病了，犯了撞桥关，求算命先生择定日子，父母带上小孩和酒肉，一大早到附近较大的桥头，等待过桥的第一人，拉着过桥的第一人做干爹、干娘，小孩的父母摆上酒菜请干爹干娘喝酒吃菜，干爹、干娘给小孩取名字，姓名要与干爹同姓；三是朋友同事因感情好，相互接纳对方子女为干儿女，朋友间就建立了干亲家关系。

地方语言

在长期的使用交流过程中，语言也融合了生产生活、民风民俗等内容，世代传承演绎，形成了谢家人民较为独特的说法、叫法，韵味独特，构成浓郁的乡土气息和地方文化特色。

【方言】

"嗨"或"哎"：是，好吧。

扯：漫无边际地闲谈，东拉西扯。（例：看你有好"扯"）

苟：吝啬。

歪：一个人很凶。

绵：一个人做事情很拖延，性格很慢。

标的：不知道。

哟喂：感叹语气词。（例：哟喂！你那么远的还跑起来看我）

哦豁：失望的叹息。

拿问：谢谢。

驾斯：加油。（例：你驾斯跑嘛，我骑车在前头等你哈）

歪呀：感叹语气词。

热扯：语气词。（例：热扯！你还害怕我跑了哇咋个嘛）

一哈：做事情一起或者一块。

求了：表示事情做错了或糟糕了。

鼓到：强迫、让别人做不愿意做的事情。

麦到：以为。

剐酸：挑剔的意思。

背时：一个人做事不顺利或倒霉。

锤子：不太相信或不可思议，有点骂人的意思。

松活：工作生活顺畅，轻松方便。

经事：事物经久耐用。

相因：便宜、经济、划算。

确湿：很湿，同浇湿。（例：地下确湿的，走路把细点哈）。

黢黑：强调很黑或非常黑。

猫疯：多指莫名其妙、无缘无故地发脾气，含讽刺之意。

摇裤：内裤。

不结：不去。

刮苦：很苦。（例：这中药硬是刮苦的）

喊黄：叫苦。

昼时：经常。（例：他昼时说身上没带钱）

邦重：形容一个物品很实很重。

没门：不同意。

装怪：故意取笑或表示不满。

取起：泛指长辈对下辈、领导对下级、单位对个人的批评、教育和惩治。

洋盘：人在衣着或行动上突出。

口笭：形容吃东西狼吞虎咽，嘴馋至极。

憨憨：鸭子的别称。

把细：仔细。

歪货：假冒伪劣产品。

心凶：指贪心。

瓜儿：愚蠢青少年。

扯筋：吵嘴、争吵，也含闹别扭的意思。

刀头：用煮熟的肉敬神，其肉曰"刀头"。

筋痛：很痛。

宠祸：挑拨。

日白：做与正事无关的事。

烫手：事情不好办。

扯拐：闹别扭。

死犟：固执，听不进意见。

惯时：对子女等下一代娇惯放纵。

滚龙：不务正业的人。

打定子：打架。

好太哦：好大。

杯的呢：不是。

几哈些：催促别人快点。

跟倒整：马上做。

难得搞：不想做。

不摆了：赞扬某物某事"好得没法说"。

捡粑和：不费力而得到好处。

吃耙和：占便宜。

吃巴片：未被邀请随他人去吃喝。

占花儿：假精灵。

耙耳朵：怕老婆。

懂不起：没有默契或按指定的意思去做。

踏削人：鄙视别人。

绷面子：做不好硬要去做。

哈宝儿：诙谐、幽默的人。

瓜娃子：骂人语，傻子。

现过现：当面兑现或说清楚。

吃包子：自己做错事自己承担。

柳到起：一个人对另一个人纠缠不休。

幺姑儿：对未婚女士的称呼。

打幌子：注意力不集中。

日龙包：平常很不好或经常做坏事。

爪梦脚：做事不清楚或不懂事。

支点子：暗中向人示意。

扯把子：提劲或说大话。

抽底火：揭短。

痱头子：说某人爱乱动，乱闹。

打烂仗：不努力，以烂为烂。

重块子：这样子。

弄块子：那样子。

娘个儿：表示设问或反问。

不落教：一个人不懂事、不听话。

二天来：与"改天来"同义。

霉鸡儿：倒霉得很。

整肇了：搞糟了。

愚骨棒：人愚蠢。

闹麻了：喧闹一片。

冲壳子：摆龙门阵，吹牛皮。

土老肥：乡下有钱而无势的富裕户。

不认黄：不讲情面。

吃皇粮：靠财政经费供养的人。

剃光头：满盘皆输之意。

摸哥儿：扒手。

撬杆儿：小偷。

顶竿竿：工作中的骨干、主力。

蛋屁腾：无用或无作为。

里扯火：人与物的本质不好。

穷光蛋：一无所有的人。

下矮桩：低声下气，委曲求全。

戳锅漏：有意把别人的好事搞乱。

弹绷子：戏称对做事缺乏原则性或责任心。

不存在：没关系。

讨口子、叫花子：乞丐。

提需劲：假装实力。

横得很：脾气倔强，不讲理，不听劝告。

开黄腔：不讲理，外行话，讥诮人的无知。

"水得很"或"水分分"：办事不认真，敷衍应付。

梭空空儿：钻空子，回避矛盾，逃避责任。

巴适得板：很合自己的意。

巴懒不得：别人想的和做的正好是自己想的。

狗儿麻糖：说话或做事很杂乱的意思。

毛焦火辣：形容一个人烦躁、急躁。

日白聊谎：废话、假话。

神广广的：神经分分的。

赚欺头儿：占别人便宜。

假巴意思：虚情假意。

小尖把式：秉性吝啬。

匍爬跟头：形容一个人走路或做事因过于急躁而跌跌撞撞。

流汤滴水：形容一个人做事不仔细，总是有疏忽遗漏。

血股淋裆：形容血淋淋或有些肮脏的意思。

惊呼呐喊：惊惶吼叫。

求莫名堂：做事不经大脑的。

勤巴苦做：辛勤劳动。

晃儿糊稀：做事马虎。

清花亮色：清澈。

麻起胆子：勉强大着胆子。

卵子娃儿：不懂事或不争气的青少年。

吊儿郎当：不严肃、不认真。

磨皮擦痒：躁动不安。

大而化之：工作、学习、生活粗心大意，马虎了事。

鬼画桃符：做事不认真，马马虎虎，敷衍了事。

正儿八经：认真做事。

提劲打靶：逞能炫耀。

牙尖十怪：东家长、西家短，搬弄是非。

扯地皮风：造谣生事。

"在哪估点"或"在哪符"：在哪个地方。

日得起壳子：雄得起。

打光冬本儿：光着身子。

打不出的喷嚏：吃亏而不敢声张，类似于吃哑巴亏。

【方言串联语】

歪呀！你娃有点扯把子哦！你有好扯嘛！老子虚你索。

你说娘个儿啊，听都听不懂。

我说你娃吃饭慢点嘛，你的样子抖笮球的很。

朗个惹倒你嘛，发啥子猫疯啊。闹麻了，惊呼呐喊的，板啥子嘛。

你今天不做作业，老师明天给你取起。

长大了也蛋屁腾，只有给当摸哥儿，撬杆儿，爬二哥，一辈子的穷光蛋，当个刀儿匠都恼火。

王小娃心凶得很，标跟他伙倒。

做事情把细点嘛。

老子这个月给娃报名交学费后，有点儿扯指头儿，牌都不敢打了。

你麦到我是粑耳朵啊，打百分升级肇五个剃光头儿，打输了回去给婆娘下个矮桩还不是算球了。

我是你表叔儿，你娃不认黄索啊。

格老子到处找不到你，你格老子墙猫儿索。

王二娃惯实了，卵子大点娃儿，你晓得球，吊儿郎当，一天到黑磨皮擦痒（磨皮肇痒）的，只晓得逮丁丁猫儿，写点字鬼画桃符，大而化之的，不好好地看书。

哪个要你开会时开黄腔，不懂装懂，扯地皮风，这下肇了哇，打不出的喷嚏。

巴连不得天上落一坨钱下来，想得安逸。

那块批娃儿昼时日白聊谎的，讨口子、叫化子一样，朗个整的哦？

地下确湿的，走路把细点哈，你看，又把裤儿打得浇湿的。

你一喝说在这儿嘞，一喝说在那儿嘞，到底在喝儿嘞嘛，重块子你说在喝儿嘞等我嘛，要不弄块子，我们在城墙拐拐见嘛。

哟喂！你那么远的还跑起来看我。

这两天天气硬是非热的，不晓得伙食团从喝儿嘞尽弄些七姑儿八茄子的东西哦？

做菜时王师傅龟儿楼搜婆，烧的汤清花亮色的，油珠珠都没得一个，吃鱼不扯苦胆，吃起来像中药样硬是刮苦的。

张三娃风扯扯，瓜米瓜眼的，一天到黑就晓得梭边边！

瓜娃子些，回家冲壳子喂！

批娃儿老坎球状得很，光晓得日白，正儿八经的事不干，神广广的，十处打锣九处在，好事干不来，净当戳锅漏，像瓜儿样，下河洗澡摇裤都不穿。

【歇后语】

歇后语最早可以追溯到先秦时期，是劳动人民在长期的生产生活中创造的一种特殊语言形式，也可称为文字游戏。其特点是说话只说半截，留下后半截让人去猜，多取其谐意。歇后语多以人们熟知的人、事、物进行比喻，乍一听很俗、很刻薄，细细品味又感到形象、风趣、幽默、贴切，具有十分浓厚的生活和乡土气息。

如来佛放屁——神气得很。

口袋里装钉子——个个都想出头。

竹篮打水——一场空。

芝麻开花——节节高。

狗吃牛粪——图多。

盘古王跳舞——老欢喜。

丈二和尚——摸不着头脑。

弹花匠的女儿——会弹不会纺。

铁打的公鸡——一毛不拔。

鲁班门前耍大斧——献丑。

梁山上的弟兄——不打不相识。

猫哭耗子——假慈悲。

石灰水写文章——净是白字。

诸葛亮用空城计——不得已。

姜太公钓鱼——愿者上钩。

大街上贴布告——众所周知。

瞎子戴眼镜——多余的圈圈。

周瑜打黄盖——一个愿打，一个愿挨。

脱了毛的板刷——有板有眼。

矮子上楼梯——步步高升。

脱裤子放屁——多此一举。

高射炮打蚊子——小题大做。

厕所顶上装烟囱——臭气冲天。

对着镜子作揖——自己恭维自己。

麻雀虽小——五脏俱全。

孔夫子唱戏——出口成章。

孔夫子搬家——净是书（输）。

大姑娘说媒——难张口。

懒婆娘的裹脚布——又臭又长。

肚脐眼打屁——腰（妖）气。

泥菩萨过河——自身难保。

城隍老爷拉胡琴——鬼扯。

城隍娘娘害喜——怀的是鬼胎。

哑巴吃黄连——有苦说不出。

哑巴吃汤圆——心中有数。

黄连树下弹琴——苦中作乐。

脚板底下抹油——溜之大吉。

阎王爷开店——鬼来买。

阎王爷出告示——鬼话连篇。

瞎子逛大街——目中无人。

罗汉请观音——客少主人多。

狗咬耗子——多管闲事。

棺材里头放火炮——吓死人。

火葬场开后门——专烧（骗）熟人。

【谚语】

一本二本，庄稼为本。

八成熟，十成收，十成熟，两成丢。

七月犁田一碗油，八月犁田半碗油，九月犁田光骨头。

养猪不赚钱，肥了三亩田。

误了一年春，十年理不伸。

瘦土出黄金，只怕不专心。

秧子栽得嫩，当上一道粪。

麦从立夏死，小满正栽秧。

秋前十天无谷打，秋后十天满坝黄。

人靠饭养，苗靠水长。

天黄有雨地黄晴。

狂风早雨大太阳。

重阳无雨一冬晴。

青蛙叫，雨要到。

猪拱圈，要变天。

有雨天边亮，无雨顶上光。

清明要明，谷雨要淋。

春分秋分，昼夜平分。

坏了处暑，必坏白露。

九月微微冷，十月小阳春。

明星落湿地，落雨不歇气。

惊蛰不起风，冷齐五月中。

过了立秋节，夜冷白天热。

云跑西，披蓑衣；云跑北，落到黑。

处暑有雨十八缸，处暑无雨干断江。

冬吃萝卜夏吃姜，不用医生开药方。

吃药不忌嘴，跑断太医腿。

远水难救近火，远亲不如近邻。

一顿省一口，一年节一斗。

吃人家口软，拿人家手短。

酒醉饭饱，活不到老；粗茶淡饭，身体强健。

早烟早酒，少活八九。

攒钱犹如针挑土，用钱好像水推沙。

秤不离砣，公不离婆。

爱人不爱钱，才能结良缘。

少是夫妻老是伴。

三穷三富不到老，十磨九难过一生。

家和家不败，人和万事兴。

本本分分，各有一份。

跟着好人学好人，跟到端公跳假神。

人怕伤心，树怕剥皮。

吃得亏，打得堆。

滴水成河，粒米成箩。

人勤担起山，人懒坐断槛。

勤能补拙，俭可养廉。

天干不饿手艺人，雷公不打要饭人。

闲时办来急时用，及时办来不中用。

【当代俗语】

改革开放后，谢家境内外出打工、求学人数增多，对外交流频繁，各行各业出现了部分俗语。

酷：本意是冷峻，形容人的气质、举止、风度与众不同，很另类。

勾兑：通过物质交易调和人际关系，通指贿赂。

假打：走过场，虚张声势。

变态：举止失常、精神上有问题。

倾斜：给某个方面以优惠待遇或优先考虑。

出血：出钱。

放水：赌场向输者放高利贷。

跳槽：更换工作岗位。

有病：对别人说话、做事不满意的贬斥语。

修理：殴打别人。

搬砖：搓麻将的代名词。

超市：自选商场。

解套：解脱了困境。

泡吧：沉溺于茶馆、酒吧、网吧。

摆平：把事情处理好。

吃皮：获取不正当收入。

单挑：一个对一个（打架）。

敲定：把事情落实。

洗白：输得精光。

潇洒：清高洒脱，气宇不凡，也指无牵无挂，日子过得舒坦的人。

刷卡：使用信用卡取款和支付购物等款项。

短路：一时回不过神来。

快递：邮件的特快专递。

掉价：失掉身份。

上帝：服务行业对顾客的书面用语。

充电：业务进修，补充某方面的能力。

加码：增加任务或工作量。

点子：主意、办法。

补课：该参加的活动、事项缺席后重新补上，叫补课。

新潮：穿着时尚、用具现代的人。

资格：对某种物品质量优良的赞叹语。

打的：乘出租汽车。

球迷：球类比赛最痴迷的观众。

锁定：确定不移。

帅哥：英俊的小伙子。

哥子：年轻男子交谈间的称呼。

靓妹：漂亮的姑娘。

美女：对不相识女子的称呼。

网民：经常上网者。

股民：经常炒股者。

彩民：经常买彩票者。

签单：有签字权力的人在付账或记账单上签字。

撮一顿：进餐馆吃饭。

冷处理：对某事件的处理拖延时日或暂时弃置不管。

闪光点：优秀之处。

方脑壳：头脑简单、愚笨、讲话不随和。

下零件：伤人致残。

敲棒棒：不顾商业道德、商业信誉而恣意谋利的经商行为。

刮胡子、刮鼻子：指受长辈、上级批评。

接地气：深入基层、深入群众。

E-mail：电子信箱，又称电子邮箱、电子邮件。

微博：分享简短实时信息的广播式的社交媒体、网络平台。

支付宝：第三方支付平台。

微信：即时通信工具，具有零资费、跨平台沟通、显示实时输入状态等功能，与传统的短信沟通方式相比，更灵活、智能，且节省资费。

民间文化

【童谣】

黄丝黄丝蚂蚂，请你出来吃嘎嘎。大官不来小官来，嘀嘀嗒嗒一起来。

逗虫虫，咬手手。切菜菜，下酒酒。慢慢拿，烫手手。蛾儿蛾儿飞喽。

莲花白白又白，里头装块美帝国。美帝不甘心，偏偏去打解放军，解放军会打仗，枪就打在他心口上。

瓢儿菜，脚脚黄，三岁娃儿没了娘，跟倒老汉不好过，就怕老汉讨后娘。接了后娘才两年，生个弟弟比我强。弟弟天天去上学，我在家中干农活。喊声天地我的娘，想起我娘泪长长。

【儿歌】

一二三四五，上山打平伙，你吃鸡脑壳，我吃鸡屁股。

一二三四五，上山打老虎，老虎要吃人，黑了要关门。

你打铁，我打铁，打把剪刀送姐姐，姐姐留我歇，我不歇，我要回，去打铁。打铁不赚钱，莫如学拜年。拜年太难走，去学吹鼓手。吹也懒得吹，干脆变乌龟。乌龟难得爬，回去变虾扒。虾扒不装虾，快去变菩萨。大菩萨，小菩萨，顿顿吃的豆渣粑。豆渣粑，豆渣粑，没得筷子用手抓。没得板凳坐地下，坐一屁股稀泥巴。

【众口儿歌】

大月亮，小月亮，哥哥起来学木匠，嫂嫂起来推豆浆，妈妈起来补衣裳。东一补，西一补，补了一个鸡屁股。

幺姑儿幺奶奶，麻姑儿打草鞋，幺姑儿提去卖，麻姑儿提回来。

推粑，拍粑，家婆有米不做粑。烧起水，烫蚂蚂，蚂蚂叫，娃娃笑。

丁丁猫，红爪爪，哥哥回来打嫂嫂。嫂嫂哭，走娘屋，娘屋近，挂根棍；娘屋远，打把伞；娘屋高，打把刀；刀又快，好切菜；菜又粑，好做粑；粑又甜，好过年；年又亲，好点灯；灯又亮，好算账，一算算到大天亮。

鹦哥，哪里来？我从高山顶上来。高山顶上有好高？万尺万丈比你高。啥子门？笆笆门。啥子锁？铜锁。怎么开？一把钥匙大打开。七匹骡子八匹马，牵起鹦哥到处耍。

【绕口令】

东门东家，南门董家，东、董二家，都点冬瓜。人说东门东家冬瓜，董不过南门董家董冬瓜。（注："董"，土语，大的意思）

树上四十四个涩柿子，树下四十四个石狮子，四个娃娃骑着狮子数柿子：四是四，十是十，十四是十四，四十是四十。

【新式农民歌】

大田栽秧行对行，逮对鲤鱼扁担长，大的拿来高挂起，小的拿来过端阳。

大田栽秧瓦碴多，扒开瓦碴栽一窝。过路君子莫见笑，五月端阳看秧窝。

大田栽秧宽又宽，半截有水半截干。半截有水栽秧头，半截无水栽芋头。

大田栽秧青又青，秧田土地听原因，我刀头烧酒来敬你，保佑我的快转青。

下田栽秧面前土，背起太阳到晌午，今年圈头添肥猪，明年幺儿结媳妇。

薅秧薅得汗长流，想到秋后有搞头。先买电视洗衣机，再立一座冲天楼。

薅秧薅得口发干，想到秋后要翻番。温饱不愁奔小康，实现就在两千年。

心想唱歌声气哑，我怕情妹来笑话。薅秧三天没开口，心头像有虫子爬。

小妹子，快薅秧，薅完秧子过端阳，要是妹子不嫌弃，小哥给你买件花衣裳。

叹世上吃烟人不愚不蠢，一个个尽都是精精灵灵，你偏要去吃烟所为哪等，莫非是冤孽鬼迷了三魂，读书人他本是金玉之品。一吃烟就成了无应之人，庄稼人种庄稼勤勤恳恳，一吃烟他就要消败门庭。手艺人手艺高千家有请，一吃烟好手艺没人肯迎。富豪人一吃烟家都不顺，贫穷人一吃烟无计养身。年少人一吃烟早短寿命，妇女们一吃为败节毙命。看起来烟本是迷魂大阵，有多少英雄汉被它所擒。

【蔬菜歌】

天生万物不一样，蔬菜生来有名堂；冬瓜长得齐头壮，南瓜自封菜中王。土耳瓜不敢地上耍，爬上棚架充霸王。大头菜自称二郎将，装模作样不寻常；萝卜一听气朝上，骂声小子不"认黄"。你我都在地上长，我膘肥体壮比你强。茄子好比大官样，头顶铁帽坐中堂。蒜瓣弟兄团结好，咒骂海椒没天良。苦瓜子自知不漂亮，埋起脑壳不敢狂。丝瓜子穿盔甲绷"劲仗"，见了开水就灭亡。黄瓜有气无处进，送给众人口内尝。唯有葱子长得快，瓢儿菜细嫩慢梳妆。青菜犹如披毛样，白菜好比新姑娘。莲花白生来有福相，胸中怀抱胖儿郎。四季豆喜爬到栈栈长，编串火炮自称王；豇豆子不服去告状，我的吊吊比你长，软豆调和把理讲，虽不同根但同娘。番茄脸红真漂亮，青兰菜本是大肚郎。菠菜矮小生得胖，苋菜下锅红满堂。莴笋专把杆杆长，炒菜上桌数它强。红萝卜埋头地下长，芹菜叶子不怕霜。黄葱有肚无肝脏，蒜苗肚内有宝藏。还有刀豆称武将，疙瘩疙苑是生姜。只有洋芋年年旺，没有韭菜寿命长。菜名还有多种样，大家补充更周详。

人物及纪念地

自古以来"地以人贵，人以地传"。彭山人杰地灵，具有崇尚文化，重视教育的优良传统。是中国老年学会命名的"中国长寿之乡"，也是流传千古的《陈情表》"孝"文化的发祥地，素以"忠孝之邦""长寿之乡"而著称。谢家镇（街道）在发展过程中，涌现出大量代表人物，值得人们敬仰和铭记。

人物名录

【百岁老人名录】

1996年—2020年，谢家镇（街道）人均寿命显著增长，百岁老人生活质量显著提升。

1996年—2020年百岁老人一览表

年份	姓名	性别	年龄	出生日期	家庭住址
1996	秦素民	女	109	1887-05-18	谢家镇星星村3社
	李万巧	男	101	1895-04-12	邓庙乡李店村7社
1998	袁桂芳	女	100	1898-12	义和乡五星村7社
2002	刘桂芳	女	100	1902-03-09	谢家镇李山村11组
	童学清	女	100	1902-10-10	谢家镇星星村5组
2003	刘桂芳	女	101	1902-03-09	谢家镇李山村11组
	童学清	女	101	1902-10-10	谢家镇星星村5组
	郑碧华	女	100	1903-12-03	邓庙乡邓庙村9组
2004	刘桂芳	女	102	1902-03-09	谢家镇李山村11组
	童学清	女	102	1902-10-10	谢家镇星星村5组
	郑碧华	女	101	1903-12-03	邓庙乡邓庙村9组
	李学英	女	100	1904-01-02	义和乡喻沟村4组
	熊桂英	女	100	1904-02-05	义和乡和桥村7组
	杨少轩	男	100	1904-10-05	义和乡和桥村9组
	杨黄氏	女	100	1904-10-06	谢家镇汉安村1组

续表

年份	姓名	性别	年龄	出生日期	家庭住址
2005	郑碧华	女	102	1903-12-03	邓庙乡邓庙村9组
	熊桂英	女	101	1904-02-05	义和乡和桥村7组
	杨少轩	男	101	1904-10-05	义和乡和桥村9组
	杨黄氏	女	101	1904-10-06	谢家镇汉安村1组
	刘青贵	男	100	1905-08-21	义和乡悦园村8组
2006	郑碧华	女	103	1903-12-03	谢家镇邓庙村9组
	熊桂英	女	102	1904-02-05	义和乡和桥村7组
	刘青贵	男	101	1905-08-21	义和乡悦园村8组
2007	郑碧华	女	104	1903-12-03	谢家镇邓庙村9组
	万学华	女	100	1907-12-12	义和乡喻沟村4组
2008	郑碧华	女	105	1903-12-03	谢家镇邓庙村9组
	万学华	女	101	1907-12-12	义和乡喻沟村4组
	佘国彬	女	100	1908-04-17	义和乡悦园村6组
	祝桂英	女	100	1908-11-13	谢家镇吴堰村9组
2009	郑碧华	女	106	1903-12-03	谢家镇邓庙村9组
	万学华	女	102	1907-12-12	义和乡喻沟村4组
	佘国彬	女	101	1908-04-17	义和乡悦园村6组
	祝桂英	女	101	1908-11-13	谢家镇吴堰村9组
	梁玉兰	女	100	1909-06-07	谢家镇汉安村2组
2010	郑碧华	女	107	1903-12-03	谢家镇邓庙村9组
	佘国彬	女	102	1908-04-17	义和乡悦园村6组
2011	郑碧华	女	108	1903-12-03	谢家镇邓庙村9组
	佘国彬	女	103	1908-04-17	义和乡悦园村6组
	骆杨氏	女	100	1911-06-21	谢家镇红塔村10组
	王月英	女	100	1911-12-08	谢家镇吴堰村3组
2012	郑碧华	女	108	1903-12-03	谢家镇邓庙村9组
	骆杨氏	女	101	1911-06-21	谢家镇红塔村10组
	王月英	女	101	1911-12-08	谢家镇吴堰村3组
	陶贵针	女	100	1912-03-15	谢家镇邓庙村9组
2013	王月英	女	102	1911-12-08	谢家镇吴堰村3组
	王孝清	男	100	1913-01-12	义和乡喻沟村7组
	陈国清	女	100	1913-04-12	义和乡悦园村9社
	朱学彬	女	100	1913-12-05	谢家镇毛河村3组

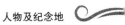

续表

年份	姓名	性别	年龄	出生日期	家庭住址
2014	王孝清	男	101	1913-01-12	义和乡喻沟村7组
	陈国清	女	101	1913-04-12	义和乡悦园村9社
	朱学彬	女	101	1913-12-05	谢家镇毛河村3组
2015	王孝清	男	102	1913-01-12	义和乡喻沟村7组
	陈国清	女	102	1913-04-12	义和乡悦园村9社
2016	毛述华	女	100	1916-04-06	谢家镇和平街83号
2017	毛述华	女	101	1916-04-06	谢家镇和平街83号
	邹李氏	女	100	1917-09-10	义和乡杨庙村4组
	周跃成	男	100	1917-01-16	义和乡活桥村1组
2018	邹李氏	女	101	1917-09-10	义和乡杨庙村4组
	周跃成	男	101	1917-01-16	义和乡活桥村1组
	万福芝	女	100	1918-05-08	谢家镇正义街224号
	何彬如	女	100	1918-12-05	谢家镇红石村1组
2019	邹李氏	女	102	1917-09-10	谢家街道杨庙村4组
	周跃成	男	102	1917-01-16	谢家街道活桥村1组
	万福芝	女	101	1918-05-08	谢家街道正义街224号
	何彬如	女	101	1918-12-05	谢家街道红石村1组
	刘志成	男	100	1919-04-10	谢家街道悦园村6组
2020	周跃成	男	103	1917-01-16	谢家街道义和场社区
	万福芝	女	102	1918-05-08	谢家街道谢家场社区
	何彬如	女	102	1918-12-05	谢家街道汉安村
	刘志成	男	101	1919-04-10	谢家街道悦园村

【光荣榜名录】

1996年—2020年，谢家镇（街道）人民紧跟改革开放步伐，在经济建设和社会发展中涌现了一批先进集体和人物。

1996年—2020年光荣榜集体名录（市级及以上）

年份	单位	奖项（表彰）名称	颁授部门
1996	谢家镇中心小学	档案管理三级达标	四川省档案局
	邓庙乡中心小学	档案管理三级达标	四川省档案局
	义和乡中心小学	档案管理三级达标	四川省档案局
	义和乡中学	档案管理三级达标	四川省档案局
	邓庙乡中学	档案管理三级达标	四川省档案局
	义和乡政府	"八五"期间计划生育先进集体	乐山市政府

年份	单位	奖项（表彰）名称	颁授部门
1997	谢家镇中学	档案管理三级达标	四川省档案局
	谢家镇政府	档案管理三级达标	四川省档案局
	岐山乡中学	档案管理三级达标	四川省档案局
	谢家镇	爱国拥军模范乡镇	乐山市委、市政府、军分区
1998	义和乡政府	农业普查先进集体	四川省农业普查领导小组办公室
	岐山乡	农业普查先进集体	四川省农业普查领导小组办公室
	谢家镇	小康镇	眉山地委、行署
	岐山乡	小康镇	眉山地委、行署
1999	谢家镇党委、政府机关	文明单位	眉山地委、行署
2000	谢家镇	拥军优属模范镇	眉山市委、市政府、军分区
	义和乡	拥军优属模范镇	眉山市委、市政府、军分区
	邓庙乡	拥军优属模范镇	眉山市委、市政府、军分区
	义和乡机关	文明单位	眉乐山市委、市政府
	义和杨庙村	文明单位	眉山市委、市政府
	义和乡杨庙村党支部	思想政治工作先进单位	眉山地委
2001	谢家镇	计划生育工作先进集体"三五"普法教育先进集体	眉山市委、市政府
	义和乡	"九五"期间计划生育工作先进集体	眉山市委、市政府
2002	谢家小学	绿化示范学校	四川省教育厅
	谢家镇	省科技示范镇建设先进单位	四川省科技厅
	义和乡	"三个代表"学教活动先进集体	眉山市委
	义和乡	市首届"友缘杯"灯舞大赛一等奖	眉山市政府
2003	谢家场社区	示范区	眉山市政府
2004	谢家镇	全国亿万农民健身活动先进乡镇	国家农业部、国家体育总局、中国农民体育协会
	义和乡	农民专业合作经济组织先进单位	国家农业部
	谢家中药材合作社	全省百强专业合作社	四川省供销社
	义和乡	优秀农村专合经济组织	眉山市委、市政府

续表

年份	单位	奖项（表彰）名称	颁授部门
2007	义和乡	全市优秀人民调解委员会	眉山市委、市政府（眉委〔2007〕350号）
2008	义和乡	2007年度农村工作先进单位	眉山市委、市政府（眉委〔2008〕45号）
2010	谢家镇	2010年度群众信访工作先进集体	眉山市委、市政府（眉委〔2011〕19号）
	谢家镇	2010年第三季度卫生治理十佳乡镇	眉山市委、市政府（眉委〔2010〕98号）
	谢家镇红石村	市"五个好"党组织	眉山市委、市政府（眉委〔2010〕221号）
	义和乡	关爱留守学生工作先进集体	眉山市委、市政府（眉委〔2010〕11号）
2011	义和乡	2010年度首批全国妇联基层组织建设示范村	四川省妇联（川妇知〔2011〕68）
	义和乡	2010年度全省"平安农机"示范乡	四川省农业厅、安全生产监督管理局（川农业函〔2011〕769号）
	谢家镇	2010年度群众和信访工作先进集体	眉山市委、市政府（眉委〔2011〕19号）
	谢家镇	"十一五"期间人口和计划生育工作先进集体	眉山市委、市政府
	义和乡	2010年度群众和信访工作先进集体	眉山市委、市政府（眉委〔2011〕19号）
2012	谢家镇	2012年度社会主义新农村建设档案工作示范镇	四川省档案局（川档发〔2012〕83号）
	谢家镇	"一村一品"建设工作先进奖	眉山市委、市政府（眉委〔2012〕43号）
	谢家镇	创先争优先进基层党组织	眉山市委（眉委〔2012〕288号）
	义和乡	2012年第二季度城乡环境综合治理"十佳乡镇"	眉山市委（眉委办〔2012〕69号）
	义和乡	2011年度安全生产规模化建设先进单位	眉山市委（眉府函〔2012〕16号）
	义和乡	2001—2010年实施妇女儿童发展纲要工作先进集体	眉山市委（眉府函〔2012〕88）

年份	单位	奖项（表彰）名称	颁授部门
2013	谢家场社区	省级科普示范市区	四川省科学技术协会（川科协函〔2013〕52号）
	谢家镇	省级生态乡镇	四川省环境保护厅（川环发〔2013〕28号）
	义和乡	2013年度社会主义新农村建设档案工作示范乡	四川省档案局（川档发〔2013〕61号）
	义和乡悦园村	四川省卫生村	四川省爱国卫生运动委员会（川爱卫发〔2013〕2号）
	义和乡悦园村	全省六好基层关工委先进单位	四川省关工委（川关委〔2013〕42号）
	义和乡杨庙村	四川省城乡环境综合治理2012年度环境优美示范乡村	四川省委、省政府（川委〔2013〕356号）
	谢家镇	信访工作达标重点乡镇	眉山市委、市政府（眉委〔2013〕24号）
	义和乡悦园村	眉山市2013年度先进村党支部	眉山市委（眉委〔2013〕152号）
2014	谢家场社区	全国科普示范社区	中国科协、财政部
	义和乡红阳猕猴桃协会	2014年"基层科普行动计划"全国科普惠农兴村先进单位	中国科协、财政部（科协发普字〔2014〕52号）
	谢家镇吴堰村	环境优美示范城镇乡村	四川省委、省政府（川委〔2014〕405号）
	义和乡悦园村	四川省城乡环境治理2013年度环境优美示范村称号	四川省委、省政府（川委〔2014〕405号）
	义和乡红阳猕猴桃协会团支部	2013年度四川省五四红旗团支部	共青团四川省委（川青发〔2014〕2号）
	义和乡悦园村农业专业合作社	农民合作社省级示范社	四川省农业厅、财政厅等（川农业〔2014〕78号）
	义和乡	2013年度全市综合经济排位上升最快前10名乡镇	眉山市委、市政府（眉委〔2014〕56号）
	义和乡	眉山市2013下半年主动作为创一流先进集体	眉山市委、市政府（眉委〔2014〕72号）

续表

年份	单位	奖项（表彰）名称	颁授部门
2015	谢家镇汉安村	全国科普惠农兴村先进单位	中国科协、财政部
	谢家场社区党支部	四川省先进基层党组织	四川省委
	谢家场社区	四川省示范工会	四川省总工会
	义和乡	2014年度排位上升最快前10位乡镇	眉山市委、市政府（眉委〔2015〕84号）
	义和乡悦园村党支部	全市先进基层党组织	眉山市委（眉委〔2015〕156号）
2016	谢家镇	全省"平安农机"示范乡（镇）	四川省农业厅、省安监局
	谢家镇汉安村	四川省卫生村	四川省爱卫会（川爱卫发〔2016〕3号）
	谢家镇中心卫生院	四川省卫生单位、四川省无烟单位	四川省爱卫会（川爱卫发〔2016〕3号）
	谢家镇谢家场社区联合工会	四川省示范社区工会	四川省总工会
	谢家镇邓庙村党支部	先进基层党组织	眉山市委（眉委〔2016〕112号）
2017	谢家中学	全国规范化家长学校	中国下一代教育基金会等（下一代教字〔2017〕67号）
	谢家镇悦园村	省级"四好村"	四川省委（川委〔2017〕20号）
	谢家镇岐山村	省级"四好村"	四川省委（川委〔2017〕20号）
	谢家镇	妇联基层组织示范乡镇	四川省妇联（川妇字〔2017〕119号）
	谢家镇	基层统计先进单位	四川省统计局（川统计〔2017〕5号）
	谢家镇岳油村	2017年度市级"四好村"	眉山市委、市政府（眉委〔2017〕166号）
	谢家镇邓庙村	2017年度市级"四好村"	眉山市委、市政府（眉委〔2017〕166号）
2018	谢家镇	2017年脱贫攻坚先进集体	眉山市委、市政府（眉委〔2018〕2号）
	谢家镇	2018年度市级"四好村"	眉山市委、市政府（眉委〔2018〕98号）
	谢家镇	2012—2017年科普工作先进集体	眉山市委（眉委〔2018〕195号）

年份	单位	奖项（表彰）名称	颁授部门
2019	谢家镇红石村	2018 年度市级"四好村"	眉山市委、市政府（眉委〔2019〕98号）
	谢家镇	2018 年度防汛减灾工作先进集体	眉山市政府（眉府函〔2019〕42 号）
	谢家镇汉安村	2018 年度市级"四好村"	眉山市委、市政府（眉委〔2019〕98号）
	谢家街道岳油村	2018 年度脱贫示范村（社区）	眉山市委、市政府（眉委〔2019〕459 号）
	谢家街道喻沟村	2018 年度脱贫示范村（社区）	眉山市委、市政府（眉委〔2019〕459 号）
	义和中学	全国规范化家长学校	中国下一代教育基金会、中国关工委事业发展中心（下一代教字〔2019〕第 0021 号）
	义和乡悦园村	眉山市 2019 年度市级实施乡村振兴战略先进示范村	眉山市委、市政府（眉委〔2019〕458 号）
	义和乡	"清风扬眉"工程先进集体	眉山市委（眉委〔2019〕200 号）
	义和乡政府	眉山市民政工作先进集体	眉山市政府（眉府函〔2019〕60 号）
2020	谢家镇	国家卫生镇（2020—2022）	全国爱国卫生运动委员会
	谢家街道	脱贫攻坚先进集体	四川省委（川委〔2021〕262 号）
	谢家街道悦园村	命名 2020 年度四川省乡村振兴先进县（市、区）、先进乡镇、示范村的决定	四川省委（川委〔2021〕143 号）
	谢家街道悦园村	2020 年度省级"六无"平安村（社区）	中共四川省委政法委员会
	谢家街道	四川省卫生村	四川省爱国卫生运动委员会
	谢家街道	四川省无烟单位	四川省爱国卫生运动委员会
	谢家街道悦园村	2020 年度市级"七无"平安村（社区）	中共眉山市委政法委员会
	谢家街道邓庙村	2020 年度市级"七无"平安村（社区）	中共眉山市委政法委员会
	谢家街道	眉山市抗击新冠疫情先进集体	中共眉山市委

1996 年—2020 年光荣榜个人名录（市级及以上）

年份	姓名	单位	奖项（表彰）名称	颁授部门/文件号
1996	刘继权	义和乡杨庙村	优秀青年星火带头人	四川省科委、团省委
	赵洪良	义和乡政府	"八五"期间计划生育先进工作者	乐山市政府
1998	柴洪军	义和乡政府	农业普查先进个人	四川省农业普查领导小组办公室
	赵洪良	义和乡政府	农业普查先进个人	四川省农业普查领导小组办公室
	杨火明	义和乡政府	农业普查先进个人	四川省农业普查领导小组办公室
	周维兴	岐山乡政府	农业普查先进个人	四川省农业普查领导小组办公室
	李志文	义和乡政府	十五大知识竞赛一等奖	四川省委宣传部、省军区政治部
	汪学明	义和乡政府	十五大知识竞赛二等奖	四川省委宣传部、省军区政治部
	李光华	谢家中学	优秀教师	眉山行署
2002	袁国强	邓庙乡石山村会计	全国村组先进会计	国家农业部
2003	汪盛杰	谢家镇政府	"防非"工作优秀党员	眉山市委
	李鸿海	义和乡政府	"防非"工作优秀党员	眉山市委
2007	袁树明	谢家镇	全市指导人民调解工作先进个人	眉山市委、市政府（眉委〔2007〕350号）
	潘勇	谢家镇	眉山市思想政治巩固工作先进个人	眉山市委、市政府（眉委〔2007〕334号）
2008	李锦剑	义和乡	抗震救灾先进个人	四川省军分区
	柴惠	谢家镇	抗震救灾先进个人	眉山市委、市政府
	祝霞	谢家镇	第二次全国农业普查先进个人	国务院第二次全国农业普查领导小组办公室、国家统计局
	李国信	谢家镇	先进个人	眉山军分区（政组〔2008〕35号）
	夏凤玲	义和乡	2008 年度抗震救灾先进个人	四川省计生委
	罗洪刚	义和乡	2008 年度抗震救灾先进个人	眉山市委、市政府
2009	李兴树	谢家镇石山村	中国好人	中央文明办
2010	罗俊	谢家镇	全市机关效能建设工作先进单位	眉山市委、市政府（眉委〔2010〕58号）

年份	姓名	单位	奖项（表彰）名称	颁授部门/文件号
2011	李廷勇	谢家镇	2011 年度"人民调解能手"	眉山市委、市政府
	付华	谢家镇	2010 年度维稳、综治（平安创建）、信访、大调解工作先进个人	眉山市委、市政府（眉委〔2011〕73 号）
	王明祥	谢家镇	2010 年度维稳、综治（平安创建）、信访、大调解工作先进个人	眉山市委、市政府（眉委〔2011〕73 号）
	赵珂	谢家镇	2010 年度维稳、综治（平安创建）、信访、大调解工作先进个人	眉山市委、市政府（眉委〔2011〕73 号）
	李廷勇	谢家镇	2010 年度维稳、综治（平安创建）、信访、大调解工作先进个人	眉山市委、市政府（眉委〔2011〕73 号）
2012	付华	谢家镇	四川省第六次全国人口普查先进个人	四川省人力资源和社会保障厅、四川省统计局、四川省第六次全国人口普查领导小组办公室（川人社发〔2011〕575 号）
	梁高旗	义和乡	四川省第六次全国人口普查先进个人	
	徐海娟	义和乡	四川省优秀团干部	共青团四川省委（川青发〔2013〕3 号）
	付华	谢家镇	2011 年度维稳、综治工作先进个人	眉山市委、市政府（眉委〔2012〕2 号）
	赵轲	谢家镇	党的十八大期间眉山市信访维稳工作先进个人	眉山市委、市政府（眉委〔2012〕356 号）
	周玉梅	谢家镇	妇女儿童工作先进个人	眉山市委（眉委〔2012〕133 号）
	肖敏	谢家镇	科普工作先进个人	眉山市委（眉委〔2012〕136 号）
	伍建国	义和乡	2012 年度群众和信访工作先进个人	眉山市委、市政府（眉委〔2013〕24 号）
	宋群	义和乡	创先争优优秀党务工作者	眉山市委（眉委〔2012〕288 号）
	张进	义和乡	创先争优优秀共产党员	眉山市委（眉委〔2012〕288 号）
2013	伍建国	义和乡	优秀基层党组织书记	眉山市委（眉委〔2013〕152 号）
	伍建国	义和乡	群众和信访工作先进个人	眉山市委（眉委〔2013〕24 号）
	王志平	义和乡	眉山市"4·20"庐山强烈地震抗震救灾优秀共产党员	眉山市委（眉委〔2013〕172 号）

续表

年份	姓名	单位	奖项（表彰）名称	颁授部门/文件号
2014	瞿建平	谢家镇畜牧站	全国农牧渔业丰收奖	国家农业部
	付华	谢家镇	"维稳跟着项目走"工作先进个人	眉山市委、市政府（眉委〔2014〕14 号）
	康红艳	谢家镇	森林防火工作先进个人	眉山市委、市政府（眉委〔2014〕14 号）
	肖敏	谢家镇	企业工资集体协商工作先进个人	眉山市委、市政府（眉委〔2014〕14 号）
	付华	谢家镇	"十大民生工程"工作先进个人	眉山市委、市政府（眉委〔2014〕56 号）
	王明祥	谢家镇	基层政权建设工作先进个人	眉山市委、市政府（眉委〔2014〕56 号）
2016	瞿廷伟	谢家镇中心小学	2016 年度四川省优秀乡村教师	四川省教育厅（川教函〔2016〕428 号）
	王仲文	谢家镇政府	综治先进个人	眉山市委（眉委〔2017〕28 号）
	王仲文	谢家镇政府	2016 年小春农作物秸秆焚烧先进个人	眉山市政府（眉委函〔2016〕1 号）
	张翔	谢家镇第一初级中学	眉山市优秀教师	眉山市政府（眉委函〔2016〕116 号）
	李春华	义和乡喻沟村	优秀共产党员	眉山市委（眉委〔2016〕112 号）
2017	王明祥	谢家镇	文化立市战略工作先进个人	眉山市委、市政府（眉委〔2017〕35 号）
	王仲文	谢家镇	民族宗教工作先进个人	眉山市委、市政府（眉委〔2017〕51 号）
	徐萍	谢家镇	2016 年统计调查工作先进个人	眉山市委、市政府（眉委〔2017〕51 号）
	李晓莉	谢家初中	眉山市优秀教师	眉山市政府（眉委函〔2017〕102 号）
	何锋	谢家镇	2016 年度食品安全先进个人	眉山市委、市政府（眉委〔2017〕36 号）
	何峰	谢家镇	2016 年度安全生产先进个人	眉山市政府（眉委函〔2017〕40 号）
	伍从凯	义和乡	2016 年度大调解工作先进个人	眉山市委、市政府（眉委〔2017〕28 号）
	杨开华	义和乡	2016 年度都市近郊型现代农业发展工作先进个人	眉山市委、市政府（眉委〔2017〕28 号）

续表

年份	姓名	单位	奖项（表彰）名称	颁授部门/文件号
	杨开华	义和乡	2016年度"千湖之城"大会战工作先进个人	眉山市委、市政府（眉委〔2017〕62号）
	何平	义和乡	2016年度食品安全先进个人	眉山市委、市政府（眉委〔2017〕36号）
	毛丽沙	义和乡	眉山市民族团结进步模范个人	眉山市委、市政府（眉委〔2017〕37号）
2018	王仲文	谢家镇	农业农村工作先进个人	眉山市委、市政府（眉委〔2018〕28号）
	曾萍	谢家镇	2012—2017年妇女儿童工作先进个人	眉山市委（眉委〔2018〕195号）
	卢海燕	谢家中学	眉山市师德标兵	眉山市政府（眉府函〔2018〕72号）
2019	帅锋	谢家镇	2018年度防汛减灾工作先进个人	眉山市政府（眉府函〔2019〕42号）
	张晓梅	谢家中学	眉山市优秀教师	眉山市政府（眉府函〔2019〕55号）
	周浩	谢家镇	眉山市民政工作先进个人	眉山市政府（眉府函〔2019〕60号）
	杨柯	义和乡	2018年度实施"战斗堡垒"先进个人	眉山市委（眉委〔2019〕200号）
	夏传宝	义和乡	2019年度眉山市优秀共产党员	眉山市委（眉委〔2019〕211号）
	向珊	义和乡	2019年度眉山市优秀共产党员	眉山市委（眉委〔2019〕211号）
2020	廖志强	谢家街道	2019年度创建国家森林城市工作先进个人	眉山市委、市政府（眉委〔2020〕145号）
	廖志强	谢家街道	2019年度河长制湖长制工作先进个人	眉山市委、市政府（眉委〔2020〕145号）
	杨柯	谢家街道	2019年度统战工作先进个人	眉山市委、市政府（眉委〔2020〕145号）
	章静	谢家街道	2019年度信访工作先进个人	眉山市委、市政府（眉委〔2020〕145号）

【领导干部名录】

1996 年—2020 年党（工）委干部一览表

年份	乡、镇、街道	党（工）委书记	党（工）委副书记	纪（工）委书记
1996	谢家镇	严开义（继任）	陈利（1月任） 宿玉芳（3月任） 余学明（1月任） 吴洪纪（1月任）	
	义和乡	李志文（继任）	赵洪良（继任） 刘久玉（继任） 何丽（继任）	
	岐山乡	彭洪（继任）	周雅兴（继任） 陈玉英（女） 杨德元	
1997	谢家镇	陈利（12月任）	宿玉芳（继任） 余学明（继任） 吴洪纪（继任）	
	邓庙乡		龚勋（12月任）	
1998	谢家镇	陈利（继任）	吴洪纪（继任）	
	邓庙乡	周树云（10月任）		
	义和乡	郭茂（10月任）		
	岐山乡		叶秀兰（11月任）	
1999	谢家镇	陈利（继任）	柴红军（4月任）	
	义和乡		张国全（4月任）	
2000	谢家镇	郑志安（5月任）	张涌（下派11月任）	
	义和乡		刘军（女）（下派，11月任）	
2001	谢家镇	郑志安（继任）	张智勇（9月任） 彭艳（女）（10月任）	
	义和乡		彭杰（10月任）	
	邓庙乡	龚勋（9月任）	张丛春（9月任） 余康林（11月任）	
	岐山乡	江国超（9月任）	叶秀兰（女）（9月任） 骆志强（11月任）	

年份	乡、镇、街道	党（工）委书记	党（工）委副书记	纪（工）委书记
2002	谢家镇	郑志安（继任）	彭艳（女）（继任） 刘光伟（女）（市下派，7月任）	杨丽君（女）（5月任）（纪委副书记）
	义和乡	符洪林（3月任）		侯明攀（5月任）（纪委副书记）
	邓庙乡		陈雅利（女）（3月任） 余康林（3月任）	赵轲（5月任）（纪委副书记）
	岐山乡	江国超	叶秀兰（女）	
2003	谢家镇	郑志安（11月止） 熊志红（11月任）	彭艳（女）（继任）	
	义和乡	符洪林（继任）	彭杰（3月任）	
	邓庙乡	龚勋（继任）	张丛春（继任）	
	岐山乡	江国超（继任）	叶秀兰（继任）	
2004	谢家镇	熊志红（继任）	彭艳（女）（继任） 唐红（11月任） 曾进（下派，7月任）	黄莉均（3月任）
	义和乡	符洪林（继任）	徐忠智（8月任）	徐孝阵（8月任）
	岐山乡	江国超（继任）	骆志强	罗洪刚（12月任）
2005	谢家镇	熊志红（5月任）	彭艳（女）（5月止） 龚勋（6月任） 唐红（5月任） 陈雅利（5月任） 张宏（5月任）	张宏（5月任）
	义和乡	符洪林（5月任）	彭杰（6月任） 徐忠智（5月任） 徐孝阵（5月任）	徐孝阵（5月任）
2006	谢家镇	熊志红（12月止） 潘勇（12月任）	龚勋（5月止） 李国廷（5月任） 唐红（7月止） 张宏（7月止） 干树文（7月任） 陈雅利（7月止） 曾进（下派，7月止）	张宏（7月止） 干树文（7月任） 袁玲（9月任）（纪委副书记）
	义和乡	符洪林（5月止） 彭杰（5月任）	彭杰（5月止） 伍建国（5月止） 徐忠智（5月止） 罗洪刚（7月任）	罗洪刚（7月止） 侯明攀（继任）（纪委副书记）

续表

年份	乡、镇、街道	党（工）委书记	党（工）委副书记	纪（工）委书记
2008	谢家镇	潘勇（继任）	付华（8月任） 罗俊（12月任） 李国廷（12月止） 干树文（12月止）	罗俊（12月任） 干树文（12月止） 袁玲（12月止）（纪委副书记）
2008	义和乡	彭杰（5月止） 伍建国（6月任）	伍建国（6月止） 宁武（6月任）	侯明攀（1月止）（纪委副书记）
2009	谢家镇	潘勇（继任）	周亚琳（挂职，10月任，县人事局副局长）	
2009	义和乡		宁武（2月任） 李伦（挂职，8月任，县委办公室副主任、县委宣传部副部长、县委对外宣传办公室暨县人民政府新闻办公室主任） 谢玉民（10月任，县水务局副局长挂职）	
2010	谢家镇	潘勇（12月止） 付华（12月主持党委工作）	罗俊（8月止） 付华（12月止） 李桂平（12月任） 肖敏（12月任） 赵轲（12月任）（政法委书记） 周亚琳（12月止，挂职）	罗俊（8月止） 肖敏（12月任）
2010	义和乡		宁武（12月止） 杨开华（12月任） 宋群（12月任） 罗洪刚（12月止） 谢玉民（12月止，挂职） 李伦（7月止，挂职）	宋群（12月任） 罗洪刚（12月止）
2011	谢家镇	付华（继任）	李桂平（继任） 肖敏（继任） 赵轲（继任）（政法委书记）	肖敏（继任）
2011	义和乡	伍建国（继任）	杨开华（继任） 宋群（继任）	宋群（继任）

年份	乡、镇、街道	党（工）委书记	党（工）委副书记	纪（工）委书记
2012	谢家镇	付华（继任）	李桂平（继任） 肖敏（继任） 赵轲（继任）（政法委书记）	肖敏（继任）
	义和乡	伍建国（继任）	杨开华（继任） 宋群（继任） 骆仕忠（9月任）（政法委书记） 邱敏（6月任，市人社局人事科科长挂职） 巨晓峰（3月任，县委组织部部务委员、远教中心主任挂职）	宋群（继任）
2013	谢家镇	付华（继任）	李桂平（10月止） 肖敏（继任） 赵轲（继任）（政法委书记）	肖敏（继任）
	义和乡	伍建国（继任）	杨开华（继任） 宋群（继任） 骆仕忠（继任）（政法委书记） 邱敏（挂职，6月止，市人社局人事科科长） 巨晓峰（挂职，4月止，县委组织部部务委员、远教中心主任）	宋群（继任）
2014	谢家镇	付华（继任）	肖敏（继任） 康红艳（9月任） 赵轲（继任）（政法委书记）	肖敏（9月止） 康红艳（9月任）
	义和乡	伍建国（继任）	杨开华（继任） 宋群（9月止） 王志平（9月任） 骆仕忠（继任）（政法委书记）	宋群（9月止） 王志平（9月任）
2015	谢家镇	付华（5月止） 王仲文（5月任）	肖敏（继任） 康红艳（12月止） 林中飞（12月任） 赵轲（10月止）（政法委书记） 帅锋（10月任）（政法委书记）	康红艳（12月止） 林中飞（12月任）
	义和乡	伍建国（3月止）杨开华（10月任）	杨开华（10月止） 郭韬（11月任） 王志平（5月止） 毛丽沙（9月任） 骆仕忠（继任）（政法委书记）	王志平（5月止） 毛丽沙（9月任）

续表

年份	乡、镇、街道	党（工）委书记	党（工）委副书记	纪（工）委书记
2016	谢家镇	王仲文（继任）	肖敏（10月止） 廖志强（10月任） 林中飞（继任） 帅锋（政法委书记）（4月止）	林中飞（4月止） 帅锋（4月任）
	义和乡	杨开华（继任）	郭韬（继任） 毛丽沙（继任） 骆仕忠（政法委书记）（4月止） 杨星（4月任）	毛丽沙（4月止） 杨星（4月任）
2017	谢家镇	王仲文（继任）	廖志强（继任） 林中飞（继任） 帅锋（继任）	帅锋（继任）
	义和乡	杨开华（继任）	郭韬（继任） 毛丽沙（11月止） 杨魁锋（11月任） 杨星（继任）	杨星（继任）
2018	谢家镇	王仲文（10月止） 周浩（11月起）	廖志强（继任） 林中飞（继任） 帅锋（继任）	帅锋（继任）
	义和乡	杨开华（继任）	郭韬（继任） 杨魁锋（继任） 杨星（继任）	杨星（继任）
2019	谢家镇	周浩（12月止）	廖志强（12月止） 林中飞（6月止） 梁伟（6月起，12月止） 帅锋（12月止）	帅锋（12月止）
	义和乡	杨开华（1月止） 章静（1月起，12月止）	郭韬（12月止） 杨魁锋（8月止） 杨星（12月止）	杨星（12月止）
2019	谢家街道	周浩（12月起）	廖志强（12月任） 章静（12月任） 梁伟（12月任） 帅锋（12月任）	帅锋（12月起）（纪工委书记）
2020	谢家街道	周浩（1月止） 章静（1月起）	廖志强（继任） 章静（1月止） 梁伟（继任） 杨文国（10月任，挂职） 帅锋（继任）	帅锋（继任）

1996 年—2020 年政府（街道办）领导一览表

年份	镇、乡、街道	镇（乡）长、街道办主任	副（镇长、乡长、主任）
1996	谢家镇	陈利（1月任）	刘俊辉（1月任） 曾慎革（1月任） 姜友谊（1月任） 张丛春（1月任）
	义和乡	赵洪良（继任）	柴洪军（继任） 冯利全（继任） 罗纪猛（继任）
	岐山乡	周雅兴（继任）	骆志强（继任）
1997	谢家镇	陈利（继任）	张丛春（继任） 刘俊辉（继任）
1998	谢家镇	周德祥（12月任）	赵景宏（12月任） 张丛春（继任） 刘俊辉（继任）
	邓庙乡	龚勋（12月任）	姜友谊（12月任）
	义和乡		刘建军（12月任）
1999	谢家镇	周德祥（继任）	
2000	谢家镇	周德祥（继任）	
	义和乡	刘军（女）（下派，11月任）	
2001	谢家镇	周德祥（继任）	汪建勋（12月任）
	邓庙乡	张丛春（9月任）	干树文（12月任）
	岐山乡	叶秀兰（9月任）	
	谢家镇	周德祥（继任）	
2002	邓庙乡	张丛春	
	岐山乡	叶秀兰	
2003	谢家镇	周德祥（继任）	
	义和乡	彭杰（3月任）	
	邓庙乡	张丛春（继任）	
	岐山乡	叶秀兰（继任）	
2004	谢家镇	周德祥（继任）	张宏（12月任）
	岐山乡	骆志强（8月任）	
2005	谢家镇	龚勋（6月任）	张崇银（6月任） 刘久玉（6月任）
	义和乡	彭杰（6月任）	刘建军（6月任） 骆仕忠（6月任）

续表

年份	镇、乡、街道	镇（乡）长、街道办主任	副（镇长、乡长、主任）
2006	谢家镇	龚勋（5月止） 李国廷（5月任）	张崇银（继任） 刘久玉（继任） 李国信（7月任）
	义和乡	彭杰（5月止） 伍建国（5月任）	刘建军（7月止） 骆仕忠（继任） 毛冉（7月任） 闵昌迪（7月任）
2008	谢家镇	李国廷（12月止） 付华（12月任）	刘久玉（1月止） 侯明攀（1月任） 刘锐（下派，7月任）
	义和乡	伍建国（6月止）	伍宏伟（下派，1月任） 毛冉（8月止） 闵昌迪（12月止）
2009	谢家镇	付华（继任）	
	义和乡	宁武（2月任）	宋群（4月任）
2010	谢家镇	付华（12月止） 李桂平（12月任）	吴定威（12月任） 李国信（12月止）
	义和乡	宁武（12月止） 杨开华（12月任）	宋群（12月止）
2011	谢家镇	李桂平（继任）	侯明攀（继任） 刘锐（继任，下派） 吴定威（继任） 张崇银（6月止，享受正科级待遇） 康红艳（7月任）
	义和乡	杨开华（继任）	骆仕忠（继任） 王志平（7月任） 伍宏伟（继任，下派）
2012	谢家镇	李桂平（继任）	侯明攀（继任） 刘锐（继任，县安监局下派） 吴定威（继任） 康红艳（继任）
	义和乡	杨开华（继任）	骆仕忠（9月止） 王志平（继任） 伍宏伟（2月止，县公安局下派） 舒心（9月任）

年份	镇、乡、街道	镇（乡）长、街道办主任	副（镇长、乡长、主任）
2013	谢家镇	李桂平（10月止）	吴定威（继任） 侯明攀（继任） 刘锐（下派，7月止） 康红艳（继任）
	义和乡	杨开华（继任）	王志平（继任） 舒心（继任） 周迅（挂职，3月任，眉山市统计局能源环境科副科长）
2014	谢家镇	肖敏（12月任）	吴定威（继任） 副镇长：侯明攀（继任） 康红艳（9月止） 陈海懿（12月任）
	义和乡	杨开华（继任）	王志平（9月止） 舒心（继任） 周迅（挂职，继任，眉山市统计局能源环境科副科长）
2015	谢家镇	肖敏（继任）	吴定威（继任） 副镇长：侯明攀（继任） 陈海懿（9月止） 何锋（10月任）
	义和乡	杨开华（10月止） 郭韬（11月任）	舒心（9月止） 周迅（挂职，2014年3月止，眉山市统计局能源环境科副科长） 杨柯（10月任）
2016	谢家镇	肖敏（10月止） 廖志强（10月任）	吴定威（4月止） 副镇长：侯明攀（4月止） 何锋（继任） 梁伟（10月任） 徐萍（10月任）
	义和乡	郭韬（继任）	徐东（4月任） 杨魁锋（10月任） 杨柯（4月止）
2017	谢家镇	廖志强（继任）	何锋（继任） 徐萍（继任） 张高振（挂职，1月任） 梁伟（继任）
	义和乡	郭韬（继任）	杨魁锋（11月止） 夏传宝（11月任） 徐东（继任）

续表

年份	镇、乡、街道	镇（乡）长、街道办主任	副（镇长、乡长、主任）
2018	谢家镇	廖志强（继任）	梁伟（继任） 何锋（10月止） 徐萍（继任） 张高振（继任）（挂职）
	义和乡	郭韬（继任）	夏传宝（继任） 徐东（继任）
2019	谢家镇	廖志强（12月止）	梁伟（6月止） 徐萍（12月止） 张高振（下派，7月止） 杨勇（3月任，12月止） 李沁阳（7月任，12月止） 唐红俊（下派，10月任，12月止） 梁伟（6月止）
	义和乡	郭韬（12月止）	夏传宝（12月止） 徐东（12月止）
2019	谢家街道	廖志强（12月起）	杨柯（12月任） 夏传宝（12月任） 徐萍（12月任） 杨勇（12月任） 李沁阳（12月任） 唐红俊（下派，12月任）
2020	谢家街道	廖志强（继任）	杨柯（3月止） 夏传宝（继任） 徐萍（继任） 杨勇（继任） 李沁阳（继任） 唐红俊（继任）（下派）

【村（社区）党委名录】

2020 年谢家街道村（社区）党委基本情况一览表

党委名称	党委书记	性别	年龄	委员人数	办公地点
谢家场社区党委	赵利德	男	51	7	谢家街道凯旋街 235 号
义和场社区党委	谢仕威	男	30	5	谢家街道义和场社区 1 组
悦园村党委	李春华	男	50	5	谢家街道悦园村 9 组
李山村党委	万细玲	女	36	5	谢家街道李山村 1 组
石山村党委	骆洪刚	男	37	5	谢家街道石山村 4 组
汉安村党委	张永宏	男	50	5	谢家街道汉安村 1 组 326 号

党委名称	党委书记	性别	年龄	委员人数	办公地点
邓庙村党委	张建洪	男	43	5	谢家街道邓庙村 7 组
岐山村党委	张进	男	54	5	谢家街道岐山村三组 116 号

人物传略

【张治祥（1883—1929）】

字辑五，谱名远淮，清眉州彭山谢家（今彭山区谢家街道）人。清光绪二十八年（1902 年），张治祥进入县学成为文生，次年赴日本东京法政大学留学。光绪三十一年（1905 年），由黄树中（复生）主盟，在东京加入同盟会，成为同盟会最早的会员之一。光绪三十三年（1907 年），张治祥毕业后，受孙中山委派返川发展组织，筹备武装起义，任同盟会四川分会会长。参加同盟会员熊克武、谢持等在成都走马街宝和店起义会议，决定于 11 月 14 日趁省城百官集中会府为慈禧祝寿之机发动新军起义，占领成都。事情泄露后，四川省代理总督赵尔丰改变祝寿地点，调兵入城戒严，搜捕革命党人。12 月 4 日，张治祥在成都学道街高升店被捕。先后被捕者还有杨维、黎靖瀛、王树槐、江永城、黄方 5 人，这就是有名的成都"丁末六君子"事件。赵尔丰原拟杀害此 6 人，后迫于各界名流反对而改判为永远监禁，并通缉熊克武等 50 余名革命党人。张治祥在狱中坚贞不屈，还与外界同盟会员熊克武、但懋辛等人暗通信息，策动同志会暴动和保路风潮。

武昌起义爆发后，张治祥等出狱。时各省先后宣告独立，四川革命党人也在重庆与成都相继成立"蜀军政府"与"大汉四川军政府"。民国元年（1912 年），成、渝两军政府宣布合并为四川军政府。张治祥出任军政府外交司长、国民党四川支部评议部部长。民国二年（1913 年），张治祥当选为国会众议员，赴京出席国会。民国五年（1916 年），张治祥在北京与川籍国会议员谢持、张知竟等 22 人联名电告四川省议会及各界人士，反对贵州军阀戴戡任四川省省长及军务会办职务。张治祥任四川省高等审判厅厅长。民国七年（1918 年），任重庆铜元局局长兼督署参议。张治祥在任铜元局长期间，用铸造剩余资金 2 万元创办机械工厂，制造汽船、抽水机等。

民国十八年（1929 年）夏，张治祥受四川督军熊克武委派到夔府（奉节）交涉各军加征盐厘案，途中被暗杀，年仅 36 岁，葬于成都草堂寺侧。孙中山亲自为墓碑题词"维名不朽"，杨维书写墓碑对联。督军熊克武在成都会府为张治祥召开追悼会，并通电全川各地悼念，发给家属抚恤金、保险金各六千两。张治祥遇刺时血衣及随身物品由重庆公园保存。

【熊国庆（1932—1997）】

彭山县义和乡（现彭山区谢家街道）人，政协彭山县委员会副主席，高级农艺师。

1954 年于眉山农校毕业后，熊国庆先后在犍为县农业局、彭山县农业局、政协彭山县委员会工作，历任彭山县农业局副局长，政协彭山县第一届至第五届委员会委员、第三届至第五届委员会副主席，政协乐山市委员会第一、第二届委员会委员，乐山市佛教协会常务理事，彭山县佛教协会秘书长。熊国庆在工作中，经常深入农村，热情帮助和团结农技人员，采取"定点测报"等办法，及时提出农技方案，为全县农业高产稳产做出了积极贡献。其生前留下"十不"书面遗嘱：去世后，不向遗体告别、不发讣告、不开追悼会、不同活人争地——骨灰火化后撒入岷江，亲属处理丧事不收礼、不请客、不用一切纸帛、不放炮、不戴白花、不戴青纱。1997 年 10 月病逝，终年 65 岁。

【夏福寿（1932—2019）】

彭山区谢家街道人。生于 1932 年 10 月 17 日，2019 年 2 月 11 日病故。省级非物质文化遗产竹琴表演传承人，自小父母双亡，10 多岁时跟谢家杨部清学了两年竹琴。1947 年，用 7 个鸡蛋和一斤猪肉拜师竹琴艺人九根妹，学习竹琴技巧和唱腔技法，从此有了精神和情感寄托，一辈子与竹琴相伴，并将其发扬光大。谢家镇建立文化站后，夏福寿为群众演出达 100 场次，足迹遍布方圆百里，使谢家竹琴艺术得以传承至今。其多次接受采访，竹琴技艺分别被中央新闻电影制片厂、央视第八套和第七套节目录制并播放。为把竹琴艺术发扬光大，夏福寿生前说："我希望谢家竹琴能够长久地传承下去，现在已经有越来越多热爱文艺表演的年轻人愿意学习竹琴，我也感到很欣慰。只要需要我，任何时候我都愿意尽一份力。""彭山古城武阳郡，忠孝之邦早有名。汉朝张纲把忠尽，为国尽忠留芳名……"是夏福寿代表作《长寿之乡话古今》的片段，他将耳熟能详的故事演绎成荡气回肠的大戏，给谢家人民留下了宝贵的精神财富。

【李兴树（1943—2022）】

谢家街道石山村 2 组人。生于 1943 年 7 月 15 日，2022 年 1 月 6 日病故。2007 年 4 月 20 日下午，彭山县皇陵乡天库村儿童倪某、祝某、邓某结伴到村内一鱼塘中游泳，不幸溺水。在 20 米外鱼棚内守护鱼塘的李兴树老人听到呼救声，不顾自己 64 岁的高龄，在危急关头勇敢地跳入水中，凭借一己之力救起三名落水儿童，以实际行动诠释了见义勇为、救急救难的精神品质。李兴树老人的救人事迹感动了政府和群众，先后被彭山县政府授予"见义勇为好公民""见义勇为先进个人"荣誉称号，被眉山市政府授予"维护社会治安好公民""见义勇为道德模范"等荣誉称号。2009 年 5 月起，中央文明办在中国文明网上启动了"我推荐我评议身边好人"评选表彰活动，经全国网民投票，李兴树成功入选 2010 年"中国好人榜"，成为眉山首位"中国好人"。2010 年 5 月彭山县精神文明办公室向李兴树发出入选"中国好人"的通知，并转发了由中央文明办颁发的"中国好人榜"证书。

纪念地

【人物纪念地】

骆氏墓群。位于谢家街道岐山村境内，该墓群主人为骆氏。

陈廷翠夫妇墓。位于谢家街道岐山村境内，该墓主人为陈廷翠夫妇。

李飞熊夫妇墓。位于谢家街道义和场社区境内，该墓主人为李飞熊夫妇。

宋坟园墓群。位于谢家街道悦园村境内，该墓群主人为宋氏。

王运极夫妇墓。位于谢家街道义和场社区境内，碑上刻"王运极、王汪氏墓及道光壬寅岁上元吉日立"等内容。

刘玉昌夫妇墓。位于谢家街道义和场社区境内，该墓主人为刘玉昌夫妇。

江氏墓群。位于谢家街道邓庙村境内，该碑上刻墓主人姓氏及下葬年代：江成崇之墓及大清光绪九年二月十三日等内容。

胡尚德夫妇墓。位于谢家街道邓庙村境内，为胡尚德夫妇之墓。

谭氏宅。位于谢家街道邓庙村境内，该宅子主人为谭氏。

宋家重楼。位于谢家街道谢家场社区境内，该建筑位于宋家。

张氏宅。位于谢家街道李山村境内，该宅子属于张氏。

【事件纪念地】

毛河渡槽。位于谢家街道谢家场社区境内。

李家坝崖墓群。位于谢家街道石山村境内，该崖墓群位于李家坝。

烟巷子井。位于谢家街道谢家场社区境内，此井位于烟巷子。

【宗教纪念地】

洪塔寺遗址。位于谢家街道石山村境内，占地面积约9000平方米。

法王寺。位于谢家街道谢家场社区4组，占地面积为1.87万平方米，"法王"是佛教对释迦牟尼的尊称，亦借指高僧。

飞来寺。位于谢家街道悦园村1组，占地面积为3300平方米。相传在一个六月的风雨之夜后，当地村民上山发现山上有一尊菩萨像。村民甚为喜，因而建寺供之。因此菩萨是自来故，故将寺名取名"飞来寺"。

编后记

　　《谢家街道志》（1996—2020）编纂出版，是全体编纂人为谢家人民交上的满意答卷。《谢家街道志》编纂工作，在彭山区档案馆（党史和地方志编纂中心）的指导下，在谢家街道党工委和街道办事处的领导下，经编纂工作人员一年多的辛勤努力，以实事求是的精神，从实际出发，多方查阅资料，多次修改校对，终成《谢家街道志》。

　　修志是一项庞大的系统文化工程。回想一年多的编纂历程，感慨万千。编写组受谢家街道党工委和街道办事处的委托，承担编纂《谢家街道志》的任务，深感责任重大，使命光荣。编纂工作于2022年4月启动，主要经历以下五个阶段。

　　一、成立编纂委员会，组建编辑部

　　成立由现任谢家街道党政领导组成的编纂委员会，负责街道志编纂的全面工作。委托西华大学马克思主义学院副教授陈雁组建编辑部，全面负责街道志资料收集和编纂工作。

　　二、广泛收集资料

　　1. 2022年7月，编辑部组织西华大学马克思主义学院7名研究生实地查阅区档案馆和街道档案室的档案资料上千卷，查阅《眉山市志》《彭山县志》《彭山年鉴》《谢家镇志》《义和乡志》等志史，收集文字资料上1000万字。

　　2. 实地走访查看。主要走访2个社区6个村，通过走、访、看、问，查看地理环境、街道院落、村庄社区、道路桥梁等，广泛调查、了解街道民风、社情，掌握第一手口碑资料。

　　3. 收集统计调查数据。通过区统计局、教育局等部门了解历年街道报送数据，根据区统计局提供的《统计年鉴》统计历年数据，制作统计表格。

　　三、拟定篇目

　　根据收集到的资料，编辑部的同志们群策群力，结合谢家街道实际拟出志书编纂篇目结构。

　　四、志书编纂

　　志书具有很强的专业性、权威性和著述性，考虑志书编纂的体例要求和文风，书稿由主编陈雁独立完成。初稿完成后，编纂人员对内容、文字和标点符号进行了反复校正和修改。

　　五、志书审定

2023 年 5 月，志书初稿完成。印发到街道各部门、村（社区），让同志们对志书的内容提出修改意见和建议。编纂人员对各部门反馈的审核意见进行再次修改，补充和完善了部分内容。7 月 31 日，《谢家街道志》通过初评；8 月 15 日定稿送审。

在《谢家街道志》编纂过程中，编纂人员先后采访了许多同志，有同志对志书编纂提供了大量资料，在此向接受采访和提供资料的人员表示感谢。在志书出版之际，感谢谢家街道党工委、街道办事处和社会各界人士对编纂人员的信任与支持。志书编纂得到了西华大学党委宣传部梁正科、马克思主义学院教授苏文明、文学与新闻传播学院副教授王燕飞和马克思主义学院的 7 位研究生的大力支持和帮助，在此表示衷心的感谢。同时感谢编辑部全体同仁付出的艰辛努力。

由于修志工作浩繁，再加上谢家街道多个乡镇合并，年代久远，人员变动频繁，以及材料、时间和水平所限，错误、疏漏难免，精准难求。在此，敬请各位领导、修志同仁和读者包涵指正，并不吝赐教。

附：提供资料人员名单（排名不分先后）

刘 华　陈 佳　汪盛杰　骆仕忠　刘先朝　宗 林
刘雨丝　王 凯　李 继　王 琪　帅欣佩　周 栋
李 林　张永宏　易建国　赖永馨　魏 波　徐 洲
程清栏　袁海燕　叶 寻　周长明　周其林　赵利德
谢仕威　张永宏　李春华　骆洪刚　万细玲　罗成国
张 进　陈新春

《谢家街道志》（1996—2020）编辑部
2023 年 8 月